DIE WEINE VON SÜDTIROL

COLLECTION
ROLF HEYNE

JENS PRIEWE

Die Weine von Südtirol

DER GUIDE
FÜR KENNER
UND GENIESSER

UNTER MITARBEIT VON CHRISTOPH TSCHOLL
MIT FOTOS VON BODO A. SCHIEREN

COLLECTION ROLF HEYNE

Inhalt

Vorwort

Bis 1990 habe ich als Weinschriftsteller und Journalist Südtirol gemieden. Zu bieder, zu banal erschienen mir die Weine, zu muffig die Weinkeller, geradezu unerträglich die volkstümelnde Weinkultur. Als ich danach erstmals wiederkam, entdeckte ich ein anderes Südtirol. Ein Südtirol, das nicht mehr durch Bergbauernidylle und Busladungen von Billigtouristen geprägt ist, die knipsend durch die Weinberge lärmen und blassrote Leichtweine konsumieren, sondern ein Südtirol der Feinschmecker und Weingourmets, die mehr suchen als Schlutzkrapfen, Speck und Kalterersee: nämlich charaktervolle Weißweine und dunkle Rotweine, wie sie nur dort zu finden sind.

Damals war diese neue Südtiroler Weinkultur erst in Ansätzen zu erkennen, obwohl es in den Kellern bereits mächtig gärte. Doch bei meinen Besuchen in den folgenden Jahren hat sich bestätigt, dass es nicht einzelne Weinbauern oder Weinkellereien waren, die zu neuen Ufern aufbrachen. Es war eine Bewegung, die die Genossenschaften ebenso erfasst hatte wie kleine Eigenbauwinzer. Und: Die Bewegung war nicht mehr aufzuhalten.

1999 war der Zeitpunkt gekommen, die neue Generation der Südtiroler Weine einmal komplett vorzustellen. »Die Weine von Südtirol« hieß mein Guide. Jetzt habe ich diesen Guide erweitert und aktualisiert. Denn die Entwicklung, die sich damals anbahnte, hat sich nach der Jahrtausendwende fortgesetzt. Der Vernatsch-Anteil wurde mittlerweile auf 30 % reduziert. Die Qualitäten haben sich stark verbessert, die Preise auf einem vergleichsweise hohen Niveau konsolidiert.

Bei den Weißweinen zeigt sich, dass Südtirol vor allem mit Weißburgunder, Sauvignon und Gewürztraminer Ergebnisse erzielt, mit denen es in Italien, das arm an feinen Weißweinen ist, eine hervorgehobene Stellung einnehmen kann. Auch Ruländer und Chardonnay können in wärmeren Lagen ausgezeichnete Qualitäten ergeben. Im kühlen Eisacktal und im Vinschgau sind Müller-Thurgau und Kerner interessante Ergänzungsweine, in Einzelfällen auch der Riesling.

Bei den Rotweinen sind die Alternativen geringer. Cabernet Sauvignon hat sich, trotz der globalen Erwärmung, nicht durchgesetzt. Nur in ganz wenigen Lagen kann die Sorte regelmäßig ausreifen. Bessere Erfahrungen machen die Weinbauern mit der Merlot. Aber sie erreicht selten die Vielschichtigkeit und nie die Struktur der Cabernet Sauvignon. Ebenfalls auf wenige kühle Standorte begrenzt ist der Blauburgunder. Wüsste man, dass er mehr Potenzial besitzt, als sich heute abzeichnet, und gelänge es, dieses auszuschöpfen, wäre diese Sorte gewiss die größte Herausforderung des 21. Jahrhunderts. Vorerst haben sich die Südtiroler Weinbauern auf den Lagrein gestürzt. Damit haben sie viele Konsumenten überzeugt, auch wenn er eine rustikale Note besitzt und in puncto Feinheit wohl nicht mit den besten Rotweinen der Toskana konkurrieren kann. Über-

Zypressen, Reben und alte Schlösser – die einmalige Südtiroler Mischung

haupt die Weinbauern: Immer mehr sehen ihre Zukunft im Eigenbau. Sie treten aus ihren Genossenschaften aus oder kündigen die Kontrakte mit den Privatkellereien und keltern ihre Trauben selbst. Dadurch verlieren Genossen und Private einerseits wertvolle Lieferanten, andererseits machen sie ihnen Kunden abspenstig. Noch fehlt es vielen freien Weinbauern an Professionalität. Aber das könnte sich bald ändern.

JENS PRIEWE

Einleitung

Steile Rebanlagen im Eisacktal

Einleitung

Südtirol – die Landschaft

Südtirol ist die nördlichste Provinz Italiens. Das Gebiet liegt zwischen dem 46. und 47. Breitengrad inmitten einer spektakulären hochalpinen Naturlandschaft. Im Winter dominieren Wintersportler, im Sommer Wander- und Aktivurlauber den Tourismus. Der Anblick schneebedeckter Berggipfel, hoch gelegener Almen und reißender Gebirgsbäche lässt kaum vermuten, dass in Südtirol auch Weinbau betrieben wird. Zudem erwecken Sprache und Kultur manchmal den Eindruck, als würde Südtirol Österreich oder Deutschland näher stehen als Italien. Seit 1972 ist Südtirol eine autonome Provinz Italiens. Deutsch und Italienisch sind gleichberechtigte Amtssprachen. Rund ein Drittel der Landesbewohner ist italienischer, zwei Drittel sind deutschsprachiger Herkunft. In der Provinzhauptstadt Bozen ist es freilich umgekehrt: Dort sprechen 75 % der Einwohner als Muttersprache Italienisch, nur ein Viertel Deutsch. Im Grödner- und Fassatal lebt noch eine kleine ladinische Minorität mit eigener Sprache.

Völlig eigenständig

Auch weinbaulich ist Südtirol ein autonomes, eigenständiges Anbaugebiet. Die Mischung aus mediterran-warmem und kontinental-kühlem Klima gibt Weine, wie sie nirgendwo anders in Italien wachsen. Die Pergel, jenes Rebenerziehungssystem, dessen schattige Laubengänge die Landschaft wie im 19. Jahrhundert aussehen lassen, hat nirgendwo in Europa so lange überlebt wie in Südtirol. Die Zersplitterung des Weinbergbesitzes, die starke Stellung der Genossenschaften und der großen Privatkellereien, die zwar zunehmende, aber noch immer wenig entwickelte Tendenz zur Erzeugung hochwertiger Weine im Eigenbau – all das zeigt, dass Südtirol seine eigene Weingeschichte hat, die es mit keiner anderen Region Italiens teilt und an der die Menschen in Südtirol bis auf den heutigen Tag festhalten.

Das Weinanbaugebiet

Südtirol gehört zu den kleinen Weinanbaugebieten Italiens. Nur etwa 5000 Hektar stehen unter Reben. Damit ist die gesamte Rebfläche des Landes gerade doppelt so groß wie die der kleinen französischen Weißwein-Appellation Chablis. Während in Chablis jedoch nur eine Sorte, Chardonnay, anzutreffen ist, wachsen in Südtirol etwa 20 verschiedene Sorten, und zwar rote (65 %) wie weiße (35 %). Mit Gewürztraminer, Lagrein und dem hellroten Vernatsch besitzt es darüber hinaus eigenständige Rebsorten, die außerhalb der Landesgrenzen nicht oder nur sehr selten zu finden sind. Und auch die international weit verbreiteten Sorten wie Weißburgunder, Grauburgunder, Chardonnay und Blauburgunder sind in Südtirol keine Modeerscheinung, sondern schon seit mindestens 150 Jahren heimisch.

Weindorf St. Magdalena bei Bozen

Geschrumpfte Rebfläche

Rund 86 % der Landesfläche liegen höher als 1000 Meter, nur 4 % unter
500 Metern. Auf diesen 4 % leben heute über 90 % der Bevölkerung Südtirols. Auch Industrie, Gewerbe und Verkehrseinrichtungen konzentrieren
sich auf einer relativ kleinen Fläche. Sie liegt fast ausschließlich im Etschtal, durch das der wohl bedeutendste Handelsweg zwischen Mittel- und
Südeuropa verläuft.

Auch der Weinbau findet überwiegend im Etschtal statt – von kleineren
Rebflächen im Eisacktal sowie im Vinschgau abgesehen. Seit 1919, als
Südtirol von Österreich getrennt und Italien zugeschlagen wurde, ist
die mit Reben bestockte Fläche allerdings um etwa 50 % geschrumpft.
Ursache für diesen Rückgang war in erster Linie der Verlust des österreichischen Binnenmarktes, sind aber auch die grundlegenden Verände-
rungen des internationalen Weinmarktes. Zudem ist ein großer Teil der
Weinbergfläche der expandierenden Urbanisation zum Opfer gefallen, vor
allem dem Straßen- und Siedlungsbau.

Das Klima

Südtirol hat ein mediterranes Klima, allerdings mit einer besonderen,
alpinen Variante. Das bedeutet: Je nach Höhe und Lage der Weinberge trägt das Klima stark kontinentale oder ozeanische Züge mit kühlen
Temperaturen und hoher Luftfeuchtigkeit. Zunächst schützt der Alpen-
kamm das Land vor kalten, trockenen Winden aus dem Norden. Aber nach

Süden hin ist das Etschtal offen für warme Winde vom Gardasee. Sie bringen nicht nur Wärme, sondern auch Feuchtigkeit. Die Niederschlagsmengen sind daher im Süden höher als im Norden. Bozen und Meran verzeichnen rund 700 Millimeter Niederschlag im Jahr, das nördlichere Brixen nur 665 und das Vinschgau sogar nur 400 Millimeter. Im Sommer herrscht wochenlang Trockenheit. Wenn die Weinberge nicht künstlich bewässert würden, litten die Reben unter Trockenstress. Alle neuen Rebanlagen werden deshalb mit Tropfbewässerung ausgestattet.

Die Jahresdurchschnittstemperatur schwankt in der Regel zwischen 11 und 12 °C. Sie nimmt mit zunehmender Höhenlage ab. In hoch gelegenen Dörfern wie Girlan (350 Meter) oder Mazon (400 Meter) ist es verhältnismäßig frisch, während es im tief gelegenen Salurn (210 Meter) sehr heiß werden kann. Dort findet sich denn auch eine mediterrane Flora mit Stechpalmen, Zypressen, Granatäpfeln, Lorbeer und Oleander. Auch im Bozener Kessel kann das Thermometer im Sommer bis auf 38 °C steigen. Nachts sinken die Temperaturen dagegen stark ab, sodass sich der Stoffwechsel der Reben verlangsamt und am Ende nur wenig Zucker und Säure veratmet werden.

Die Böden

So unterschiedlich wie das Klima ist auch die geologische Beschaffenheit Südtirols. Während in den Tallagen fruchtbare, Wasser speichernde Böden anzutreffen sind, besteht der Untergrund an den Talhängen aus Moränen, Schotterterrassen und Schuttkegeln, die durch Abtrag der hochalpinen Gesteinsmassen während der Gletscherschmelze gebildet worden sind.

Klassisches Pergel-Erziehungssystem in einer Hanglage

Heute lassen sich in Südtirol mindestens drei Bodenformationen unterscheiden. Von Meran über Bozen bis Kaltern besteht der Untergrund überwiegend aus rotem Porphyr und Porphyrsandstein, der mit Lehm durchmischt ist. Porphyr gilt als schlechter Bodenbildner. Er verwittert nur schwer und weist wenig sandige Bestandteile auf. Die Niederschläge versickern schnell. Der Boden ist also trocken und humusarm. Die Rebe muss, um an Feuchtigkeit zu kommen, tief wurzeln. Der Bozner Porphyr ist zudem reich an Ton- und Kaliumbestandteilen. Das erklärt möglicherweise, weshalb viele Weine des Überetsch von Natur aus eine verhältnismäßig geringe Säure aufweisen. An den Talhängen zwischen Klausen und Brixen finden sich dagegen vor allem Urgesteinsböden aus Quarzphyllit. Er setzt sich aus Quarz und Glimmer zusammen, verwittert schnell und kann somit die Bodenfeuchtigkeit gut speichern. Freilich weist das Eisacktal die geringsten Niederschlagsmengen aller Weinbauzonen Südtirols auf. Außerdem besitzen die Böden nur sehr geringe Anteile an Eisen, Kalium und anderen mineralischen Nährstoffen, sodass den Reben auch dort nur ein schmales Nahrungsangebot zur Verfügung steht.

Im Unterland von Tramin bis Kurtatsch trifft man Kalk- und Dolomitgesteine an. Der Kalk wird zwar durch Verwitterung gelöst und bildet Humus, doch sind die Böden sehr warm, stark wasserdurchlässig und daher wenig fruchtbar.

Südlich von Kurtatsch findet sich sandhaltiger Mergel. Durch ihn wird die Feuchtigkeit zwar gehalten, durch die hohen Sommertemperaturen aber auch schneller wieder verdunstet. Nicht alle Südtiroler Böden sind für jede Rebsorte gleich gut geeignet. Aber alle Rebsorten werden von jedem Boden auf besondere Weise geprägt.

Traubenlieferanten und freie Weinbauern

Weinbau war für die Südtiroler Winzer teilweise bis in die 1990er-Jahre hinein ein Erwerbszweig unter mehreren anderen. Man betrieb ihn in Kombination mit Obstbau, mit Tierhaltung und mit Getreide- und Wiesenwirtschaft. Heute gibt es diesen typischen Mischbetrieb nicht mehr. Lediglich der Apfelanbau ist geblieben. Aber aus dieser Tradition

St. Justina bei Eppan liegt vor einer gewaltigen Bergkulisse.

heraus ist der individuelle Weinbergbesitz der meisten »Höfe«, wie die Wein-güter in Südtirol heißen, immer noch recht gering. Er beträgt im Landes-durchschnitt 0,9 Hektar. Den Wein selbst zu keltern lohnt sich daher für die meisten dieser kleinen Weinbauern nicht. Sie verkaufen ihre Trauben an eine der Genossenschaften oder eine der zahlreichen Privatkellereien. Dabei hat sich das traditionelle System des »Kaufs auf Ehre« erhalten. Das Kauf-versprechen der Kellereien wird per Handschlag besiegelt. Die Bezahlung der Weinbauern erfolgt in vier Raten. Die erste Rate ist am Martinstag fäl-lig (11. November), die zweite zu Maria Lichtmess (2. Februar), die dritte zu Georgi (15. April) und die vierte zu Jacobi (25. Juli). Erst mit ihr wird der endgültige Kaufpreis festgelegt. Er richtet sich nach der Entwicklung des Weinpreises. Steigt er, bekommt der Weinbauer einen Nachschlag. Sinkt er, gibt es nur eine reduzierte letzte Zahlung.

Die Unterscheidung zwischen Eigenbauwinzern, Handels- oder Privat-kellereien und Genossenschaften hat in Südtirol eine lange Tradition, auch wenn die Trennungslinien nicht immer ganz scharf sind.

Die Genossenschaften
Die Genossenschaften haben die stärkste Position unter den Weinproduzenten Südtirols. Sie repräsentieren rund 60 % der Weinproduktion des
Landes. Ein großer Teil des Weins, den sie erzeugen, besteht traditionell
aus Vernatsch. Inzwischen verfügen alle Genossenschaftskellereien jedoch
über ein mehr oder minder großes Sortiment gehobener und hochwertiger
Weine aus anderen Sorten. Der Geruch von niveauloser Massenware und
seelenloser Weinproduktion haftet ihnen daher nicht an. Im Gegenteil: Die
Weine der besten Genossenschaften zieren heute die Weinkarten der feinsten Restaurants in und außerhalb Südtirols. Durch die Einrichtung von
Qualitätszirkeln, durch die Einflussnahme auf Weinbau und Rebenpflege
ihrer Mitglieder, vor allem aber durch die differenzierte Bezahlung unter-
schiedlicher Traubenqualitäten (neben dem Mostgewicht werden auch der
Gesundheitszustand und die Herkunft der Trauben bezahlt) haben die
Genossenschaften für die Umsetzung des Qualitätsgedankens in Südtirol
mehr getan als die meisten Privatkellereien. Und das große Rebflächen-
potenzial, über das sie verfügen, gibt ihnen die Möglichkeit, strenge
Traubenselektionen vorzunehmen und so jedes Jahr verlässlich mit Spitzenqualitäten aufzuwarten – ein großer Vorteil, über den Eigenbauwinzer
nicht verfügen.

Weinbau in Meran

Private Weinkellereien

Die privaten Kellereien, früher Handelskellereien genannt, sind die schärfsten Wettbewerber der Genossenschaften. Sie haben Kontrakte mit mehreren, teilweise sogar dutzenden von kleinen Weinbauern, die ihnen im Herbst die Trauben liefern. Sie übernehmen deren Trauben, keltern sie, bauen den Wein in eigener Regie aus und vermarkten ihn unter eigenem Etikett. Privatkellereien haben eine lange Tradition in Südtirol. Sie sind älter als die Genossenschaften (die erst ab 1893 entstanden). Wilhelm Walch, Josef Brigl und Hofstätter waren bis zum Zweiten Weltkrieg die angesehensten Privatkellereien im Lande, nach dem Krieg kam Alois Lageder dazu. Inzwischen gibt es eine Vielzahl kleiner und größerer Privatkellereien, die tadellose Weine, nicht selten auch Spitzenweine hervorbringen. Allerdings verfügen die meisten Privatkellereien inzwischen über einen mehr oder minder großen eigenen Rebenbesitz und betreiben insofern auch Eigenbau. Insgesamt kommen von ihnen gut 30 % der Weinproduktion des Landes.

Die freien Weinbauern

Eigenbauwinzer sind Weinbauern, die selbst keltern und abfüllen und dabei ganz oder fast ausschließlich auf Trauben des Familienbesitzes zurückgreifen. Sie haben eigene Etiketten und vermarkten ihren Wein größtenteils ab Hof. Allerdings hatten wegen des geringen Weinbergbesitzes in der Vergangenheit nur wenige, begüterte Höfe eine eigene Weinproduktion. Erst in den letzten 30 Jahren hat ihre Zahl stark zugenommen. Immer mehr Mitglieder sind aus den Genossenschaften ausgetreten und haben den Schritt in die Selbstständigkeit gewagt. Durch Zusammenlegung von Rebflächen verschiedener Familienmitglieder, durch Pacht, gelegentlich auch durch Zukauf sind Höfe mit mehreren Hektar Rebflächen entstanden, sodass es sich für sie lohnt, einen Keller einzurichten und Wein im Eigenbau herzustellen. Vor allem im Eisacktal hat die Zahl selbst kelternder Weinbauern in den letzten Jahren stark zugenommen. Die meisten sind in der »Vereinigung Freier Weinbauern Südtirol« organisiert. Von einigen dieser Weinbauern kommen erstklassige Weine. Anderen fehlt es an Kellertechnik oder Marketing-Know-how, um ganz nach vorne zu kommen.

Der »typische« Südtiroler Wein

Wenn es eine »Typik« gibt, die übergreifend für alle Südtiroler Weine gilt, dann liegt sie in der sauberen Primärfruchtigkeit der Weine. Die Primärfrucht reicht vom zarten Birnenaroma des Weißburgunders über den Veilchenduft und das Mandelaroma der Vernatsch-Weine bis zum Cabernet Sauvignon mit seinem an dunkle Waldfrüchte erinnernden Aroma und dem kräuter-würzigen Unterton. Ihre Frucht ist animierend, ihre Säure erfrischend. Ein Chronist der 60er-Jahre hat sie als »heiter« beschrieben, weil sie so unkompliziert und unbeschwert genossen werden können. Der Ausdruck mag altmodisch klingen. Doch für die einfachen Weine trifft er noch immer zu. Das gilt ganz besonders für die Weißweine, und zwar die aller Sorten. Sie kommen bereits wenige Monate nach der Lese auf den Markt und werden in den ersten zwei bis drei Jahren getrunken, solange sie noch frisch und fruchtig sind. Ein Weißwein tut sich in dieser Hinsicht besonders hervor: der Weißburgunder. Er entwickelt, vielleicht mehr als

*Typische Spalierziehung bei
Kalterer See*

die anderen Weißweine, ein charakteristisches feines Aroma, ohne überladen oder allzu konzentriert zu sein.

Neue Trends

In den letzten Jahren hat es einen Trend zu gehaltvolleren und damit reifebedürftigeren Weinen gegeben. Das gilt vor allem für die »dunklen« Rotweine. Die Erträge bei Blauburgunder, Merlot, Cabernet Sauvignon und Lagrein wurden zunehmend heruntergefahren, die Trauben spät gelesen, immer mehr kleine Weine im Holzfass ausgebaut. Auch bei den Weißweinen haben viele Produzenten eine »Premium«-Klasse geschaffen, in der sich aufwändig ausgebaute Weine aus selektiertem Lesegut befinden. Sie sind für eine längere Verfeinerung auf der Flasche vorgesehen. Diese Weine gehören zum Besten, was Italien auf dem Weißweinsektor zu bieten hat.

Auffällig nimmt auch die Zahl der Cuvées zu, also derjenigen Weine, die nicht mehr aus einer, sondern aus mehreren, sich ergänzenden Sorten gekeltert werden. In diesem Fall kommt es dem Weinproduzenten nicht auf den Sortengeschmack an, sondern auf die Komposition: die Harmonie zwischen Körper, Alkohol, Tannin und Säure. Kaum einer dieser Spitzenweine wird nicht in Barriques ausgebaut. Das kleine Eichenfass macht das Tannin weich und süß, gibt der Frucht Schliff und stabilisiert die Farbe, sodass die Weine sich auch nach fünf oder sieben Jahren noch in einer dunklen, rubinroten Robe präsentieren.

Das Rebensortiment

Südtirol besitzt ein breites Rebensortiment. Es umfasst elf weiße und neun rote Sorten, die alle zur Erzeugung von D.O.C.-Weinen zugelassen sind. Tatsächlich kommen jedoch 30 % des Südtiroler Weines von nur einer Rebsorte: dem Vernatsch (ital.: Schiava). Sie ist fast über das gesamte Anbaugebiet verbreitet und ergibt einen samtigen, hellroten Wein, der sich in Südtirol als klassischer »Törggelwein« und im Ausland als preiswerter Zechwein großer Beliebtheit erfreut. Je nach Herkunft kommt er

als Kalterersee, St. Magdalener, Bozner Leiten, Meraner (Hügel) oder als Südtiroler (Edel-)Vernatsch bzw. als Grauvernatsch auf den Markt. Der größte Teil wird in der Literflasche mit Kronenkorken oder Schraubverschluss abgefüllt. Nur die besten Partien St. Magdalener, Kalterersee oder Südtiroler Vernatsch gelangen auf die 0,75-l-Flasche. Allerdings ist die Vernatsch-Rebfläche in den letzten zehn Jahren fast halbiert. Stattdessen sind vermehrt »dunkle« Rebsorten angebaut worden. Vor allem die Lagrein-Rebfläche ist stark gewachsen. Aber auch Merlot und Blauburgunder haben starke Zuwachsraten. Bei den Weißweinen haben vor allem Gewürztraminer, Sauvignon und Ruländer – wie der Pinot Grigio in Sudtirol heißt – zugenommen.

Die Anbaugebiete

Praktisch alle in Südtirol angebauten Rebsorten sowie fast 98 % der Landesfläche sind für die Qualitätsweinerzeugung zugelassen. Das heißt: Der größte Teil der Südtiroler Weine hat D.O.C.-Status (Denominazione di

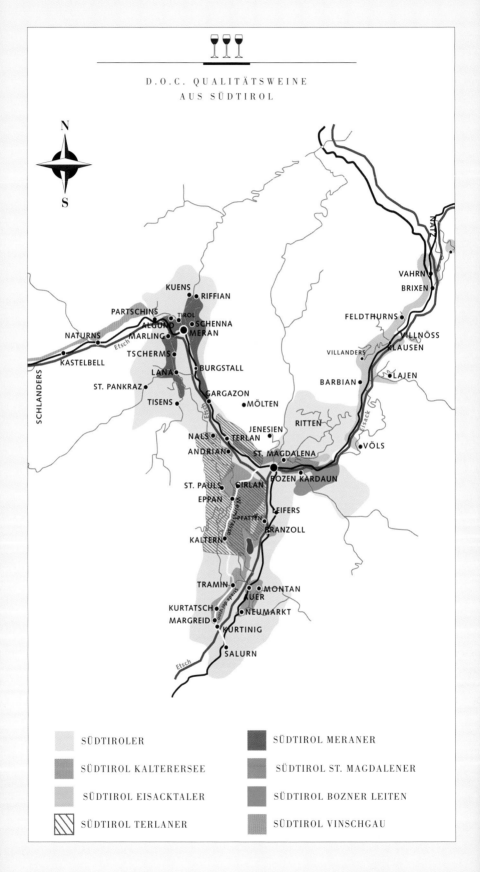

D.O.C. QUALITÄTSWEINE
AUS SÜDTIROL

SÜDTIROLER   SÜDTIROL MERANER

SÜDTIROL KALTERERSEE   SÜDTIROL ST. MAGDALENER

SÜDTIROL EISACKTALER   SÜDTIROL BOZNER LEITEN

SÜDTIROL TERLANER   SÜDTIROL VINSCHGAU

Origine Controllata). Allein die Cuvées kommen, obwohl qualitativ nicht weniger gut, als gehobene Landweine unter den Bezeichnungen I.G.T. Mitterberg oder I.G.T. Weinberg Dolomiten auf den Markt (Indicazione Geografica Tipica).

Die Reben stehen – von wenigen Ausnahmen abgesehen – in Hanglagen zwischen 210 und 500 Meter Höhe. Vereinzelt ziehen sich die Weinberge sogar bis auf 1000 Meter hoch. Auf dem Talboden stehen die Reben nur noch um Bozen, wo die Lagrein-Rebe ihre besten Standorte hat, und im äußersten südlichen Zipfel bei Salurn, wo großflächig Chardonnay angebaut wird. Die Trauben werden größtenteils an die Sektindustrie verkauft. Ansonsten hat der Weinbau im Tal dem Obstbau Platz gemacht. Die einzelnen D.O.C.-Zonen sind:

Südtiroler: Übergeordnete Ursprungsbezeichnung, die praktisch die gesamten Weinanbaugebiete Südtirols umfasst (italienisch: Alto Adige). Alle 20 gängigen Sorten können sich dieser D.O.C. bedienen, wenn die Produktionsvorschriften hinsichtlich Alkoholgehalt, Höchstertrag und Lagerung (für Riserva) eingehalten werden. Anteil: 70 % an der Weinproduktion.

Südtiroler Eisacktaler: Das Anbaugebiet des Eisacktals (italienisch: Valle Isarco) beginnt östlich von Bozen und reicht über Brixen hinaus. Hier haben nur Weißweine der Sorten Silvaner, Ruländer, Gewürztraminer, Müller-Thurgau, Kerner, Riesling und Veltliner Anspruch auf die D.O.C. Einziger Rotwein: Klausner Laitacher (Vernatsch, Portugieser, Lagrein, Blauburgunder). Insgesamt stehen 250 Hektar unter Reben.

Südtiroler Vinschgauer: Jüngstes D.O.C.-Gebiet, das erst 1995 geschaffen wurde (italienisch: Valle Venosta). Es umfasst den Vinschgau von Meran bis über Schlanders hinaus. Insgesamt sind aber erst 26 Hektar Weinberge ins Kataster eingeschrieben. Sorten: Neben Blauburgunder und Vernatsch sind fast alle gängigen Weißweinsorten erlaubt. Allerdings haben viele dieser Sorten (Chardonnay und Vernatsch) Mühe, die notwendigen Mostgewichte zu erreichen.

Kalterer(see): Große Ursprungsbezeichnung, die weit mehr als das Gebiet um den Kalterer See umfasst. Sie reicht von Nals im Norden bis nach Margreid im Süden und schließt auch die östlich der Etsch liegenden Gebiete um Auer, Neumarkt und Branzoll mit ein (italienisch: Lago di Caldaro). Sogar in fünf Gemeinden des Trentino darf noch Kalterersee produziert werden. Er wird aus Vernatsch erzeugt, dem maximal 15 % Lagrein oder Blauburgunder beigemengt werden dürfen. Die unsinnige Ausweitung ist für den schlechten Ruf des Kalterersees mitverantwortlich – auch wenn in den letzten zehn Jahren einige gute Kalterersee-Auslesen auf den Markt gekommen sind. Inzwischen hat sich die D.O.C.-Anbaufläche halbiert (auf 650 Hektar). Statt Vernatsch werden Cabernet Sauvignon, Merlot, in den höheren Lagen auch Blauburgunder und Weißwein angebaut.

Meraner (Hügel): Sammelbecken für alle Vernatsch-Weine, die in einem großen Umkreis um Meran wachsen, einschließlich des Burggrafenamts (italienisch: Meranese di Collina). Sie sind leicht und säurebetont (170 Hektar).

Bozner Leiten: Kleines Ursprungsgebiet südöstlich von Bozen, in dem ein sehr fruchtiger Vernatsch wächst (italienisch: Colli di Bolzano). Der Anteil an der Weinproduktion ist gering: zehn Hektar.

St. Magdalener: Relativ kleines Anbaugebiet an den Hängen und am Fuß des Ritten oberhalb von Bozen, in dem seit Jahrhunderten der Vernatsch

Lagrein-Reben bei Kloster Muri-Gries in Bozen

im gemischten Satz mit Lagrein oder Blauburgunder angebaut wird (italienisch: Santa Maddalena). Der St. Magdalener, insbesondere derjenige aus der klassischen Zone, ist der kräftigste, festeste und beste Vernatsch-Wein Südtirols. 260 Hektar umfasst das Gebiet.
Terlaner: Die Ursprungsbezeichnung geht weit über das Dorf Terlan hinaus (italienisch: Terlano). Sie umfasst das gesamte Überetschgebiet mit Andrian, Eppan, Girlan und Kaltern. Insgesamt sind gut 150 Hektar ins Weinkataster eingeschrieben. Terlaner sind ausschließlich Weißweine. Wenn keine Rebsorte auf dem Etikett angegeben ist, besteht der Wein zu mindestens 50 % aus Weißburgunder oder Chardonnay. Für den Rest können Riesling, Welschriesling, Silvaner, Müller-Thurgau oder Sauvignon verwendet werden. Der Wein kann aber auch reinsortig aus nur einer dieser Sorten gekeltert sein.

Großzügige D.O.C.-Bestimmungen
Die D.O.C.-Bestimmungen garantieren nicht nur die Herkunft der Weine und legen die genaue Traubenzusammensetzung fest. Sie regeln auch qualitative Mindestanforderungen wie den minimalen Alkoholgehalt und die maximalen Traubenmengen, die von jeder Sorte pro Hektar geerntet werden dürfen. Letztere sind zum Beispiel recht großzügig bemessen. Bei den Südtiroler und Eisacktaler D.O.C.-Weißweinen liegen die Maximalerträge meist bei 130 Doppelzentner pro Hektar. Lediglich im Vinschgau liegen sie niedriger: zwischen 90 (Gewürztraminer) und 120 Doppelzentner (Müller-Thurgau). Für Cabernet dürfen 110, für Blauburgunder 120, für Merlot 130 und für Lagrein sogar 140 Doppelzentner produziert werden. Auch der ertragsstarke Vernatsch darf 140 Doppelzentner bringen. Nur die Winzer von St. Magdalena haben ihre Erträge auf 125 Doppelzentner begrenzt. Die

D.O.C.-Statuten für Südtiroler Weine wurden 1970 erlassen. Bis dahin wurden sehr viel größere Traubenmengen produziert: teilweise über 200 Doppelzentner pro Hektar. In den 50er- und 60er-Jahren war Südtirol ein Massenweinland, und noch in den 70er-Jahren kostete ein Liter Vernatsch weniger als ein Liter sizilianischer Rotwein.

Die Pergel und der Vernatsch
Die Massenproduktion wäre ohne das typische Südtiroler Rebenerziehungssystem, die Pergel, nicht möglich gewesen. Sie war und ist noch immer die am weitesten verbreitete Rankhilfe. Nur im Eisacktal und im Vinschgau werden andere Erziehungssysteme verwendet. Die Pergel besteht aus galgenartigen Holzgerüsten, an denen die Rebe in die Höhe rankt. Ihre Blätter bilden ein mannshohes Laubdach, unter dem die Trauben im Halbschatten hängen. Normalerweise brauchen Trauben Sonne. Die Südtiroler Weinbauern sind jedoch der Meinung, dass sie »leiden« und »verbrennen«, wenn sie voll der sommerlichen Hitze ausgesetzt wären.
Der Hauptgrund dafür, dass die Weinbauern von der Pergel nicht lassen wollen, liegt eher in dem Umstand begründet, dass diese der von Natur aus reich tragenden Vernatsch-Rebe entgegenkommt, indem dieses Erziehungssystem es erlaubt, gleich mehrere Fruchtruten aufzubinden. Auf diese Weise kann die Rebe mehr Trauben produzieren. Die Pergel ist denn auch vor allem für den Vernatsch erfunden worden. Andere Sorten wie Gewürztraminer, Weißburgunder und Cabernet wurden zumindest im

Kalterer See mit Schloss Ringberg und Ruine Leuchtenburg im Hintergrund

19. Jahrhundert an Pfählen oder Niedrigdrähten gezogen, wie Edmund Mach berichtet, der beste Chronist des Weinbaus jener Zeit.

Erst mit Beginn der Massenproduktion in diesem Jahrhundert wurden auch die hochwertigen Sorten auf die Pergel gezogen. Seitdem sich die Südtiroler Winzer mehr auf Qualität besinnen, werden bei der Neuanlage von Weinbergen mit diesen hochwertigen Sorten allerdings ausschließlich Drahtrahmen verwendet. Auch der Lagrein, von dem es jahrzehntelang hieß, er würde auf Pergel bessere Qualitäten bringen, rankt zunehmend am Draht. Nur der Vernatsch bleibt auf der Pergel.

Vernatsch früher und heute

Der Vernatsch (italienisch: Schiava) ist die wichtigste einheimische Sorte. Sie bedeckt heute ungefähr die Hälfte der Rebfläche. Wahrscheinlich existiert sie schon seit über 1000 Jahren in Südtirol. Bereits 1220 wird der »Vinum de Caldario« urkundlich erwähnt – auch wenn damit nicht sicher ist, ob der Kalterer Wein damals schon aus Vernatsch gewonnen wurde. In mittelalterlichen Schriftstücken ist aber bereits von einem Wein namens »Farnatzer« die Rede. Hinter dem Ausdruck verbirgt sich wahrscheinlich der Vernatsch. Sicher ist, dass im 16. Jahrhundert, als die Rebfläche im Etschtal doppelt so groß wie heute war, ein nicht geringer Teil des Weines aus Vernatsch bestand – wahrscheinlich der größte. Er verdrängte damals den ertragsunsicheren Gewürztraminer.

Die italienische Bezeichnung Schiava bedeutet nicht, dass der Vernatsch »slawischen« Ursprungs ist, wie in der englischsprachigen Weinliteratur vermutet wird. Vielmehr ist die Tatsache, dass die schwäbische Trollinger-Traube zur Vernatsch-Familie gehört, ein Indiz dafür, dass die Vernatsch ein autochthones Südtiroler Gewächs ist. Der Name Trollinger bedeutet nämlich nichts anderes als »Tirollinger«: die aus Tirol stammende Traube.

Heute sind rund 95 % der Vernatsch-Fläche in Südtirol mit dem Großvernatsch bestockt. Er wird auch Edelvernatsch genannt, obwohl er die unedelste aller Vernatsch-Spielarten ist. Er hat große Trauben mit vielen dicken, fleischigen Beeren und einer dünnen Haut. Das heißt: Die Beeren enthalten viel Saft und wenig Farbstoffe, Tannine und Geschmacksstoffe. In den 50er-Jahren, als fast nur Masse produziert wurde, pflanzten die Weinbauern nahezu ausschließlich diese Vernatsch-Sorte, weil sie die größten Erträge bringt. Um die Jahrhundertwende war der Südtiroler Weinbau wesentlich qualitätsbewusster. Edmund Mach, ehemaliger Leiter der Weinbauschule in St. Michele, erwähnt in seiner Schrift »Der Weinbau und die Weine Deutschtirols« aus dem Jahre 1894, dass »die besten Weine vom Kleinvernatsch (Mittervernatsch) kommen« (Schiava gentile), der heute kaum noch existiert. Auch vom Tschaggelevernatsch (Kugelvernatsch) sind nur wenig mehr als einzelne Rebstöcke vorhanden. Außerdem wurde ein guter Vernatsch-Wein immer im gemischten Satz mit anderen Rebsorten gekeltert, die bereits im Weinberg zwischen die Vernatsch-Reben gepflanzt wurden: Lagrein, Blauburgunder, Geschlafene (Rossara) und Edelschwarze (Negrara). Diese Komplementärsorten machten die Weine vielschichtiger und interessanter. Heute wird höchstens noch Lagrein zugefügt, um dem Wein etwas mehr Farbe zu geben. Einzig mit Grauvernatsch sind in Südtirol heute noch gut 20 Hektar bestockt. Der Grauvernatsch ist zwar sehr wüchsig, doch sind seine Beeren locker um den

Barriquefasskeller

Stiel angeordnet, sodass die Erträge geringer als beim Großvernatsch sind. Entsprechend besser sollte die Qualität des Weines sein.

Lagrein – der neue Rotweinstolz
Die zweite autochthone Sorte Südtirols ist der Lagrein. Er ist wahrscheinlich noch wesentlich älter als der Vernatsch. Der deutsche Kaiser Karl IV. spricht in seiner Weinordnung aus dem Jahre 1370 von einem »Lagreiner« als dem besten aller »Poczner« – also aller »Bozner« Weine. Wahrscheinlich ist der Lagrein jedoch wesentlich früher im Etschtal angebaut worden. Neuere Untersuchungen haben ergeben, dass er mit dem Teroldego verwandt ist, der im Trentino einen ähnlich dunkelfarbenen Wein ergibt. Der Teroldego besitzt wiederum eine genetische Nähe zur Syrah.
Lange führte der Lagrein ein Schattendasein, weil er während der Zeit des Leichtweinkonsums kaum gefragt war. Der größte Teil des Lagreins wurde bis weit in die 80er-Jahre hinein als Kretzer vermarktet, wie die Südtiroler ihre Roséweine nennen. Der kleine Teil, der ganz normal auf der Maische vergoren wurde, diente vor allem als Verschnittwein für den Vernatsch oder für andere hellfarbene Weine. Traute sich eine Kellerei,

einen solchen Wein auf die Flasche zu füllen, schrieb sie – wie zur Warnung – Lagrein »Dunkel« darauf. Dieser Brauch hat sich bis heute gehalten. Den »Bauernkretzer«, der nach drei Tagen von der Maische abgezogen wird, gibt es heute praktisch nicht mehr.

Das Hauptanbaugebiet des Lagreins liegt in Gries, einem ehemaligen Luftkurort für Lungenkranke, der 1925 nach Bozen eingemeindet wurde. Auf den sandigen, stark kieshaltigen, gut drainierten und zugleich sehr warmen Böden findet die Sorte hervorragende Wuchsvoraussetzungen. Da die Stadt Bozen sich aber immer weiter ausdehnt, kann die Rebfläche nicht wachsen, zumal die Bodenpreise explodieren (500 EUR pro Quadratmeter). Derzeit sind nur noch 150 Hektar mit Lagrein bestockt.

Der Grieser gilt als der weichste aller Lagrein-Weine. Doch wäre es ein Irrtum zu glauben, nur in Gries würde die Sorte Spitzenqualitäten ergeben. Mindestens ebenso gut ist der Lagrein aus Maretsch, das zu Bozen-Dorf gehört. Und die ersten Jahrgänge aus den Neuanlagen in den benachbarten Gemeinden Moritzing, im Talfertal und in Rentsch beweisen, dass der Lagrein dort eine ähnliche Tiefe und Vielschichtigkeit aufweist wie in Gries. Größere Lagrein-Flächen finden sich noch bei Auer, Neumarkt und Kurtatsch. Doch erreichen sie nicht die Weichheit und Reife der Lagrein aus Gries.

Gewürztraminer

Die dritte heimische Sorte ist der Gewürztraminer. Sein Ursprung wurde in die Hügel um das Dorf Tramin verlegt. Im 15. Jahrhundert war er mit großer Wahrscheinlichkeit die am häufigsten angebaute Sorte Südtirols. Erst später verdrängte ihn der Vernatsch. Wahrscheinlich war es der Rote Traminer, der damals in Südtirol anzutreffen war und möglicherweise dort entstanden ist. Der heutige Gewürztraminer ist dagegen eine Variante des Roten Traminers. Er ist vermutlich im Elsass entstanden. Es sind körperreiche, stoffige Weine, die immer eine niedrige Säure und einen hohen Alkoholgehalt aufweisen. Sie verströmen einen tiefen Rosenduft, haben das Aroma von exotischen Lycheefrüchten oder von getrockneten Feigen. Sie werden in Südtirol fast immer mit einer leichten Restsüße ausgebaut – von edelsüßen Spätlesen oder Passito-Varianten abgesehen. Da italienische D.O.C.-Weine immer trocken sein müssen (maximal vier Gramm Restzucker pro Liter), trat mit der Lese des Jahres 1999 eine Bestimmung in Kraft, der zufolge der Gewürztraminer bis acht Gramm Restzucker aufweisen darf. Die feine Restsüße soll verhindern, dass der hohe Alkoholgehalt des Weins sich als Bitterkeit am Gaumen bemerkbar macht. Im Gegensatz zu den vollsüßen, oftmals fetten Gewürztraminern aus dem Elsass sind ihre Südtiroler Pendants geschmeidig und elegant. In dieser Version besitzt der Südtiroler Gewürztraminer Qualitäten, wie sie weltweit nur ganz wenige Weine dieser Sorte aufweisen.

Südtiroler Traubensorten:

Weißweine

Weißburgunder (Pinot Bianco)
Alte Sorte, die seit 1870 in Südtirol angebaut wird. Terlan und Girlan gelten als hervorragende Standorte. Häufigste weiße Traube.
Anteil: 9,6 %

Chardonnay
Stark zunehmende Sorte, aus der im Überetsch meist frische, säurebetonte, im wärmeren Unterland eher barriquegereifte Weine erzeugt werden. Anteil: 8,6 %

Ruländer (Pinot Grigio)
Schon im 19. Jahrhundert nach Südtirol importiert, ergibt sie dezent fruchtige, volle Weine. Anteil: 8,7 %

Müller-Thurgau
Kreuzung von Riesling und Gutedel.
Fast nur in den hohen Lagen des
Eisacktals und des Vinschgaus ange-
baut. Ergibt leichte, dezent würzige
Weine. Anteil: 3,3 %

Gewürztraminer
(Traminer Aromatico)
Uralte Südtiroler Sorte, die stoffige,
nach getrockneten Blumen und exotischen Früchten duftende, alkohol-
reiche und langlebige Weine ergibt.
Anteil: 7,1 %

Sauvignon
Seit mehr als 100 Jahren in Terlan
und Umgebung angebaut. Ergibt
holunderduftige, bissige Weine mit
kräftiger Säure. Anteil: 4,1 %

Silvaner
Fast nur im Eisacktal angebaute
Sorte, die frische, anfänglich neutral
schmeckende, mit der Zeit stoffig-
fruchtige Weine ergibt. Anteil: 1,5 %

Riesling
Insgesamt leicht rückläufige Sorte.
Im Vinschgau und Eisacktal auf dem
Vormarsch. Anteil: 0,7 %

Goldmuskateller (Moscato Giallo)
Der Gelbe Muskateller wird in Südtirol selten für trockene Weine, fast
immer für Spätlesen oder Passito-
Weine verwendet. Anteil: 0,8 %

Veltliner
Als Roter und Grüner Veltliner ausschließlich im Eisacktal angebaute
Sorte, die ausdrucksvolle, mäßig
fruchtige Weine ergibt. Anteil: 0,2 %

Südtiroler Traubensorten:

Rotweine

Vernatsch (Schiava)
Relativ spät reifende, hellrote Sorte,
die teils schlichte, teils delikate,
süffige Weine hervorbringt.
Anteil: 31 %

Blauburgunder (Pinot Nero)
Hochklassige, schon seit fast
150 Jahren in Südtirol beheimatete
Sorte, die vor allem in (und um)
Mazon, in Girlan und im Vinschgau
gute Qualitäten bringt. Anteil: 7,7 %

Merlot
Stark auf dem Vormarsch befindliche
Sorte, die in Südtirol relativ sicher
ausreift. Siebeneich bei Bozen und
das Unterland sind gute Standorte.
Anteil: 4,6 %

Lagrein
Alte Sorte, die als Lagrein Dunkel
eine Renaissance erlebt. Die Kretzer-
Produktion geht dagegen zurück.
Anteil: 8,5 %

Cabernet franc
Fälschlich für Cabernet franc
gehalten, in Wirklichkeit Carmenère.
Heute fast völlig verschwunden.

Cabernet Sauvignon
Ergibt beste Qualitäten, reift aber
nicht in jedem Jahr in Südtirol
aus. Und wenn, dann nur in den
wärmsten Lagen. Anteil: 3,3 %

Rosenmuskateller (Moscato Rosa)
Ertragsarme, im 19. Jahrhundert
aus Sizilien eingeführte Sorte, die
hochfeine, botrytisfreie, rosenduftige
Süßweine ergibt. Gerade elf Hektar
sind mit ihr bestockt. Anteil: 0,2 %

Genossenschafts-Kellereien

Andrianer Kellerei

Kirchweg 2, 39010 Andrian
Tel. 0471/510137, Fax 0471/510227
E-Mail: info@andrianer-kellerei.it
Internet: www.andrianer-kellerei.it

Andrian ist eine der kleineren Genossenschaften Südtirols. Die Genossen lieben keine lauten Posaunentöne. Nach einigen Jahren der Stagnation liefern sie heute wieder feine Weißweine und einen der feinsten Lagrein des Landes.

Die Spitzenweine
»Tor di Lupo«-Linie mit Chardonnay, Terlaner Sauvignon, Gewürztraminer, Lagrein Riserva, Merlot Riserva, Cabernet Riserva

Die Selektionsweine
Die Weine der »Sonnengut«-Linie: Terlaner Weißburgunder, Gewürztraminer, Vernatsch, Lagrein, Merlot

Die Standardweine
Terlaner Weißburgunder, Terlaner Welschriesling, Terlaner Sauvignon, Chardonnay, Müller-Thurgau, Ruländer, Gewürztraminer, Goldmuskateller, Kalterersee Auslese, Grauvernatsch, St. Magdalener, Lagrein, Merlot, Cabernet, Blauburgunder, Rosenmuskateller »Romantikus«

Spezialitäten
Die »Bioland«-Weine: Chardonnay, Ruländer, Vernatsch, Lagrein

Bewertung
Von auffällig guter Qualität sind die Standardweine der Basislinie. Bei den Spitzenweinen ragen regelmäßig die Lagrein Riserva und die Cabernet Riserva der »Tor di Lupo«-Linie sowie der Terlaner Weißburgunder der »Sonnenhof«-Linie heraus.

Die Kellerei
Andrian ist die älteste Kellereigenossenschaft Südtirols. Sie wurde 1893 mit österreichischer Starthilfe gegründet. Weißweine machen fast 35 % der Produktion aus, obgleich Andrian mitten im größten Weißweinanbaugebiet Südtirols liegt. Aber seit den verheerenden Hagelschäden

von 1982 und 1983 bekommen die Andrianer, wie die Genossen genannt werden, über die Hälfte ihrer Trauben aus dem Unterland geliefert: Kaltern, Tramin, Montan. Dennoch schrumpfen die Rebflächen der Genossenschaft zusammen. Konrad Mathà, der als Obmann und Geschäftsführer 30 Jahre lang für die Geschicke der Andrianer verantwortlich war, und die Kellerei zum größten Biowein-Produzenten Südtirols gemacht hat, hat sich nach 30 Jahren zurückgezogen. Seit 2004 weht wieder ein frischer Wind in Andrian. Der Investitionsstau wird langsam abgebaut, eine neue Qualitätspolitik in die Tat umgesetzt.

Die Standardweine

Der wichtigste Wein der Andrianer ist der Terlaner Weißburgunder, der mit seiner reifen, hefefrischen Art zu den gelungensten Exemplaren dieser Sorte in Südtirol gehört. Auch der Welschriesling, der schon seit der Gründung im letzten Jahrhundert angebaut wird, besticht durch seine Stoffigkeit und Würze. Der Chardonnay fällt in den kühlen Andrianer Hügellagen dagegen recht säurebetont und blumig aus. Er wird ausschließlich im Edelstahltank ausgebaut. Gewürztraminer, Blauburgunder, Cabernet und Grauvernatsch sind sehr solide Weine.

Die »Sonnengut«-Weine

Im Jahre 2000 haben die Andrianer zum ersten Mal einen Weißburgunder im großen Holzfass abgefüllt, der qualitativ über den Standardweinen lag. Er kam deshalb unter der Bezeichnung »Sonnengut« auf den Markt. Seitdem steht dieser Begriff für das gehobene Qualitätssegment der Andrianer Kellerei. »Sonnengut« ist dabei kein Hof und keine Lage, sondern lediglich eine Marke. Inzwischen sind zur »Sonnengut«-Linie auch ein Gewürztraminer, der Vernatsch St. Justina (von einer der besten Vernatsch-Lagen oberhalb von St. Pauls kommend), ein Merlot und ein Lagrein gestoßen. Die beiden letzten reifen im Barrique. Sie alle werden regelmäßig, aber nur in geringer Menge erzeugt.

»Tor di Lupo«

... so lautet die italienische Übersetzung für Turm des Wolfes. Wolfsthurm ist denn auch der Name einer historischen Villa oberhalb von Andrian. Der Name wurde gegen den Widerstand der Deutsch sprechenden Dorfbevölkerung italienisiert, um ihn als Marke für die Spitzenweine zu verwenden. Schließlich wird ein großer Teil der Weine nach Italien verkauft. Die Bezeichnung »Tor di Lupo« steht seitdem für die besten Andrianer Gewächse: Weine, die aus Rebbergen mit geringen Erträgen kommen und in kleinen Fässern aus französischer Vogeseneiche ausgebaut werden. Der Terlaner Sauvignon mit seinem markanten, schotigen Stachelbeeraroma überstrahlt normalerweise alle anderen Weine. Er wird aus spät gelesenen Trauben gewonnen, die oberhalb von Andrian wachsen. Von dem im kleinen Holzfass vergorenen Chardonnay wird nur eine sehr geringe Menge produziert, ebenso vom wuchtigen Gewürztraminer. Bei den Rotweinen überzeugt am meisten die Lagrein Riserva mit ihrer reifen, an Brombeeren und Schokolade erinnernden, bittersüßen Frucht und dem samtigen Tannin – typische Charakteristiken eines Grieser Lagreins. Der weiche Merlot (aus den warmen, tief gelegenen Weingärten des Steuerhofs bei Siebeneich), der erst ab Jahrgang 1995 zur »Tor di Lupo«-Linie gekommen ist, und der kräuterwürzige Cabernet (70 % Cabernet Sauvignon, 30 % Cabernet franc, beide in Andrian gewachsen) sind gut gemachte, saubere Gewächse mit der typischen Südtiroler Sortenaromatik.

Bioweine
Ein kleiner Teil der Andrianer Weine, genau 30 000 Flaschen, werden nach den strengen »Bioland«-Richtlinien angebaut und vinifiziert. Zwei Weinbauern-Genossen haben sich vor einigen Jahren für dieses Experiment entschieden. Seitdem gibt es Vernatsch, Lagrein, Chardonnay und Ruländer in der Ökoversion. Qualitativ liegen sie auf demselben Niveau wie die Standardweine. Sie werden größtenteils nach Deutschland verkauft. In Südtirol und in Italien ist der Markt für Bioweine noch klein.

Mitglieder: 110
Rebfläche: 105 ha
Gesamtproduktion: 5600 hl
davon 0,75-l-Flaschen: 450 000
Vernatsch-Anteil: 35 %

Kellerei Bozen

Grieser Platz 2, 39100 Bozen
Tel. 0471/270909, Fax 0471/289110
E-Mail: info@kellereibozen.com
Internet: www.kellereibozen.com

Aus der Elefantenhochzeit zwischen der Kellerei Gries und der Kellerei St. Magdalener ist im Jahre 2001 ein Unternehmen hervorgegangen, das eine Rotweinkompetenz wie kein zweites in Südtirol besitzt. In vielen Jahren sind ihre Lagrein, Cabernet Sauvignon und St. Magdalener die Messlatte.

Die Spitzenweine
Merlot Riserva »Siebeneich Prestige«, Lagrein Dunkel Riserva »Prestige«, Mauritius – Cuvée Merlot/Lagrein, Blauburgunder Riserva »Sandlahner«, Cabernet Riserva »Mumelter«, Lagrein Riserva »Taber«

Die »Collectionsweine Gries«,
Merlot »Collection Huyn«, Lagrein »Collection Eyrl«, Klassischer St. Magdalener »Tröglerhof«, Weißburgunder »Collection Dellago«

Die Lagenweine St. Magdalener
Sauvignon »Mock«, Chardonnay »Kleinstein«, Gewürztraminer »Kleinstein«, St. Magdalener »Huck am Bach«, Lagrein »Perl«

Die Standardweine
Weißburgunder, Pinot Grigio, Chardonnay, Gewürztraminer, Eisacktaler Müller-Thurgau, Eisacktaler Silvaner, Goldmuskateller, Vernatsch »Schloss Korb«, Kalterersee Auslese, Grauvernatsch, Lagrein Rosé »Pischl«, St. Magdalener classico, St. Magdalener, Lagrein Grieser, Blauburgunder, Merlot, Cabernet

Spezialitäten
Die Süßweine Vinalia und Rosis: hochfeine Trockenbeerenauslesen von Goldmuskateller beziehungsweise Rosenmuskateller

Bewertung
Die Produktion wird überstrahlt vom Glanz der großen Riserve vom Lagrein sowie der exzellenten St. Magdalener. In ihnen dokumentieren sich

das Potenzial und die Kompetenz dieser Kellerei. Das heißt nicht, dass die anderen Weine, gleich ob weiß oder rot, in der Mittelmäßigkeit versinken würden. Im Gegenteil: Die Qualität der »Collections-« und Lagenweine erreicht teilweise Topniveau.

Die neue Kellerei

Die Verwaltung der neuen Kellerei Bozen befindet sich am Sitz der alten Kellerei Gries im gleichnamigen Bozener Stadtteil. Ein blau-gelber Torbogen über dem Eingang weist unübersehbar den Weg zu unterirdischen Kellern, in denen die Weine ihrer Reife entgegendämmern. Schließlich gilt es, einen starken Mitbewerber bei Rotwein auf Distanz zu halten: das Kloster Muri auf der gegenüberliegenden Seite des Grieser Platzes, ebenfalls für seine Lagrein berühmt. Der kurz vor der Fusion neu errichtete Keller der früheren Kellerei St. Magdalener am anderen Ende Bozens (an der Brennerstraße) ist jedoch nicht verwaist. Er wird weiterhin für die St.-Magdalener-Weine genutzt. Ein neuer gemeinsamer Zentralkeller ist jedoch in der Planung.

Lagrein-Spezialist

Die Trauben für den »Prestige«-Lagrein kommen von den Schwemmlandböden des Bozner Stadtteils Gries, wo diese alte Südtiroler Sorte ihre besten Qualitäten hervorbringt. Das Klima ist heiß, die Böden sind trocken, die Hektarerträge liegen unter 60 Hektolitern. Der Wein ist von extrem dunkler Farbe, dabei von kräftiger Struktur, besitzt viel weichen, süßen Gerbstoff und ein feines Kirsch-Schokoladen-Bouquet. Nach einer kurzen, aber intensiven Maischegärung reift der Wein über ein Jahr in kleinen Fässern aus französischer Allier-Eiche. Die Ehre des Spitzenweins macht ihm regelmäßig die Lagrein Riserva »Taber« streitig, die ebenfalls aus Gries kommt: eine Frucht- und Tanninbombe, extrem konzentriert und zu 100 % in Barriques gereift. Aber auch der Lagrein »Perl« und der Lagrein der »Collection Eyrl« sind nicht zu unterschätzen. Letzterer kommt aus einer Weinlage mitten in Gries vom »kurzstieligen« Lagrein, einer besonders kleinbeerigen, nur noch selten anzutreffenden Spielart dieser Sorte.

Merlot und Mauritius

Ebenso gut gelungen sind die anderen Rotweine. Der Merlot Riserva »Siebeneich Prestige« ist ein dicht gewobener, tiefer Wein, der gleichwohl weich und geschmeidig wirkt. Die Trauben für diesen Wein kommen von dem fünf Hektar großen Steinerhof in Siebeneich. Der Hof gehört Otto Graf Huyn, dessen Bruder Hans sich in den 60er-Jahren als Chronist des Südtiroler Weines verdient gemacht hat. Begeisternder noch ist die Cuvée Mauritius aus Merlot (60 %) und Lagrein (40 %), die zum größten Teil ebenfalls vom Steinerhof stammt, sowie der Cabernet »Mumelter«. Er wächst direkt neben dem Kirchlein von St. Magdalena, in der wärmsten Lage der Zone dieses Südhangs.

Zweites Standbein St. Magdalener

Beim St. Magdalener kann die Genossenschaft aus dem reichhaltigen Weinbergsfundus schöpfen, den die Weinbauern der St. Magdalener-Kellerei in die Fusion eingebracht haben. Kellermeister Stefan Filippi, dem die önologische Leitung des neuen Unternehmens übertragen wurde, versteht es meisterhaft,

geschmeidige, weiche, fruchtige Weine zu keltern –
weniger rau und stielig als früher. Sie sind in
Einklang mit den D.O.C.-Statuten mit etwa 10 %
Lagrein verschnitten. Seinen Ehrgeiz legt Filippi in
den klassischen St. Magdalener »Huck am Bach«:
ein mit feinem Kirschen- und Veilchenparfüm und
nicht zu intensivem Mandelton ausgestatteter
Wein, der Züge eines kleinen Burgunders aufweist
– eine Art Grand Cru des Vernatsch.

Mehr als St. Magdalener
Freilich ist Filippi, ein Zweimetermann, der sein
Handwerk an der Weinbauschule in San Michele
und später bei Alois Lageder gelernt hat, jeg-
licher romantisierender Vernatsch-Schwärmerei
unverdächtig. Er hat beizeiten neben Cabernet
Sauvignon auch eine Parzelle mit Blauburgunder
am St.-Magdalener-Hang gepflanzt. Sie befindet
sich in 500 Meter Höhe auf der kühleren, östlichen Seite bei Leitach. Dort wächst jetzt der
»Sandlahner«, ein bemerkenswert kräftiger, vielschichtiger Wein mit schönem Kirsch- und Pflau-
menaroma, der vielleicht nicht ganz die Finesse
der besten Blauburgunder aus Mazon besitzt,
aber eine überaus delikate Frucht mitbringt.

Die Weißweine
Weißwein macht bei den Bozner Genossen kaum
mehr als 20 % der Produktion aus. Doch die
Qualität ist gut. Ihre besten Weine wachsen auf
550 Meter Höhe am Hang des Ritten, wo der
Vernatsch nicht mehr reif wird, beziehungsweise in Leitach am Eingang zum Eisacktal. Der
Chardonnay vom Kleinsteinhof (der eigentlich
»Kloanstein« heißt) und der Sauvignon aus
den Steillagen um den Mockhof sind besonders
hervorzuheben. Dazu kommt der saftige Weißburgunder »Dellago«, der unterhalb von Schloss
Korb bei St. Pauls wächst. Die einfachen Weißweine sind frische, fruchtige Tropfen für den
sofortigen Konsum, oft mit ein paar Gramm Restsüße abgerundet.

Mitglieder: 195
Rebfläche: 300 ha
Produktion von
0,75-l-Flaschen: 1,9 Mio.
Vernatsch-Anteil: 50 %

Burggräfler Kellerei

Gampenstr. 64, 39020 Marling
Tel. 0473/447137, Fax 0473/445216
E-Mail: info@burggraefler.it
Internet: www.burggraefler.it

Eine Genossenschaft von vielen Klein- und Kleinstproduzenten, die sich noch schwer tun, von Pergel und Vernatsch Abschied zu nehmen. Dieser Wein wird in allen Variationen, vor allem aber in großen Mengen produziert. Der weit überwiegende Teil wird noch in der Liter-flasche abgefüllt. Zwar stehen die Weichen un-widerruflich auf Wandel, doch geht der Wandel im Burggrafenamt langsam vor sich.

Die Spitzenweine
Die Weine der »MerVin«-Linie: Gewürztraminer, Blauburgunder, Merlot, Lagrein-Cabernet, Weiß-burgunder Spätlese

Die Selektionsweine
Weine der »Privat«-Linie: Weißburgunder, Char-donnay, Gewürztraminer, Goldmuskateller »Schi-ckenburg«, Merlot-Lagrein

Die Standardweine
Weißburgunder, Chardonnay, Müller-Thurgau, Lagrein Kretzer, Meraner »Küchelberg«, Meraner »Algunder Rosengarten«, Meraner »Schicken-burg«, St. Magdalener, Blauburgunder, Merlot, Lagrein

Spezialität
MerVin Süß: ein hochfeiner edelsüßer Wein aus spätgelesenen Weißburgunder-Trauben

Bewertung
Seit 1995 ist ein deutlicher Qualitätssprung zu verzeichnen. Die Standard- und die Selektions-weine der »Privat«-Linie sind von tadelloser Qualität und haben ein ausgezeichnetes Preis-Leistungs-Verhältnis. Die MerVin-Weine reichen noch nicht ganz an die Spitzen der besten ande-ren Genossenschaften heran. Angesichts des er-freulichen wirtschaftlichen Zustands dieser gro-ßen, wegen seiner üppigen Auszahlungspreise noch wachsenden Genossenschaft ist inzwischen eine gewisse Behäbigkeit unverkennbar.

Der Betrieb

Die Kellereigenossenschaft Marling ist schon 1901 gegründet worden und gehört zu den ältesten ihrer Art in Südtirol. Im Jahre 1984 fusionierte sie mit der Kellerei Algund. Seit dem Zusammenschluss nennt sie sich Burggräfler Kellerei und zählt zu den mittelgroßen Südtiroler Genossenschaften. Sie verarbeitet vorwiegend Trauben von Kleinstproduzenten aus Lana, Tscherms, Marling, Algund, Meran, Dorf Tirol, Riffian, Kuens und Schenna. Auf der Suche nach guten Lagen hat man in den letzten Jahren auch Mitglieder aus dem klimatisch begünstigten Unterland geworben, die vor allem Trauben für dunkle Rotweine liefern. Dadurch konnte das Niveau der Weine entscheidend verbessert werden. Lange Zeit hatte die Burggräfler Genossenschaft nämlich den Eindruck erweckt, als würde sie die Entwicklung weg vom Vernatsch und hin zu höheren Qualitäten in der 0,75-l-Flasche verschlafen.

Überzeugender Kellermeister

Kellermeister Hansjörg Donà hält seine Mitglieder seit 20 Jahren an, von ihrem geliebten Vernatsch und der traditionellen Pergel auf das modernere Drahtrahmensystem und hochwertige Sorten umzusteigen. Die Überzeugungsarbeit hat erste Früchte getragen. Zumindest einigen Mitgliedern ist klar geworden, dass der Erfolg der Genossenschaft von qualitativ guten Weinen abhängt – besseren als in der Vergangenheit. Und das heißt: von der Produktion hochwertigen Leseguts. So kommt es, dass die Burggräfler heute viele solide und einige ausgezeichnete Weine im Sortiment haben, die sich mit denen anderer renommierter Genossenschaften durchaus messen können, vor allem im Basisbereich. Im Spitzenbereich fehlt noch der große Wurf.

Kühleres Klima

Dabei sind, im Vergleich zu den großen Genossenschaften im Überetsch und Unterland, die Ausgangsbedingungen im Burggrafenamt ungleich schlechter. Das Klima ist, bedingt durch die nördliche Lage, kühler, die Vegetationsperiode entsprechend kürzer. Dadurch können vor allem die späten Sorten nicht jedes Jahr voll ausreifen. Hinzu kommt, dass auch die Tage kürzer und damit auch die Sonnenstunden etwas knapper bemessen sind. Auch wenn sie das Beste daraus machen – über den Berg sind die Genossen noch nicht. Der Vernatsch-Anteil ist nach wie vor viel zu hoch. Ein großer Teil des Weines muss offen oder in der Literflasche vermarktet werden. Erst ein Drittel der Produktion wird in die 0,75-l-Flasche abgefüllt.

Die Weißweine

Die Weißweine der Burggräfler Kellerei sind solide, aber nicht herausragend: blumig im Bouquet, fruchtig am Gaumen, etwas kurz auf der Zunge. Positive Ausnahme: der Weißburgunder, der durch seine zarte Frucht und die nervige Säure imponiert, sowie der Chardonnay mit seiner exotischen Fruchtfülle. In der Vergangenheit hatten die Weißweine keine große Rolle gespielt. Erst in den letzten Jahren wurden vermehrt Weißburgunder und Chardonnay gepflanzt, die im kühlen Klima beste Voraussetzungen finden. In den nächsten Jahren werden noch mehr Weißweine das Sortiment der Burggräfler zieren.

Burggräfler Kellerei

Viel Vernatsch
Der Vernatsch wurde im Meraner Raum lange Zeit mehr als Obst denn als Ausgangsprodukt für die Weinerzeugung angesehen. Weil die Trauben angesichts der thermischen Schwankungen zwischen Tag und Nacht sehr aromatisch schmecken, erlangten sie als »Meraner Kurtrauben« weltweite Berühmtheit. Der Wein, der aus ihnen erzeugt wird, ist von eher einfacher Struktur und leicht säurebetont. In den wärmeren Lagen kann der Vernatsch jedoch geschmeidig und elegant ausfallen – zumal sein Wachstum begrenzt wird. Besondere Erwähnung verdient in diesem Zusammenhang der Meraner »Schickenburg« – das elegante Gegenstück zu den St. Magdalenern.

Vorzügliche Rotweine
Bei den Rotweinen sticht der Lagrein Cabernet aus der »MerVin«-Linie hervor. Mit seiner tief rubinroten Robe, seinem Kirsch- und Waldbeerenaroma, das von Schokoladen- und Ledernoten begleitet wird, überrascht er jene zahlreichen Zweifler, die nicht glauben wollen, dass aus Gratsch und Tscherms Weine von solch einer Konzentration kommen können. Vorzüglich und in zahlreichen Blinddegustationen hervorragend platziert haben sich der Merlot und der Lagrein aus der Standardlinie. Um an den »MerVin«-Wein heranzukommen, fehlt es ihnen jedoch an Struktur. Herzhaft, aber von vergleichsweise einfacher Qualität ist der Blauburgunder aus der »MerVin«-Linie. Zwar besitzt er eine herrlich saftige Kirschfrucht sowie würzige Aromen, doch fehlt ihm ein wenig an Tiefe und damit an Fassettenreichtum. Die Trauben für ihn stammen aus dem Unterland bei Pinzon.

Mitglieder: 210
Rebfläche: 140 ha
Gesamtproduktion: 9000 hl
davon 0,75-l-Flaschen: 480 000
Vernatsch-Anteil: 65 %

42

Eisacktaler Kellerei

Leitach 50, 39043 Klausen
Tel. 0472/847553, Fax 0472/847521
E-Mail: info@eisacktalerkellerei.it
Internet: www.eisacktalerkellerei.it

In Frucht eingebettet sind die Weine aus den hoch gelegenen, teils abenteuerlich steilen, teils bemitleidenswert kleinen Weingärten der Eisacktaler Genossen. Als »Bergweine« möchten sie sie verstanden wissen.

Die Barriquelinie
Dominius (80 % Sylvaner, 15 % Ruländer, 5 % Veltliner), Temperament (70 % Zweigelt, 20 % Blauburgunder)

Die Spitzenweine
»Aristos«-Linie mit Sylvaner, Müller-Thurgau, Gewürztraminer, Kerner, Veltliner, Sauvignon, Riesling, Ruländer

Die Standardweine
Sylvaner, Müller-Thurgau, Gewürztraminer, Ruländer, Veltliner, Kerner, Chardonnay, Weißburgunder, Vernatsch, Blauburgunder, Klausner Laitacher

Spezialität
»Nectaris«-Süßweine aus teilgetrockneten Passito-Trauben: Kerner, Gewürztraminer

Bewertung
Der Charakter der Eisacktaler Weine kommt auch bei den Standardweinen gut zum Ausdruck. Es sind sehr saubere, leichte Weine mit kräftiger Aromastruktur, nicht langlebig, aber delikat in der Nase und am Gaumen, dabei recht preiswert.

Der Betrieb
Die Eisacktaler Kellerei ist die jüngste Weingenossenschaft Südtirols. Sie wurde erst 1961 gegründet und zählte damals 24 Mitglieder. Ihr erstes Quartier war der historische Reinthalerhof nördlich von Klausen, der jedoch durch einen Brand und ein paar Jahre später durch ein abgehendes Schneebrett zerstört

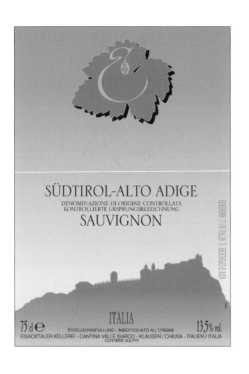

wurde. 1978 bezog die Kellerei ein neues Domizil im Klausener Gewerbegebiet, fast direkt an der Autobahnausfahrt Klausen gelegen. Dort sind der Keller, die Lagerhalle, die Verwaltung und eine Probierstube untergebracht, Letztere ein beliebter Treffpunkt für blaubeschürzte Einheimische. Den Mangel an Charme, den das neue Gebäude aufweist, machen die Weine durch gute Qualität wett.

Fast nur Weißweine
Die Kellerei ist für ihre Weißweine bekannt. Sie machen etwa 95 % des Sortiments aus. Der einzige Rotwein ist Klausner Laitacher: hellrot in der Farbe, fruchtig-leicht im Geschmack, gewonnen aus Vernatsch, Lagrein und Portugieser. Die weißen Trauben stammen beinahe ausschließlich aus kleinen, bis zu 900 Meter hoch gelegenen Weingärten an den Sonnenhängen des Eisacktals. Silvaner, Müller-Thurgau, Gewürztraminer und Veltliner sind mit Abstand die am häufigsten angebauten Sorten. Kerner und Ruländer spielen dagegen nur eine Nebenrolle. Der Kellermeister Thomas Dorfmann, Jahrgang 1967, hat hier durch ein strenges Qualitätsmanagement große Fortschritte erzielt.

Herzhaft und kernig
Die Standardweine sind durchweg herzhafte, säure- und fruchtbetonte Gewächse, die robust und delikat, im Falle des Veltliners (70 % Grüner Veltliner, 30 % Frühroter Veltliner) und des Laitachers auch etwas derb sind. Besonders hervorzuheben ist der Ruländer, der in seiner leichten, neutralen Art besser ist als die meisten anderen italienischen Pinot Grigio. Feinheit ist eher das Thema bei den »Aristos«-Weinen: spezielle Weinbergsselektionen, die separat vinifiziert und (teils im großen Holzfass, teils im Edelstahltank) ausgebaut werden. Hier spielen der leicht schmalzige, erdig-fruch-

tige Silvaner und der feinwürzige Müller-Thurgau ihre Stärken aus. Der Gewürztraminer mit
seinem übermäßig blumigen Würz-Bouquet besitzt nicht ganz die stoffige Fülle der Gewächse
aus Tramin.

Barriquelinie

Auch die Eisacktaler Genossen haben sich dem
Trend zum Ausbau im kleinen Holzfass nicht
ganz entziehen wollen. So wurde erstmals im
Jahr 2000 eine Partie besten Leseguts zu einer
weißen Cuvée zusammengestellt und im Barrique
vergoren. Ergebnis: ein »Schreinerwein« namens
Dominius. Inzwischen ist der Holzanteil deutlich
zurückgenommen worden, sodass die mineralischen Noten, wie sie für das Eisacktal typisch
sind, besser zur Geltung kommen. Segensreicher
wirkt sich der Holzeinsatz in jedem Fall bei der
Rotwein-Cuvée Temperament aus. Diese Cuvée
aus 70% Blauburgunder und 30% Zweigelt, gewachsen zwei 500 beziehungsweise 600 Meter
hoch gelegenen Weinbergen, beeindruckt durch
ihre geschmeidige, elegante Frucht (Kirschen,
Blaubeeren), die durch eine ganz zarte Röstnote
unterlegt ist. Sie rührt vom Ausbau des Weins im
kleinen Holzfaß. Leider werden von diesem Spitzenwein, der erstmals im Jahre 2000 erzeugt
wurde, nur weniger als 4000 Flaschen abgefüllt.
Der Vorstoß in solche qualitativen Höhen war
übrigens nur möglich durch den Ausbau des Kellers, womit die Kellerei ein rasantes Entwicklungstempo unter Beweis stellt.

Mitglieder: 125
Rebfläche: 130 ha
Produktion: 7000 hl
davon 0,75-l-Flaschen: 700 000
Vernatsch-Anteil: 2 %

Erste & Neue

Kellereistr. 5/10, 39052 Kaltern
Tel. 0471/963122, Fax 0471/964368
E-Mail: info@erste-neue.it
Internet: www.erste-neue.it

In atemberaubendem Tempo haben die Genossen aus Kaltern ihrem (noch immer viel zu) großen Vernatsch-Sortiment eine breite Palette guter, teilweise sogar sehr guter Qualitätsweine an die Seite gestellt.

Die Spitzenweine
Weine der »Puntay«-Linie: Weißburgunder, Chardonnay, Gewürztraminer, Kalterersee Auslese, Cabernet, Merlot, Lagrein

Die Lagenweine
Weißburgunder »Prunar«, Chardonnay »Salt«, Sauvignon »Stern«, Goldmuskateller »Barleit«, Kalterersee Auslese »Leuchtenburg«, St. Magdalener »Gröbnerhof«, Blauburgunder »Mezzan«, Cabernet-Merlot »Feld«

Die Standardweine
Weißburgunder, Chardonnay, Pinot Grigio, Gewürztraminer, Müller-Thurgau, »Goldtropfen« (Tafelwein), Vernatsch, Grauvernatsch, Kalterersee Auslese, Lagrein Rosé, St. Magdalener, Blauburgunder, Lagrein, Cabernet, »Rosentropfen« (Tafelwein)

Spezialitäten
Der feinsüße, duftige Rosenmuskateller und der vollsüße, cremige Anthos: eine Cuvée aus teilgetrockneten Sauvignon-, Gewürztraminer- und Goldmuskateller-Trauben

Spezialitäten
Rosenmuskateller, Anthos (Cuvée aus Sauvignon, Gewürztraminer, Goldmuskateller)

Bewertung
Vor allem mit den »Puntay«-Weinen haben die Kalterer sich in der Fachwelt großen Respekt verschafft. Aber auch unter den Lagenweinen befinden sich äußerst gelungene Kreszenzen. Was fehlt, sind bahnbrechende Qualitäten bei den Rotweinen, vor allem beim Lagrein. Die modern vinifizierten Standardweine sind von solider Qualität.

Die Kellerei

Die Erste & Neue ist aus der 1986 erfolgten Fusion der zwei großen Kalterer Kellereigenossenschaften hervorgegangen: der Ersten und der Neuen. 1991 wurden überdies die Mitglieder der Baron-di-Pauli-Kellerei übernommen. Seitdem ist die Erste & Neue die nach Mitgliedern größte Genossenschaft Südtirols. Die Kellermeister Peter Thuile und Walter Schullian haben schon vor vielen Jahren ein ehrgeiziges Programm zur Verbesserung der Weinqualität aufgelegt. Zentraler Punkt dieses Programms ist es, die Mitglieder zum Anbau der zu den jeweiligen Weinbergsstandorten passenden Sorten, zu einem weitgehenden Düngemittel- und Spritzmittelverzicht sowie zur Mengenreduktion anzuhalten. Nicht immer ein leichtes Unterfangen in Anbetracht der Tatsache, dass ein großer Teil der Mitglieder der Ersten & Neuen aus alten Damen besteht, die den Weg zur Zahlstelle kennen, aber mit den Qualitätsprogrammen möglichst wenig zu tun haben wollen. Trotzdem war es dieser Genossenschaft möglich, Sonderqualitäten für Lagen- und Spitzenweine zu erzeugen.

Starke Weißweine

Eine Stärke der Ersten & Neuen sind die Weißweine – unter anderem weil sich die Genossen weise auf diejenigen Sorten konzentrieren, die in ihrem Einzugsgebiet am besten gedeihen: Weißburgunder, Chardonnay und Gewürztraminer. Alle drei Sorten sind in der »Puntay«-Spitzenlinie vertreten. Während der Chardonnay im kleinen Holzfass vergoren wurde, sind Weißburgunder und Gewürztraminer nur im Edelstahl gereift. Große Anstrengungen unternehmen die Kellermeister derzeit mit dem Gewürztraminer. Die ersten Jahrgänge des »Puntay«-Gewürztraminers waren grandios, wenn der Wein auch wegen seiner Alkoholschwere und der dezenten Restsüße immer nur eine kleine Nische ausfüllen wird. Auch die Lagenweine der mittleren Linie bestechen durch ihre Frische und die extreme Fruchtigkeit, wobei der fein-duftige, säurefrische Weißburgunder »Prunar« besonders herausragt. Er kommt von der höchsten Lage Kalterns direkt am Fuße des Penegal. Auch der Chardonnay »Salt« (ohne Holz) gefällt durch seine nervige Art.

Rotwein-Stolz

Stolz sind die Genossen auch auf ihre Rotweine. Das gilt vor allem für ihren »Puntay«-Cabernet (80 % Cabernet Sauvignon, 20 % Cabernet franc). Er kommt von warmen Südlagen oberhalb des Kalterer Sees und aus Traminer Lagen, in denen früher Vernatsch-Reben standen. Der Wein besticht durch seine Dichte, die kompakte Frucht und das weiche, saftige Tannin. Er wird komplett im kleinen Holzfass ausgebaut, und zwar zwischen 15 und 18 Monaten. Mit den kräuterwürzigen traditionellen Cabernets Südtirols hat er nichts mehr gemein. Der 94er-Cabernet wurde von den Südtiroler Kellermeistern zum besten Wein dieser Sorte in ganz Südtirol gewählt. Neu und sehr gut gelungen ist der Cabernet-Merlot »Feld«. Der Standard-Cabernet ist ein sauberer, fruchtiger Rotwein für den sofortigen Genuss.

Blauburgunder und Lagrein

Beim Blauburgunder haben die Kalterer noch nicht den Anschluss an die Spitze gefunden. Die Lage »Mezzan« liegt in Kaltern selbst und kann mit den besten Mazoner Lagen nicht konkurrieren. Auch der Lagrein kommt aus Kaltern, allerdings von warmen Lagen nördlich des Sees. Die Sorte

wurde dort wegen der starken Nachfrage neu angepflanzt und dabei natürlich auf Drahtrahmen gezogen. Die Idee: einen hochklassigen, in Barriques ausgebauten Lagerwein herauszubringen. Das Vorhaben ist gelungen. Seit 2000 befindet sich ein sehr fruchtbetonter, tiefgründiger Lagrein der »Puntay«-Linie im Programm. Bei allem Respekt: An die Fülle und Weichheit des Grieser Lagrein kommt er nicht ganz heran.

Ein Herz für den Vernatsch
Schließlich hängt das Herz der Genossen – wie könnte es in Kaltern anders sein? – stark am Vernatsch. Was in den einfachen Südtiroler Vernatsch eingeht, sind bereits bessere Traubenpartien. Die Trauben der untersten Qualitätskategorie sind für den Literflaschen-Vernatsch reserviert oder werden im Fass verkauft. Leicht und umkompliziert fruchtig die Kalterersee Auslese »Leuchtenburg«. Sie stammt vom Kreidhof unterhalb der Leuchtenburgruine am Kalterer See und ist nicht nur »trinkig«, sondern besitzt auch eine Substanz. Den vielschichtigeren Wein stellt aber die »Puntay«-Auslese vom Kalterer See dar. Ihre Trauben kommen aus mehreren ausgewählten Weingärten mit guter Sonnenexposition am Kalterer See – ausgewählt vor allem nach Klonenvielfalt. Das heißt: In diesen Weingärten finden sich noch mehrere alte Vernatsch-Spielarten, die dem Wein mehr Fülle und Komplexität geben. Resultat: Die »Puntay«-Auslese besitzt neben der delikaten, saftigen Frucht auch ein gewisses Maß an Tiefe.

Der Fresken-Keller
Zur 100-jährigen Gründungsfeier im Jahre 2000 wurde der Holzfass-Gewölbekeller unter dem Kalterer Kellereigebäude von dem einheimischen Maler Professor Robert Schwerer ausgemalt. Seitdem gehört er zu den imponierendsten Weingewölben Südtirols und ist einer der Anziehungspunkte für Weinreisende geworden. Die Fresken stellen in einem arkadischen Reigen die tugendhaften und die frevelhaften Taten der Menschen dar – und eine der schlimmsten Taten ist die nachlässige und respektlose Behandlung der Weintrauben.

Mitglieder: 512
Rebfläche: 305 ha
Gesamtproduktion: 30 000 hl
davon 0,75-l-Flaschen: 1 Mio.
Vernatsch-Anteil: 54 %

Kellerei Girlan

St.-Martin-Str. 24, 39050 Girlan
Tel. 0471/662403, Fax 0471/662654
E-Mail: info@girlan.it
Internet: www.girlan.it

Die Weine der Girlaner Genossen haben jahrelang weder stilistisch noch qualitativ überzeugen können. Mit einem neuen Obmann und Kellermeister wird jetzt im Eilschritt Versäumtes nachgeholt.

Die Spitzenweine
»SelectArt Flora«-Linie mit Künstleretiketten: Sauvignon, Gewürztraminer, Chardonnay, Vernatsch aus »Gschleier«, Lagrein »Riserva«, Cabernet Sauvignon »Riserva«, Blauburgunder »Trattmannhof« und die Dessertweine Pasithea oro und Pasithea rosa

Die Premiumlinie
Weine besonders guter Lagen: Weißburgunder »Plattenriegel«, Sauvignon »Indra«, Cuvée Girlan weiß (Weißburgunder, Pinot Grigio, Sauvignon) Gewürztraminer »Aimé«, St. Magdalener »Bischofshof«, Blauburgunder »Patricia«, Merlot »DeVill«, Lagrein »Laurin«, Cuvée Girlan rot (Lagrein, Merlot)

Die Standardweine
Weine der »Vinum«-Linie: Weißburgunder, Chardonnay, Pinot Grigio, Gewürztraminer, Müller-Thurgau, Goldmuskateller, Lagrein Kretzer, Merlot Rosé, Kalterersee Auslese, Grauvernatsch, »Schreckbichler«, St. Magdalener, Blauburgunder, Cabernet, Lagrein

Spezialität
Vernatsch »Fass Nr. 9«: ein samtiger, aber gleichzeitig robuster Vernatsch von alten Reben, der nach dem Vorbild des grandiosen 1961er immer im Fass Nr. 9 ausgebaut wird.

Bewertung
Grundsolide Basisqualitäten sind die Stärke dieser Genossenschaft. Bei den gehobenen Qualitäten der »Premium«- und der »SelectArt«-Linie fehlt es an Weinen mit großem Atem. Sie sind gut, aber noch nicht optimal, gemessen an den Möglichkeiten.

Die Kellerei

In den über 75 Jahren ihres Bestehens ist die Kellerei Girlan durch alle Höhen und Tiefen gegangen. Zwischen 1960 und 1970, als sich alles um den Vernatsch drehte, zählte sie zu den bestangesehenen Genossenschaften Südtirols. Als später die Nachfrage nach Weißwein anstieg, wartete sie mit vorzüglichen Weißburgundern auf. Und schon in den späten 50er-Jahren produzierte sie Blauburgunder, die sich 25 Jahre später noch in bester Verfassung präsentierten. Der 1959er ist Legende, und es gibt seriöse Degustatoren, die behaupten, nie einen besseren Blauburgunder in Südtirol getrunken zu haben. Angesichts der glorreichen Vergangenheit wirkten die Verhältnisse in der Girlaner Genossenschaft bis vor Kurzem etwas statisch. Zwar legte die Kellerei immer Wert darauf, daß ihre Weine »Klima, Bodenverhältnisse, Tradition und das Lebensgefühl einer Gegend bewahren«. Aber die Weintrinker in anderen Ländern waren und sind wenig an lokalen Traditionen interessiert, und deren Lebensgefühl beziehungsweise deren Geschmacksvorlieben hatten sich längst in eine andere Richtung entwickelt als die der Girlaner Genossen selbst.

Mit dem Eintritt des hoch motivierten, jungen Önologen Gerhard Kofler (vormals bei Nals Margreid beschäftigt) ist jedoch wieder Bewegung in die Genossenschaft gekommen. Ein Teil des Fasskellers wurde zum Barriquekeller ausgebaut. Der würdevolle, im traditionellen Südtiroler Baustil errichtete Verwaltungssitz der Kellerei erhält einen modernen Verkostungsraum.

Liebe zum Vernatsch

Der Besonderheiten gibt es mehrere in dieser Genossenschaft. Da ist zunächst die Liebe zum Vernatsch. Der »Fass Nr. 9« und der Vernatsch »Gschleier« sind Ausdruck dieser traditionellen Vernatsch-Verbundenheit, an der die Girlaner unter ihrem früheren Obmann Hartmuth Spitaler vielleicht etwas zu lange festgehalten haben. Auch in der Kellertechnik wurde Tradition etwas zu lange groß geschrieben.

Für neue Kelter- und Ausbaumethoden hatte man früher nur wenig Sympathie. Heute werden immer mehr Weine in kleinen Eichenfässern ausgebaut – früher ein Sakrileg. Außerdem wurde der Vernatsch-Anteil auf 39 % reduziert.

Viel Blauburgunder

Nach dem Vernatsch ist der Blauburgunder das Aushängeschild der Girlaner Genossen. »Wir haben im Herbst die Chance, uns die tollsten Sachen rauszusuchen«, meinte schon Spitaler. Freilich konnte der Weinkonsument in der Vergangenheit nicht unbedingt kompakte, fruchtfrische Weine erwarten, sondern musste mit vielen leichten, hellroten Tröpfchen vorlieb nehmen, die neben vielen erwünschten auch manchen unerwünschten Nebenton aufweisen.

Obwohl Girlan ein ausgewiesenes Blauburgunder-Dorf ist, kommt ein großer Teil der Trauben von zwei Höfen in Mazon im Süden Südtirols. Vor allem der Trattmannhof besitzt ein großes Potenzial, das sich in der Vergangenheit im Wein nicht immer widergespiegelt hat. Aber auch bei den anderen Weinen tut sich für den neuen Kellermeister ein ausgedehntes Betätigungsfeld auf. Der Blauburgunder »Patricia«, der in Barriques und in großen Holzfudern ausgebaut wird, ist ebenfalls verbesserungsfähig. Ab dem Jahrgang 2004 wird sich dann zeigen, zu welchen Höhen sich die Girlaner gerade bei dieser Rebsorte aufschwingen können.

Respektables Standardsortiment
Übrigens sind auch Weißburgunder, Gewürztraminer, Cabernet Sauvignon und viele Weine der Basislinie einen Probeschluck wert. Denn dass ihre Weinberge makellos sauber und die Reben beschnitten werden, darauf haben die Girlaner immer großen Wert gelegt. Die Qualität vieler Weine ist tadellos, die Preise mehr als redlich. Allerdings tragen die einfachen Gewächse nicht die genialen Etiketten des Zeichners Paul Flora, der sich dem Girlaner Wein stark verbunden fühlte. Nur mehr knapp 27 % der Produktion werden heute noch in der Literflasche vermarktet. Übrigens: 1998 wurde die Bozner Handelskellerei Lun von den Girlaner Genossen übernommen.

Mitglieder: 230
Rebfläche: 230 ha
Gesamtproduktion: 20 000 hl
davon 0,75-l-Flaschen: 1 Mio.
Vernatsch-Anteil: 39 %

Kellerei Kaltern

Kellereistr. 12, 39052 Kaltern
Tel. 0471/963149, Fax 04171/964454
E-Mail: info@kellereikaltern.com
Internet: www.kellereikaltern.com

Die Kalterer konzentrieren sich auf das, was sie am besten können, und das sind vor allem Rotweine. Aber nicht nur die hellroten Kalterersee, sondern auch die dunklen Cabernets.

Die Spitzenweine
Kalterersee Auslese »Bichlhof«, Kalterersee Auslese »Pfarrhof«, Cabernet Sauvignon »Pfarrhof«, Blauburgunder Riserva, Sauvignon »Castel Giovannelli«, Chardonnay »Castel Giovannelli«

Die Weingutsselektionen
Weißburgunder »Vial«, Chardonnay »Waldleith«, Sauvignon »Premstalerhof«, Pinot Grigio »Söll«, Rosé »Signe«, Gewürztraminer »Campaner«, Vernatsch »Campaner«, Kalterersee Auslese »Greifenberg«, Blauburgunder »Saltnerhof«, Cabernet Sauvignon »Campaner«, Merlot »Lasón«, Lagrein »Spigel«

Die Standardweine
Weißburgunder, Chardonnay, Terlaner, Terlaner Weißburgunder, Pinot Grigio, Müller-Thurgau, Goldmuskateller, Gewürztraminer, Goldmuskateller, Kalterersee Auslese, Edelvernatsch, Grauvernatsch, St. Magdalener, Lagrein Dunkel, Blauburgunder, Cabernet-Merlot, Rosenmuskateller

Spezialität
Serenade: üppig-süßer Goldmuskateller, der nach der Passito-Methode aus leicht angetrockneten Trauben gekeltert und anschließend im Barrique vergoren wurde.

Bewertung
Große Klasse sind die »Castel Giovannelli«-Weine und der »Pfarrhof«-Cabernet Sauvignon. Letzterer erreicht ein Niveau, das für diese Sorte in Südtirol selten, wenn nicht einmalig ist. Die Weinguts-Selektionen sind teils vorzüglich (vor allem Weißburgunder »Vial« und Sauvignon »Premstalerhof«), teils noch verbesserbar. Un-

tadelig die Standardweine. Und die Kalterersee Auslesen macht sowieso keiner besser als die Kalterer Genossen.

Die Kellerei

Sie ist hervorgegangen aus der Fusion der Jubiläums- und der Bauernkellerei in Kaltern (1992). Die Gründungsstunde dieser beiden Genossenschaften schlug schon am Anfang des 20. Jahrhunderts, als Südtirol noch zum österreichischen Kaiserreich gehörte und der Südtiroler Wein sich bei den wohlhabenden Bürgerschichten in Wien und Salzburg höchster Wertschätzung erfreute. Damals lieferten die Kalterer Genossen ihren Wein bis in die erlauchtesten Kreise der Habsburger Monarchie. Nach deren Zerfall erlebten die Kalterer Genossen schwere Zeiten, die erst in den 50er-Jahren beendet waren, als Südtirol seine traditionellen Fasswein-Exportmärkte wieder neu eroberte. Als sich der Konsumentengeschmack in den 70er-Jahren wandelte und weniger, aber besserer Wein getrunken wurde, bauten die Genossenschaften ihre Kapazitäten massiv ab. Heute produzieren sie nur noch die Hälfte der damaligen Mengen – was freilich immer noch viel ist. Vor allem der Vernatsch ist bei den Mitgliedern der Kellerei noch immer überrepräsentiert.

Vorzügliche Lagen

Die Genossenschaft ist mit Weinbergen rund um den Kalterer See reich gesegnet (98 % der Weinberge liegen dort). Nicht wenige dieser Weinberge stellen Lagen erster Güte dar. Davon profitiert zuerst der traditionelle Kalterersee, der in der Auslese seinen höchsten Ausdruck erfährt. Der Spitzenwein aus dieser Sorte kommt vom »Pfarrhof«: ein gehaltvoller, weicher Wein, der viele Vernatsch-Spielarten und darüber hinaus auch Komplementärsorten wie Rosara und Negrara enthält. Einige der besten Kalterer Lagen haben sich die Genossen gesichert, indem sie mit der Familie von Baron Pauli, die einen alten Hof in spektakulärer Lage oberhalb des Sees besitzt, eine gemeinsame Gesellschaft gegründet haben. Di Pauli liefert das Lesegut, die Kellerei Kaltern bewirtschaftet die Weinberge, vinifiziert das Lesegut und vermarktet die Weine quasi privat – abseits der genossenschaftlichen Produktion.

Cabernet-Spezialist

Allerdings ist Kellermeister Helmut Zozin überzeugt, dass andere Sorten im Kalterer Klima ebenso gut gedeihen und teilweise sogar interessantere Weine bringen können. Cabernet und Merlot zum Beispiel. In den warmheißen, lichtstarken Hanglagen um den See haben diese Sorten die Chance, zumindest in besseren Jahren auszureifen und wundervoll schmelzige Weine mit reifem Tannin zu ergeben. Die »Pfarrhof«-Riserva (mit 30 % Merlot und kleinen Anteilen Syrah und Petit Verdot) ist auch nach über zwölfmonatigem Barriquelager von einer Fülle, wie man sie in Südtirol nicht unbedingt erwartet. Nicht ganz so kräftig, aber ebenso fein ist der »Campaner« von verschiedenen Lagen um den Kalterer See. Von ihm werden in Zukunft immerhin 100 000 Flaschen erzeugt. Sehr »trinkig« ist der Standard-Cabernet.

Blauburgunder

Mit dem Blauburgunder haben die Kalterer ebenfalls große Pläne, obgleich Kaltern kein einfacher Standort für diese kapriziöse Sorte ist. Die Riserva

kommt von ausgesuchtem Lesegut dreier Weinbauern mit über 500 Meter hohen Lagen oberhalb des Sees, der »Saltner« von Südost- und
Nordostlagen derselben Gegend, jedoch nicht
ganz so hoch gelegen. Beide sind warme, überaus
fruchtige Weine mit viel weichem Schmelz, ohne
jedoch die Finesse und Dichte aufzuweisen, wie
sie die besten Blauburgunder des Landes zeigen.

Energischer Kellermeister
Zozin ist ein kantiger, energischer Kellermeister,
der schnell humorlos wird, wenn seine Genossen
bei Maßnahmen, die der Qualität dienen, nicht
mitziehen. Doch er bringt sie immer wieder
dazu, statt Vernatsch andere Sorten zu pflanzen:
»Wir sind in Kaltern vom Klima begünstigt, wir
wissen es nur noch nicht.« Aber auch Selbstkritik
ist Zozin nicht fremd. Anfängliche Versuche,
Weißweine ins kleine Holzfass zu legen, hat er
praktisch eingestellt. Lediglich der »Waldleith«-
Chardonnay wird zu einem Drittel im Barrique
vergoren. Ganz ins kleine Holzfass legt er nur
den Chardonnay von »Castel Giovannelli«, der
nur in sehr guten Jahren bei extremer Ertragsreduzierung auf 45 Hektoliter/Hektar erzeugt
wird. Ansonsten gilt für ihn: »Südtirol bringt einfache Weißweine mit schöner Frucht und Säure
hervor, mehr nicht.« Dafür stehen vor allem die
Standardweine. Geradezu fulminant ist der Gewürztraminer »Campaner«: leicht restsüß und
mit über 14 Vol.% Alkohol, doch von überwälti-
gender Stoffigkeit. Hinreißend zu Spargelrisotto
und Schinken mit Kren.

Mitglieder: 420
Rebfläche: 290 ha
Gesamtproduktion: 22 000 hl
davon 0,75-l-Flaschen: 1,5 Mio.
Vernatsch-Anteil: 70 %

Kellerei Kurtatsch

Weinstr. 23, 39040 Kurtatsch
Tel. 0471/880115, Fax 0471/880099
E-Mail: info@kellerei-kurtatsch.it
Internet: www.kellerei-kurtatsch.it

Die Kurtatscher seien, so meinen die Menschen in Bozen und Meran, aus grobem Holz geschnitzt. Auf die Weine aus Kurtatsch trifft das nicht zu. Sie sind üppig, reich und fein.

Die Spitzenweine
Chardonnay »Eberlehof«, Cabernet »Freienfeld«, Gewürztraminer »Freienfeld«, Merlot »Brenntal«, Cabernet-Merlot »Soma«

Die Mittellinie
Sauvignon »Fohrhof«, Chardonnay »Felsenhof«, Müller-Thurgau »Hofstatt«, Grauvernatsch »Sonntaler«, Lagrein »Fohrhof«, Cabernet »Kirchhügel«

Die Standardweine
Weißburgunder, Chardonnay, Pinot Grigio, Müller-Thurgau, Gewürztraminer, Goldmuskateller, Lagrein Kretzer Rosé, Kalterersee Auslese, Grauvernatsch, St. Magdalener, Blauburgunder, Lagrein, Merlot, Cabernet, Rosenmuskateller

Bewertung
Die Kurtatscher haben ihre Spitzenweine nicht zu Lasten des Basis- und Mittelsortiments ausgebaut. So schneiden sie auch bei den Standardqualitäten sehr gut ab. Beide Sortimente liegen in ihrer Kategorie über dem Südtiroler Durchschnitt. Jedes Jahr herausragend der Gewürztraminer »Freienfeld« sowie die Merlots und Cabernets.

Der Betrieb
Die Kellerei Kurtatsch hat in den 80er-Jahren einen bemerkenswerten Aufstieg durchgemacht und sich als eine der führenden Genossenschaften Südtirols etabliert. Sie hat bei ihren Mitgliedern beizeiten darauf gedrungen, sich auf hochwertige Reben statt auf den in Südtirol überrepräsentierten Vernatsch zu konzentrieren und diese standortgerecht zu pflanzen – eine elementare Voraussetzung, um den Weinbau nach qualitativen Gesichtspunkten neu zu ordnen. Außerdem hat Arnold Terzer, seit 1989 Obmann der Genos-

senschaft, aus den mitgliedereigenen Weinbergen die besten Flächen ausgewählt, um ein gutes halbes Dutzend Selektionsweine zu produzieren und diese als »Höfeweine« abzufüllen. Auf diese Weise konnte das riesige, bis dahin unausgeschöpfte Lagenpotenzial, das die Kurtatscher besitzen, besser genutzt werden. 1990 hat Terzer dann zum ersten Mal einen Rotwein auf den Markt gebracht, der von der Weinpresse gleich zu einem der ersten Gewächse erklärt wurde: die Cabernet Riserva »Freienfeld«. In den folgenden Jahren haben die Kurtatscher in schöner Regelmäßigkeit Spitzenqualitäten vor allem bei den dunklen Rotweinen auf den Markt gebracht. Mit dem Merlot »Brenntal« ist der Kellerei ein weiterer sehr guter Rotwein gelungen.

Viel Cabernet

Die Rebflächen der Kurtatscher Mitglieder liegen fast ausschließlich im Unterland, also im Süden Südtirols, wo die Temperaturen deutlich höher liegen als in anderen Teilen der Provinz. Schwerpunkte sind deshalb der Chardonnay und die Rotweine, vor allem Cabernet. Diese Sorte wird in größerem Stil erst seit Ende der 70er-Jahre von den Genossen angebaut. Bis weit in die 80er-Jahre hinein ließen die Qualitäten zu wünschen übrig. Ab 1985 wurden aus ihr passable, inzwischen sehr gute Weine erzeugt (auch wenn ein großer Teil noch auf Pergel wächst). Sie besitzen zwar nicht das Tannin toskanischer Cabernets, sind aber fruchtiger. Das gilt für den Basis-Cabernet, der ein paar Monate im großen Holzfass reift, aber mehr noch für den Cabernet »Kirchhügel« (mit 30 % Cabernet franc und Merlot sowie einjähriger Barriquepassage). Er wurde in den letzten Jahren durch Zugabe von »Freienfeld«-Cabernet aufgewertet und ist dadurch deutlich dichter und feiner geworden.

Cabernet »Freienfeld«

Das »erste Gewächs« in seiner Klasse zu sein ist dem Cabernet »Freienfeld« vorbehalten: ein dunkelrubinroter, reicher Wein mit vielen Cassis- und Ledernoten im Aroma, dazu ein markanter Holzton, der gut integriert wirkt. Das weiche, süße Tannin und die dunkle Farbe resultieren aus einer mehrtägigen Maischegärung im Rototank (die übrigens bei allen Rotweinen praktiziert wird). Jedenfalls besitzt der »Freienfeld« eine ganz eigene, fast schon mittelitalienische Stilistik, die sich von der anderer Südtiroler Cabernets deutlich unterscheidet. Natürlich hat dies mit dem vergleichsweise warmen Klima im Südtiroler Unterland zu tun, aber auch mit den Hektarerträgen, die bei 30 Hektolitern liegen. Alle »Freienfeld«-Reben sind inzwischen auf Drahtrahmen gezogen. Freienfeld ist ein zwölf Hektar großer »Ansitz«, wie die vornehmen Höfe in Südtirol traditionell genannt werden. Er liegt unterhalb der Kellerei am Fuße der Abbruchkante und dient als deren Repräsentationssitz. Außerdem beherbergt er den Barriquekeller.

Gute Lagenweine

In diesem Barriquekeller reift auch der Merlot »Brenntal«, der 1992 zum ersten Mal auf den Markt kam: ein extraktreicher opulenter Wein, ebenfalls im internationalen Stil mit viel neuem Holz (bis zu 70 %) wie der Cabernet »Freienfeld«, jedoch wesentlich weicher und »süßer«. Brenntal ist eine Steillage zwischen Kurtatsch und Tramin unterhalb der Weinstraße. Wem die Spitzenweine zu »international« sind, findet in dem Cabernet »Kirchhügel« eine eher »südtirolerische« Alternative. Er ist weniger vom

neuen Holz geprägt und besitzt auch nicht ganz
die opulente Fülle des Cabernet »Freienfeld«,
könnte im Sortiment anderer Kellereien jedoch
leicht einen Spitzenrang einnehmen. Drahtrahmen, Dichtstand, schonende Kelterung, intensive
Extraktion im Rototank – diese Eckpfeiler gelten
für ihn genauso wie für die Topweine. Überraschend kraftvoll auch der am Hang an der
Pergel gewachsene Lagrein »Fohrhof«, wenngleich er fruchtiger ausfällt als die Lagrein aus
dem Bozner Talkessel. Eine Erwähnung wert ist
auch der weiche, schmelzige Grauvernatsch
»Sonntaler«, der von 50-jährigen Reben stammt.

Die Weißweine
Die Weißweine kommen von Weingärten oberhalb von Kurtatsch. Leitsorte ist jedoch die
Chardonnay, die in Kurtatsch ideale Wachstums-
bedingungen vorfindet. Liebhaber des säure-
betonten Weines müssen sich an den Basis-
Chardonnay, Liebhaber holzbetonter Gewächse
an den »Felsenhof« (Weinberg neben der Kellerei
gelegen und im Besitz von Obmann Terzer) oder
den »Eberlehof« (oberhalb von Kurtatsch) halten. Der Erste ist zu einem kleinen Teil, der
Letzte ganz in Barriques vergoren und ausgebaut
worden. Dass der »Eberlehof« sich in Verkostungen selten ganz oben platziert, schmälert nicht
seine Güte. Mit seinen buttrigen, nussigen Aromen – Resultat des biologischen Säureabbaus,
den er durchgemacht hat – entspricht er nicht
dem gewohnten Typ eines Südtiroler Chardonnays. Einen Hinweis wert sind auch der Sauvignon »Fohrhof«, der weniger Paprikaaromen als
Aromen exotischer Früchte aufweist, und der
rassige, leicht aromatische Müller-Thurgau
»Hofstatt«. Der größte Weißwein ist jedoch der
Gewürztraminer »Freienfeld«, ein Wein von
überschwänglicher Fülle, feinster Aromatik, großer Langlebigkeit und der für Südtirol üblichen,
eher zarten als übertrieben hohen Restsüße.

Mitglieder: 235
Rebfläche: 200 ha
Gesamtproduktion: 14 000 hl
davon 0,75-l-Flaschen: 900 000
Vernatsch-Anteil: 30 %

Meraner Kellerei

St.-Markus-Str. 11, 39012 Meran
Tel. 0473/235544, Fax 0473/211188
E-Mail: meraner-kellerei@rolmail.net
Internet: www.meraner-kellerei.com

Meran war stets mehr für seine Kurtrauben als für den Wein berühmt. Das haben die Genossen der ortsansässigen Kellerei nun geändert.

Die Spitzenweine
Merlot Riserva »Freiherr«, Blauburgunder Riserva »Zeno«, Lagrein Riserva »Segen« sowie die Weine der Linie »Graf von Meran« (Weißburgunder, Sauvignon, Gewürztraminer, Cabernet Riserva und Goldmuskateller »Sissi«)

Die klassische Linie
Chardonnay, Weißburgunder, Sauvignon, Gewürztraminer »Felderer«, Goldmuskateller, Rosé »Rosalie«, Meraner »Küchelberg«, Meraner »St. Valentin«, Meraner »Eines Fürsten Traum«, Vinschgau Vernatsch »Sonnenberg«, Blauburgunder »Mauricius«, Cabernet Sauvignon »St. Sebastianus«, Merlot »St. Florianus«, Lagrein »St. Gereon«

Spezialität
Der Dessertwein »Sissi«, ein Passito der Extraklasse, deren Goldmuskateller- und Gewürztraminer-Trauben fünf Monate zum Trocknen in einer Scheune gelagert wurden, bevor sie auf die Kelter kamen

Bewertung
Die Weine der klassischen Linie überzeugen durch ihre knackige Säure. Die Weine der »Graf von Meran«-Linie haben stark aufgeholt, besonders der Sauvignon und der Weißburgunder. Richtig eindrucksvoll sind inzwischen Blauburgunder, Merlot und Lagrein der neuen Spitzenlinie.

Die Kellerei
Kaum eine Kellereigenossenschaft Südtirols residiert in so stilvollem Ambiente wie die Meraner: eine alte, von Zypressen umstandene Villa, inmitten der Kurstadt gelegen. Das noble Äußere und der Wein, der in den Kellern des Anwesens

reift, passten in der Vergangenheit jedoch nicht immer zusammen. Lange, allzu lange haben sich die betulichen Genossen nämlich darauf verlegt, einfache und billige Weine für die lokalen Märkte, insbesondere für die Touristen, zu produzieren. So kommt es, dass der Vernatsch in ihren Weinbergen und das Mengendenken in ihren Köpfen immer noch stark vertreten war. Inzwischen haben auch die Meraner Genossen die Zeichen der Zeit erkannt und Schritt für Schritt den Weg zu besseren, höheren Qualitäten gefunden. Zwar ist das Sortiment noch etwas unübersichtlich und zudem auch auf jeder Qualitätsstufe recht breit angelegt (wovon die große Zahl von unterschiedlichen Etiketten zeugt). Doch wer sich die Mühe macht, das alles zu verkosten, wird neben vielen einfachen Standardprodukten auch immer wieder interessante und charaktervolle Einzelweine von guter, teilweise auch hoher Qualität finden.

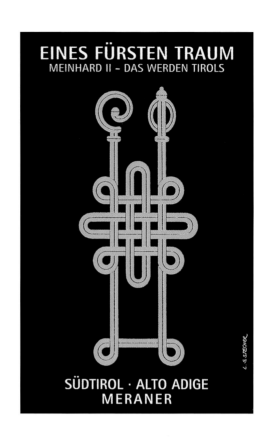

EINES FÜRSTEN TRAUM
MEINHARD II – DAS WERDEN TIROLS

SÜDTIROL · ALTO ADIGE
MERANER

Spezialitäten fördern

Die »Wachstümer«, wie die Weinberge der knapp 200 Meraner Genossen im Südtirolerdeutsch heißen, liegen allesamt in warmen oder kühlen Klimanischen in der näheren Umgebung von Meran. Sie haben oft den Charakter von Kleinlagen. Kellermeister Stefan Kapfinger, der im Jahr 1992 nach Meran gekommen ist, hat die Kellerarbeit neu geordnet und sich für eine Bereinigung des Rebensortiments stark gemacht. Der Vernatsch wurde zugunsten höherwertiger Sorten reduziert. Dazu zählt er vor allem Weißburgunder, Sauvignon (momentan sicher der beste Weißwein der Kellerei) und Gewürztraminer sowie Merlot, Blauburgunder und Lagrein. Besonders die Vinschgauer Rebflächen werden in den kommenden Jahren eine bedeutendere Vergrößerung erfahren. Dort will Stefan Kapfinger versuchen, sich mit Spezialitäten vom allzu großen Südtiroler Weinmarkt etwas abzusetzen. Vor allem Weißburgunder und Blauburgunder wurden dort gepflanzt.

Edelstahl und Holzfass

Die Weißweine zeichnen sich durch saftige Aromen und eine nervige Säure aus. Weißburgunder und Sauvignon der »Graf von Meran«-Linie werden zum größten Teil in Edelstahltanks, zum kleineren in Holzfässern

mit (komplettem oder teilweisem) biologischen Säureabbau ausgebaut – sowohl Barriques als auch Fuder von fünf Hektoliter Größe. Die Weine der Höfelinie sind in der Regel ohne Fehl und Tadel.

Mehr Charakter haben jedoch die Weine der »Graf von Meran«-Linie, die zudem auch preislich nur schwer zu unterbieten sind. Bei den Roten können der Merlot, der Lagrein und der Blauburgunder durchaus schon in der ersten Liga Südtirols mitspielen. Der Merlot »Freiherr« kommt von einem auf 500 Meter Höhe gelegenen Weinberg oberhalb von Meran, wo es im Sommer fast so heiß ist wie im Bozner Talkessel. Die Trauben des Lagrein »Segen« stammen übrigens nicht aus Meran, sondern aus Bozen. Der Blauburgunder »Zeno« kommt teilweise aus dem Vinschgau bei Kastelbell, teilweise aus Dorf Tirol oberhalb von Meran. Er hat viel Schmelz und zeigt feine Fruchtnoten, die gelegentlich jedoch noch von den Röstaromen des Holzes überdeckt werden.

Mitglieder: 204
Rebfläche: 142 ha
Gesamtproduktion: 9000 hl
davon 0,75-l-Flaschen: 400 000
Vernatsch-Anteil: 49 %

Kellerei Nals Margreid

Heiligenbergerweg 2, 39010 Nals
Tel. 0471/678626, Fax 0471/678945
E-Mail: info@kellerei.it
Internet: www.kellerei.it

*Die Nals Margreider besaßen immer ein Lagen-
potenzial wie kaum eine andere Südtiroler Kellerei – seit einigen Jahren nutzen sie es auch.*

Die Spitzenweine
Die »Baron-Salvadori«-Linie mit Chardonnay,
Gewürztraminer, Blauburgunder Riserva, Cabernet Sauvignon Riserva, Merlot Riserva, Lagrein Riserva, »Anticus« (Merlot, Cabernet Sauvignon)

Die Selektionsweine
Weißburgunder »Sirmian«, Terlaner Sauvignon
»Mantele«, Riesling »Fidera«, Pinot Grigio
»Punggl«, Vernatsch »Galea«, Blauburgunder
»Mazzon«, Merlot »Levad«, Cabernet »Lafot«

Die Standardweine
Über 15 Weine aus nahezu allen in Südtirol angebauten Rebsorten

Spezialität
Der Süßwein Baronesse: ein Passito aus teilgetrockneten Goldmuskateller- und Riesling-Trau-
ben, die aus Entiklar und Penon stammen. In
kleinen Kisten werden (ausschließlich gesunde)
Trauben für etwa fünf Monate in den luftigen
Dachräumen des Margreider Ansitzes Salvadori
getrocknet, um dann gekeltert zu werden und am
Ende einen intensiv goldgelben, herrlich volle
Aromen von getrockneten Aprikosen und Honig
verströmenden Wein zu ergeben.

Bewertung
Mit den Weißweinen haben die Nals Margreider
erstmal 1998 einen Standard erreicht, der dem
der besten Weinerzeuger Südtirols entspricht.
Mittlerweile gehören auch die Rotweine, allen
voran Merlot, Cabernet und die Cuvée »Anticus,
zu den besten des Anbaugebiets. Durch konse-
quente Mengenbeschränkungen und durch den
Ausbau im kleinen Holzfass haben die Weine ungemein gewonnen, ohne »holzig« zu schmecken.

Die Kellerei
Die bekannte Kellerei Nals Margreid verarbeitet Trauben von etwa 140 Weinbauern, deren Reben entlang der Weinstraße von Meran bis nach Salurn stehen. In ihrer heutigen Struktur ist die Kellerei im Jahr 1985 entstanden, als sich die Genossenschaft Margreid-Entiklar mit der kleineren Nalser Genossenschaft zusammenschloss. Letztere verlor damals stark an Mitgliedern, weil sich die Bauern zunehmend dem boomenden Apfelanbau zuwendeten. Heute, da der Apfelbau in der Krise steckt, erweist sich der Zusammenschluss als Glücksfall: Nals Margreid kann fast das gesamte Sortiment der Südtiroler Sorten anbieten – und das zu moderaten Preisen.

Neuer Kellermeister
Schon 1997 hat der Kellermeister Gerhard Kofler, der von der Kellerei Schreckbichl kam, frischen Wind in die etwas müde Genossenschaft gebracht. Die Weinbauern wurden in die Pflicht genommen, die Erträge zu reduzieren, von Pergel auf Drahtrahmen umzustellen und die Sorten zu pflanzen, die für den jeweiligen Standort am besten geeignet sind. Inzwischen ist die Verantwortung für den Wein auf den jungen Harald Schraffl übergegangen. Er setzt die Arbeit seines Vorgängers konsequent fort.

Weißwein-Genossenschaft
Die Stärke dieser Kellerei liegt heute in erster Linie bei den Weißweinen. Vier Spitzenweine sind hervorzuheben: der elegante, nur zu einer Hälfte im kleinen Holzfass vergorene Chardonnay der »Baron Salvadori«-Linie, der aus der warmen Margreider Gegend kommt. Der feinduftige, schlanke Weißburgunder »Sirmian«, der in etwa 600 Meter Höhe an den kühlen, von großen Temperaturunterschieden geprägten Hängen oberhalb von Nals wächst. Dazu der pikante Sauvignon »Mantele«, ebenfalls aus Nals stammend, aber auf kalksteinreichen Lehmböden wachsend, die ihm ein ausgeprägtes Holunder- bzw. Brennnesselaroma

geben. Schließlich der speckige, körperreiche Pinot Grigio »Punggl«: Die Trauben dafür steuern wiederum die Margreider Weinbauern bei. Im Vergleich zum Gesamtausstoß der Kellerei sind die Mengen, in denen diese vier Spitzenweißweine produziert werden, gering. Aber für das Ansehen der Kellerei leisten sie viel.

Rotweine im Kommen

Bei den Rotweinen haben die Nals Margreider stark aufgeholt. Kraftvoll, mit sehr reifem Cassis präsentiert sich der Cabernet. Der Merlot ist eine Fruchtbombe mit viel Pflaumen- und Brombeeraromen. Mit seinen feinen Röstaromen gehört er zum Besten, was aus dieser Sorte in Südtirol produziert wird. Charaktervoll, aber mit etwas rauem Tannin und rustikalen Noten präsentiert sich die Cuvée »Anticus«. Diese wird jedes Jahr produziert, die anderen zwei Weine nur in sehr guten Jahren. Die Trauben für den Merlot kommen aus Margreider »Leiten« und der Kurtatscher Lage »Brenntal«, die Trauben des Cabernet ausschließlich aus Margreid. Aber auch aus der Vernatsch-Traube lassen sich hier fantastische Weine keltern. Der »Galea« hat sich über Jahre bei zahlreichen Verkostungen als einer der besten Weine aus dieser noch immer wichtigen, einheimischen Sorte erwiesen. 2005 hat er den begehrten Vernatsch-Cup gewonnen, einen Wettbewerb um den besten Wein aus dieser Rebsorte.

Mitglieder: 140
Rebfläche: 150 ha
Gesamtproduktion: 12 000 hl
davon 0,75-l-Flaschen: 750 000
Vernatsch-Anteil: 30 %

Kellerei *Schreckbichl / Colterenzio*

Weinstr. 8, 39050 Girlan
Tel. 0471/664246, Fax 0471/660633
E-Mail: info@colterenzio.com
Internet: www.schreckbichl.it

Die Schreckbichler Genossen sind Rebellen und Pioniere zugleich. Sie haben ebenso früh wie konsequent die Weichen in Richtung auf Qualität gestellt. Daran hat sich bis heute nichts geändert.

Die Spitzenweine
»Cornell«-Weine (mit Chardonnay, Gewürztraminer, Pinot Grigio, Pinot Nero Riserva »Schwarzhaus«, Lagrein, Merlot, Rosenmuskateller) sowie die Rotwein-Cuvée Cornelius Rosso

Die Grand-Cru-Weine
Sauvignon »Lafoa«, Cabernet Sauvignon »Lafoa«

Die Praedium-Selection
Pinot Bianco »Weisshaus«, Chardonnay »Pinay«, Pinot Grigio »Puiten«, Sauvignon »Prail«, Vernatsch »Menzenhof«, Pinot Nero Riserva »St. Daniel«, Lagrein Riserva »Mantsch«, Merlot Riserva »Siebeneich«, Cabernet Sauvignon Riserva »Kastèlt«

Die Standardweine
Pinot Bianco, Weißburgunder »Thurner«, Chardonnay, Pinot Grigio, Müller-Thurgau, Riesling, Gewürztraminer, Sauvignon, Vernatsch »Rotfüssler«, Grauvernatsch, Kalterersee Auslese, St. Magdalener, Lagrein, Pinot Nero, Cabernet, Merlot

Spezialität
Pfefferer: Hinter dieser Rebsorte verbirgt sich in Südtirol eine Variante des Goldmuskatellers. Dieser leichte, knochentrockene Wein besticht durch seine einzigartige Aromatik und seine rassige Säure.

Bewertung
Exzellente Spitzengewächse, sehr gute Praedium-Weine, die teilweise auf dem Niveau der Spitzenweine anderer Kellereien liegen, dazu tadellose, typische Südtiroler Rebsortenweine als Basis der Qualitätspyramide

Die Kellerei
Schreckbichl (italienisch: Colterenzio) ist ein Gemeindeteil von Girlan. Eine Gruppe aufmüpfiger Mitglieder hatte 1960 die Girlaner Genossenschaft verlassen und eine eigene Genossenschaft gegründet: eben Schreckbichl. Seitdem besitzt Girlan zwei Kellereien, wobei Schreckbichl an Größe und Renommee die Girlaner inzwischen weit überflügelt hat. In den 70er- und 80er-Jahren haben die Schreckbichler bahnbrechende Neuerungen für das Südtiroler Genossenschaftswesen erkämpft und so eine wahrhaft historische Pionierrolle für den gesamten Weinbau Südtirols gespielt. Ein Mann steht für diese Entwicklung: Luis Raifer, ein strenger Zuchtmeister seiner Genossen, äußerlich kühl, innerlich voller Weinleidenschaft, dabei dickschädelig, unbeirrbar, charismatisch. Vor allem ihm verdanken die Schreckbichler den glanzvollen Aufstieg ihres Betriebes. Er hat beizeiten die Vernatsch-Lastigkeit im Südtiroler Weinbau kritisiert und die Umstellung von der Pergel auf Drahtrahmen propagiert. Er hat die standortgerechte Sortenwahl gefordert, als andere noch pflanzten, was gerade Mode war. Schließlich hat Raifer, Jahrgang 1940 und promovierter Agrarwissenschaftler, die Sonderlinien und Selektionsweine eingeführt.

Cornell und Cornelius
Mit der »Cornell«-Linie haben die Schreckbichler 1985 als eine der Ersten den herkömmlichen Weinstil Südtirols durchbrochen (Kornell ist übrigens der Name eines Hofes in Siebeneich, der bis vor einigen Jahren Mitglied der Kellerei war). Das gilt vor allem für den Cornell Chardonnay: ein dichter, von reifen Grapefruit- und Ananasaromen geprägter Wein, der den Toast des Barriqueholzes mühelos wegsteckt. Die Trauben für ihn stammen aus Buchholz im Unterland. Superb der (nur im Edelstahl ausgebaute) Gewürztraminer: üppig, fast schwer, (oftmals) mit feiner Botrytis und beinahe 15 Vol.% Alkohol, leicht restsüß ausgebaut. Ähnlich ist die Situation bei den Roten. Dicht und dunkel der Lagrein aus Gries, etwas ernst und streng der ansonsten kraftvolle Blauburgunder »Schwarzhaus« (aus der höchsten Lage Girlans). Schließlich der Cornelius Rosso (60% Cabernet Sauvignon, 40% Merlot). Er gehört zu den nobelsten und teuersten Rotweinen Südtirols: dunkel wie Tinte, dabei viel süße Cassisfrucht und reifes Tannin, dazu ein pfeffriger, kräuterwürziger Unterton, wie er in Südtiroler Cabernets üblich ist. Er wächst auf sandigen, trockenen Böden in Siebeneich und reift bis zu 20 Monate im Barrique. Die Pinot-Nero-Riserva »Schwarzhaus«, von über 30 Jahre alten Stöcken bei Eppan Berg kommend, fehlt dagegen ein wenig der »Zauber«, der von großen Burgundern ausgehen kann.

Die Praedium-Weine
Unter den weißen Praedium-Weinen ragt der Weißburgunder »Weisshaus« heraus: In seiner fruchtbetonten, kräftigen Art ist er das Musterbeispiel eines Girlaner Pinot Bianco. Der in 400 Meter Höhe in Girlan gewachsene Chardonnay »Pinay« ist geschmeidig und elegant, nicht schwer und nicht »fett«. Unter den roten Praedium-Weinen besticht regelmäßig der Merlot »Siebeneich«: ein dichter und dennoch fein gewirkter Wein, leicht pfeffrig und mit kräftigem Tanninkorsett, der immer einige Jahre der Reife braucht, um sich zu entfalten. Der Blauburgunder »St. Daniel«

aus Montan, als Riserva im kleinen Holzfass
gereift, ist zwar mit sicherer Hand vinifiziert.
Aber die spielerische, verführerische Note lässt
er etwas vermissen.

Die Lafoa-Weine
Seine besten Lagen separat zu vinifizieren ist ein
Privileg des Obmanns einer jeden Genossenschaft. Doch Luis Raifers auf 430 Meter Meereshöhe sich befindender Lafoa-Weinberg, gelegen zwischen Girlan und Schreckbichl, ist
aus mehreren Gründen ein Grand Cru: Er ist
sehr trocken und hat fast den ganzen Tag Sonne.
Außerdem hat Raifer 6000 Stöcke pro Hektar
gepflanzt, und alle Reben wachsen am Drahtrahmen. Sein Ziel: hochklassige Südtiroler
Weine mit einem »internationalen« Akzent zu
erzeugen. So macht der erst spät gelesene, im
Barrique vergorene Sauvignon »Lafoa« mit
größerer Komplexität und Langlebigkeit wett,
was ihm an Typizität fehlen mag. Und beim rein-
rassigen Cabernet Sauvignon »Lafoa« werden
Würze und Frucht mit einem eleganten, süßen
Holzton unterlegt. Beides sind Hochgewächse,
die einen Vorgeschmack auf das geben, was Südtirol in Zukunft hervorbringt.

Mitglieder: 287
Rebfläche: 315 ha
Gesamtproduktion: 30 000 hl
davon 0,75-l-Flaschen: 1,5 Mio.
Vernatsch-Anteil: 33 %

Kellerei
St. Michael/Eppan

Umfahrungsstr. 17/19
39057 St. Michael/Eppan
Tel. 0471/664466, Fax 0471/660764
E-Mail: kellerei@stmichael.it
Internet: www.stmichael.it

Jahrelang wurden die Genossen aus St. Michael/Eppan mit den grandiosen Weißweinen der »Sanct Valentin«-Linie identifiziert. Dabei ist der Beweis längst erbracht, dass ihre Rotweine auf gleichem Niveau liegen.

Die Spitzenweine
»Sanct Valentin«-Linie mit Sauvignon, Weißburgunder, Gewürztraminer, Chardonnay, Pinot Grigio, Blauburgunder, Lagrein, Merlot, Cabernet Sauvignon

Die Lagenweine
Riesling »Montiggl«, Chardonnay »Merol«, Sauvignon »Lahn«, Weißburgunder »Schulthauser«, Pinot Grigio »Anger«, Vernatsch »Pagis«, Blauburgunder Riserva und Cabernet-Merlot »Riserva«

Die Standardweine
Chardonnay, Weißburgunder, Pinot Grigio, Müller-Thurgau, Gewürztraminer, Goldmuskateller, Edelvernatsch, Grauvernatsch, Kalterersee Auslese »Sattel«, St. Magdalener, Lagrein Kretzer, Blauburgunder, Lagrein, Cabernet

Spezialität
Der Süßwein Comtess, gekeltert aus Gewürztraminer-, Riesling-, Sauvignon- und Weißburgunder-Trauben, die nach später Lese (Mitte November) für einige Wochen in kleinen Holzkisten getrocknet wurden.

Bewertung
Das Weißwein- und Vernatsch-Sortiment ist ohne Schwächen und bietet nicht nur beste Qualität auf seinem Niveau, sondern auch Typizität. Der Weißburgunder »Schulthauser« ist ein Klassiker, fast ein Markenwein seiner Sorte geworden. Das Sortiment der Sanct-Valentin-Weine ist in den letzten Jahren stark ausgebaut worden und bietet vor allem bei Sauvignon, Pinot Grigio, Blauburgunder und Cabernet Sauvignon echte Spitzenklasse.

Kellerei St. Michael/Eppan

Die Kellerei

Sie gilt baulich als die schönste unter den Südtiroler Genossenschaften.
1907 im österreichischen Jugendstil erbaut, ist sie nach den Weltkriegs-
wirren nie mehr vollendet worden. Im Jahre 2000 wurde der bis dahin
eher unspektakuläre Flachbau (Südflügel) aus den 80er-Jahren durch einen
modernen Neubau ersetzt, in dem sich nun Verwaltung, Weinverkauf und
Verkostungsräume befinden. Mitgliederzahl und Rebflächen sind in den
letzten Jahren beständig gewachsen – Resultat des Renommees, das diese
Kellerei besitzt. Mit ihrem relativ hohen Weißweinanteil (etwa zwei Drittel) nimmt sie eine Sonderstellung unter den Kellereigenossenschaften ein.
Hans Terzer, der langjährige Kellermeister, hat St. Michael/Eppan nicht
nur in die Spitzengruppe der Südtiroler Weinerzeuger geführt, sondern die
Weine auch in ganz Italien und weit darüber hinaus bekannt gemacht. An
Selbstbewusstsein fehlt es den Eppanern denn auch nicht.

Der Kellermeister

Der »Süditaliener« wird Terzer scherzhaft von seinen Genossen genannt,
weil er aus Kurtatsch im Unterland stammt. Nach den Lehrjahren bei der
Kellerei Tiefenbrunner und in der Laimburg ist er 1977 als Kellermeister
nach St. Michael gekommen. Seitdem hängt ihm das Etikett des »Weiß-
weinmagiers« an. Den Ruf hat er sich vor allem mit dem Weißburgunder
»Schulthauser« aus der gleichnamigen, 24 Hektar großen Lage in Eppan-
Berg erworben: ein zartfruchtiger, hefefrischer Wein, in dem die Typik des
Eppaner Weißburgunders gut zur Geltung kommt – etwa die straffe Säure
und das feine Apfel-Birnen-Aroma. Der Wein wird überwiegend im Edel-
stahltank und nur zu einem kleinen Teil im Fuder ausgebaut. Mit 180 000
Flaschen ist er einer der wichtigsten Weine der Kellerei.

Sanct-Valentin-Weißweine

Das große Renommee aber haben die »Sanct Valentin«-Weine gebracht –
jeweils Selektionen besten Lesegutes, benannt nach dem gleichnamigen
Schloss oberhalb von Eppan. Herausragend der »Sanct Valentin«-Sauvignon:
ein konzentrierter, exotisch-fruchtiger Wein mit pikantem Holunder- und
Cassisduft sowie feinen Honigtönen. Fast schon ein Mythos: Seit Jahren
liegt dieser Sauvignon bei Vergleichsverkostungen mit anderen italienischen
Weinen vorne. Von ähnlichem Kaliber ist der Gewürztraminer: ein wuch-
tiger, alkoholreicher, mit feinsten Rosen-, Lychee- und Feigenaromen voll
gepackter Wein mit feiner Restsüße. Zusammen mit dem Sauvignon ist er der
einzige Wein der »Sanct Valentin«-Linie, der nur im Edelstahl ausgebaut
wird. Alle anderen »Sanct Valentin«-Weine werden im Barrique vergoren
beziehungsweise ausgebaut. Für Terzer ist das Barrique »ein wichtiges
Mittel, um langlebige Weine zu bekommen«. Am besten altert sein Pinot
Grigio, der nach fünf oder sieben Jahren mit feinsten Quitten- und Honigtönen aufwartet und fast an einen üppigen Elsässer Tokay erinnert. Bleibt
der Chardonnay: Er ist, bei aller Klasse, nicht ganz so bezwingend und
konkurrenzlos wie die anderen Weine. Seit 2001 erzeugt Terzer in der Sanct-
Valentin-Linie auch einen Weißburgunder, der in Barriques ausgebaut wird.

Auf zu neuen Rotweinufern

Inzwischen gilt Terzers besonderer Ehrgeiz den Rotweinen. Ein großer
Wurf ist ihm erstmals mit dem 1994er-»Sanct Valentin«-Cabernet gelun-

gen (Trauben aus Kaltern und Kurtatsch): ein ungemein dichter, fast fetter Wein mit glattem Tannin und ohne jene aufdringliche, kräuterwürzige
Note, die das Trinkvergnügen bei so vielen anderen Südtiroler Cabernets beeinträchtigt. Auch
der »Sanct Valentin«-Blauburgunder ist ausgesprochen gut gelungen. Er wächst an einzelnen
Hängen oberhalb Eppans und zählt mittlerweile
zu den besten »Pinots« Italiens.

Die »Lagen«-Linie
Die »Sanct Valentin«-Weine sind die Perlen im
Sortiment der Genossen. Da von ihnen zwischen
15 000 und 120 000 Flaschen produziert werden,
geht ein erheblicher Teil des Lesegutes in diese
Spitzenlinie. Zu den Weinen der mittleren Linie
klafft im Einzelfall denn auch eine spürbare
Lücke (dafür kosten diese auch nur die Hälfte).
Am besten gefielen mir in den letzten Jahren der
Chardonnay »Merol« (teilweise großes Holz und
malolaktische Gärung) und der Sauvignon
»Lahn« (nur in Edelstahl ausgebaut) mit Noten
von Holunder und Cassis sowie mit knackiger
Säure. Der frische Riesling »Montiggl« weist
nicht die Mineralität der Vinschgauer und Eisacktaler Rieslinge auf. Respektabel sind der Vernatsch »Pagis« und insbesondere die Blauburgunder Riserva, deren Trauben aus Eppan, Kaltern
und Mazon kommen und die keineswegs eine un-
überbrückbare Kluft von dem Sanct-Valentin-
Blauburgunder trennt.

Die klassischen Weine
Dass der allergrößte Teil der Trauben aus dem
Überetsch, speziell der Eppaner Gegend, kommt,
ist dem Basissortiment anzumerken. Hier überzeugen besonders die Weißweine mit ihrer klaren
Frucht und der frischen Säure, allen voran Weißburgunder und Chardonnay. Die Rotweine sind
fruchtbetont und typische, wenn auch recht brave
Vertreter ihrer Rebsorte. Da zahlreiche neu
bestockte Lagen bald in Produktion gehen, sind
jedoch weitere Qualitätssteigerungen, auch bei
den Rotweinen, vorprogrammiert.

Mitglieder: 360
Rebfläche: 355 ha
Gesamtproduktion: 25 000 hl
davon 0,75-l-Flaschen: 2 Mio.
Vernatsch-Anteil: 23 %

Kellerei St. Pauls

Schloss-Warth-Str. 21
39050 St. Pauls/Eppan
Tel. 0471/662183, Fax 0471/662530
E-Mail: info@kellereistpauls.com
Internet: www.kellereistpauls.com

Die Genossen der Kellerei St. Pauls gehören zu den Stillen im Lande. Dabei haben sie nichts zu verbergen – außer der guten Qualität ihrer Weine. Es fehlt aber noch der spektakuläre Wurf.

Die Spitzenweine
Weine der »DiVinus«-Linie: Chardonnay, Blauburgunder »Riserva«, Merlot »Riserva«, Lagrein »Riserva«

Die Höfelinie
Fünf Weine unter der Bezeichnung »Exclusiv«: Weißburgunder »Plötzner«, Sauvignon »Gfillhof«, Pinot Grigio »Eggleiten«, Gewürztraminer »St. Justina«, Vernatsch »Sarnerhof«, Cuvée »Verlab« (aus Vernatsch, Lagrein und Blauburgunder), Blauburgunder »Luziafeld«, Lagrein »Gries«, Merlot »Huberfeld«, Cabernet »Fuchsberg«

Standardweine
Rund 18 Weine aus verschiedenen Südtiroler Rebsorten

Spezialität
Der Süßwein »Alea«: ein üppiger Passito aus teilgetrockneten Trauben (75 % Gewürztraminer, 25 % Riesling) mit Noten von Dörrfrüchten (Aprikose) und Rosinen, zugleich aber auch mit einer reschen Säure ausgestattet

Bewertung
Alle Weine ohne Fehl und Tadel. Die Spitzenweine besitzen jedoch wenig stilistische Dramatik. Außerdem fehlt es noch an Struktur und Konzentration, um sich deutlich von der Mittellinie zu unterscheiden. Beim Weißburgunder und Sauvignon merkt man, dass aus dem Vollen geschöpft werden kann.

Die Kellerei
Sie liegt gleich neben der mächtigen Dorfkirche von St. Pauls (auch Dom auf dem Lande ge-

nannt). Der weithin sichtbare Spitzzwiebelturm (der zweithöchste Kirchturm Südtirols) ist eines der am häufigsten fotografierten Motive in Südtirol. Die Kellerei, die bereits 1907 gegründet wurde, zählt zu den mittelgroßen Genossenschaften. Sie ist größer als die benachbarte Andrianer Kellerei, aber wesentlich kleiner als die Genossenschaft in St. Michael/Eppan. Ihre Mitglieder stammen fast ausschließlich aus St. Pauls sowie dem restlichem Gebiet der Gemeinde Eppan. Dort liegen auch die meisten Rebflächen.

Selten Schlagzeilen

Die Weine der St. Paulser Genossen machen nur selten Schlagzeilen. Doch sollte daraus nicht geschlossen werden, sie gäben Anlass zum Tadel. Es fehlt dem Sortiment nur der mitreißende Spitzenwein. Das Basissortiment ist dagegen von solider Qualität: fruchtbetonte Weißweine mit milder Säure, samtige, milde Vernatsch-Weine für einen unbeschwerten Genuss, brave Lagrein und Merlot. Das mittlere Sortiment ist sogar noch anspruchsvoller. Der Weißburgunder »Plötznerhof«, der aus der höchsten Lage Eppans kommt (aus einer Höhe von etwa 650 Metern), ist der duftigste und – wenn er ausreift – charakteristischste Weißwein des Betriebes. Der üppige Pinot Grigio »Egg-Leiten«, sein Gegenstück, wächst am Fuß des Hügels von Missian (20% Barriques). Der Sauvignon »Gfillhof« ist von typischer Terlaner Art und ist kräftig, bissig sowie holunderduftig. Die Lagrein Riserva, die von zwei Höfen in Gries stammt, gehört ebenfalls zu den guten, aber nicht herausragenden Weinen ihrer Art in Südtirol.

Neue Barriqueweine

Die »Di Vinus«-Weine bilden die Spitzenlinie der Kellerei. Es handelt sich bei ihnen um Auslesen von den besten Weinberglagen. Zwischen 20000 und 30000 Flaschen werden abgefüllt.
Der Blauburgunder zeigt zarte Kirschnoten im Aroma, dazu leicht röstige Töne. Der Merlot wächst auf lehmig-sandigen Böden auf der Siebeneich gegenüberliegenden Talseite bei Missian. Siebeneich wird oft als beste Merlot-Gemeinde Südtirols bezeichnet. Alle diese Weine werden im Barrique ausgebaut.

Erwerb der Kellerei Kössler

Die eigentliche Novität ist die Einverleibung der ebenfalls in St. Pauls ansässigen alten Wein- und Sektkellerei Kössler im Juli 2005. Mit zwölf Hektar eigenen Weinbergen und den Trauben von rund 40 Zulieferern hatte Hans Ebner – er war vor 1982 Kellermeister bei den Genossenschaften Kurtatsch und St. Michael/Eppan – rund 200000 Flaschen Wein und Sekt abgefüllt (die Kellererei Kössler war im Jahre 1990 durch die Fusion der Sektkellerei Praeclarus mit dem Weinhof Kössler entstanden). Heute werden neben den Schaumweinen Brut, Praeclarus Rosé und Noblesse noch jeweils vier Weiß und Rotweine abgefüllt. Insgesamt werden nach wie vor rund 200000 Flaschen erzeugt, die weiterhin unter dem Kössler-Etikett vermarktet werden, darunter etwa 25000 Flaschen Schaumwein. Hans Ebner ist heute für den Verkauf und zusammen mit dem Kellermeister der Kellerei St. Pauls auch für die Weinbereitung zuständig.

Die Schaumweine
Die ehemaligen Traubenlieferanten der Wein- und Sektkellerei Kössler sind inzwischen größtenteils Mitglieder der Kellerei St. Pauls geworden. Die Weine sind solide, aber etwas bieder. Einzig Weißburgunder und Gewürztraminer bei den Weißen und der feinfruchtige Blauburgunder »Herr von Zobel« bei den Roten ragen aus der Mittelmäßigkeit hervor. Bleiben die Schaumweine: Rund 25 000 Flaschen der Kössler-Produktion bestehen nach wie vor aus Schaumwein. Diese werden allesamt nach der klassischen Methode, also mittels Flaschengärung, hergestellt und auch noch von Hand gerüttelt. Der Brut ist süffig, knochentrocken (ohne Dosage), sehr saftig. Den Rosé »Noblesse« ließ Ebner in der Vergangenheit bis zu neun Jahre auf der Hefe liegen. Resultat: ein Wein mit viel Hefearoma, aber etwas matter, teilweise schon erschöpfter Frucht. Die Zukunft wird zeigen, ob dieser Schaumweinstil noch zeitgemäß ist.

Mitglieder: 205
Rebfläche: 185 ha
Gesamtproduktion: 14 000 hl
davon 0,75-l-Flaschen: 800 000
Vernatsch-Anteil: 38 %

Südtiroler Weinbauernverband

Umfahrungsstr. 17, 39057 St. Michael/Eppan
Tel. 0471/660060, Fax 0471/663631
E-Mail: suedt@weinbauernverband.com
Internet: www.weinbauernverband.com

Als Genossenschaft zweiten Grades, die Jungwein kauft, ausbaut und abfüllt, steht der Weinbauernverband etwas im Schatten der ruhmreichen Südtiroler Kellereien.

Die Cru-Weine
Rund zwölf Weine von ausgesuchten Lagen, die unter der Bezeichnung »Torsulum« angeboten werden: Weißburgunder, Chardonnay, Ruländer, Sauvignon, Gewürztraminer, Lagrein Rosé, Kalterersee Auslese classico, Edelvernatsch, St. Magdalener classico, Blauburgunder Riserva, Lagrein Riserva, Cabernet Riserva

Einfache Qualitätsweine
Knapp zehn Weine verschiedener Südtiroler Rebsorten einschließlich Lagrein und Cabernet Riserva

Die Literweine
Etwa zehn verschiedene Qualitätsweine, überwiegend der Sorte Vernatsch

Bewertung
Die Qualitäten reichen vom schlichten Törggelwein über den braven Tischwein bis hin zum anspruchsvollen Selektionswein zu konsumentenfreundlichen Preisen.

Der Betrieb
Er befindet sich im Gebäude der Kellerei St. Michael/Eppan. Vor etwa 20 Jahren gegründet, hat sich der Südtiroler Weinbauernverband als hilfreiche Institution zur Vermarktung des einheimischen Weines erwiesen, vor allem des Vernatsch. Rund drei Millionen Flaschen vermarktet diese Dachorganisation von sieben großen Südtiroler Genossenschaftskellereien: Schreckbichl, St. Michael/Eppan, Bozen, Burggräfler, Nals Margreid, Tramin und Kurtatsch. Die Hauptaufgabe besteht darin, von diesen Genossenschaften Jungwein aufzukaufen, auszubauen, unter eigenem Etikett abzufüllen und über eigene Kanäle zu

vermarkten, und zwar (beinahe ausschließlich) auf den Exportmärkten. Dabei handelt es sich zumeist um einfache Zechweine in der Liter-flasche, die unter verschiedenen Bezeichnungen wie z. B. »Appiano Monte« (Chardonnay) oder »Schreckbichler Wolfhof« (Edelvernatsch) in den Handel kommen.

Gehobene Qualitäten

Es werden aber auch gehobene Qualitäten in der 0,75-l-Flasche abgefüllt. Sie heißen Cru-Weine und kommen von ausgesuchten Höfen. Unter diesen Weinen finden sich zahlreiche solide, bis-weilen auch überraschend feine Weine, die zu außerordentlich günstigen Preisen angeboten werden und qualitativ deutlich über dem Niveau mancher Privatkellerei und vieler Eigenbau-winzer liegen. Dazu gehören zum Beispiel der schotige Terlaner Sauvignon, der dezent fruch-tige Ruländer »Unterebnerhof«, der exquisite Chardonnay, der zartfruchtige Weißburgunder »Torculum« und der stoffige Gewürztraminer »Torculum«. Überstrahlt wird das Sortiment von zwei Rotweinen: der samtigen, feinfruchtigen »Baron Longo« Blauburgunder Riserva und der Lagrein Riserva »Torculum«.

Mitglieder: sieben Kellereien
Rebfläche: keine
Zukauf: 100 %
Produktion: 30 000 hl
davon 0,75-l-Flaschen: 25 %
Vernatsch-Anteil: 80 %

Kellerei Terlan

Silberleitenweg 7, 39018 Terlan
Tel. 0471/257135, Fax 0471/256224
E-Mail: office@kellerei-terlan.com
Internet: www.kellerei-terlan.com

Die Terlaner Kellerei wird in Südtirol als »Boutique-Genossenschaft« bezeichnet. Ihre Weine haben in den letzten Jahren Kenner und Kritiker zugleich begeistert – vor allem die Weißen.

Die Spitzenweine
Vier Selektionsweine: Sauvignon »Quarz«, Gewürztraminer »Lunare«, Terlaner »Nova Domus«, Lagrein »Porphyr«

Die Weingutsweine
Acht Einzellagenweine gibt es: Weißburgunder »Vorberg«, Sauvignon »Winkl«, Chardonnay »Kreuth«, Lagrein Riserva »Gries«, Blauburgunder Riserva »Montigl«, Cabernet Riserva »Siemegg«, Merlot Riserva »Siebeneich«

Die Standardweine
Terlaner, Weißburgunder, Sauvignon, Chardonnay, Terlaner, Müller-Thurgau, Pinot Grigio, Gewürztraminer, Vernatsch, Grauvernatsch, St. Magdalener, Bozner Leiten, Blauburgunder, Lagrein, Malvasier, Torilan

Spezialität
Torilan: die erste Rotwein-Cuvée der Kellerei Terlan und zugleich eine der ungewöhnlichsten Cuvées Südtirols, gewonnen aus Cabernet Sauvignon, Merlot und Blauburgunder

Bewertung
Hohes Niveau bei Weinen aller Qualitätsstufen. Die Standardweine sind säurebetont und blühen mehr als nur einen Sommer. Die Weingutsweine sind im großen Eichenholzfass ausgebaut und entsprechend weich und sortenbetont. Die Selektionsweine werden erst spät freigegeben. Es sind gereifte Weine für Kenner, denen nichts an den Moden liegt.

Die Kellerei
Sie wurde 1893 als eine der ersten Südtiroler Genossenschaften gegründet. Seitdem hat sie

sich vornehmlich dem Weißwein gewidmet. Die Vision, lagerfähige und gereifte Weißweine anzubieten, stammt von Sebastian Stocker, dem legendären Kellermeister von 1955 bis 1993. Er hatte die Eigenart, jedes Jahr ein paar Hundert der besten Flaschen hinter dem Rücken der Obleute heimlich beiseite zu legen und erst nach zehn, 20 oder mehr Jahren zu entkorken. Viele dieser Altweine entpuppten und entpuppen sich jetzt als Juwelen. Heute wissen die Obleute, welche Schätze sie unter der Erde liegen haben. Ein 79er-Terlaner Weißburgunder, 1995 getrunken, hatte feinstes Honig-Quitte-Bouquet entwickelt: Endstation Sehnsucht. Dieselbe Vision verfolgt Kellermeister Rudi Kofler heute mit den Spitzenselektionen.

Pflege typischer Sorten
Mit 65 % Weißweinanteil sind die Terlaner auch heute noch stark weißweinlastig. Der geografischen Lage und dem vergleichsweise kühlen Klima des Überetsch entsprechend, stehen Weißburgunder und Sauvignon im Mittelpunkt. Aber auch Pinot Grigio und Chardonnay gedeihen in wärmeren Terlaner Lagen prächtig. Der heutige Kellermeister Rudi Kofler pflegt behutsam die Traditionen, wozu auch die Rückbesinnung auf alte Rebsorten gehört. Für ihn sind das der Terlaner, eine alte, vermutlich mit der Garganega-Traube aus dem Soave-Gebiet verwandte Sorte, der Vernatsch, der Lagrein und der Malvasier. Gleichzeitig wollen die Terlaner neue Akzente setzen. So wurde der Fassweinkeller von den alten Holzfässern befreit, die Stocker hinterlassen hatte. Ein neuer unterirdischer »Chai« für kleine Barriques wurde angegliedert, und viele neue Fuder wurden angeschafft.

Eindrucksvolle Klassiker
Eindrucksvoll für ihre Kategorie sind die Weine der klassischen Linie, allen voran Sauvignon, Weißburgunder, Terlaner und Chardonnay – also jene Weine, die die »Hausmacht« der Genossen bilden. Die Trauben für sie kommen aus dem gesamten Überetsch. Diese Weine wurden ausschließlich im Edelstahltank ausgebaut und brillieren mit sauberer, klarer Frucht und einer nervigen Säure. Aber auch die Rotweine wissen zu gefallen. Besonders delikat ist der Lagrein in seiner fruchtigen, nicht mit Holz beladenen Version, während der Blauburgunder demgegenüber etwas dünn wirkt.

Die Weingutsweine
Die Höfe, von denen früher die Spitzenweine der Terlaner Kellerei kamen, liefern heute die Weine der mittleren Linie. Schon daran ist ersichtlich, dass es sich um hochklassiges Lesegut handelt. Die Höfe liegen alle am

Fuß des Tschögglbergs, also in der näheren Umgebung des Dorfes Terlan. Das Traubengut für diese Weine wird nach der Reife stark verlesen und der Wein rund zehn Monate lang in großen Eichenholzfässern ausgebaut. Darin machen sie, gewollt oder ungewollt, einen teilweisen oder kompletten biologischen Säureabbau durch. Dadurch erhalten sie eine Fülle und Üppigkeit, die die klassischen Weine nicht aufweisen. Einige Weißweine werden sogar im Holzfass vergoren. Wie bei den klassischen Weinen ragen auch in der mittleren Linie der Sauvignon »Winkl« und vor allem der Weißburgunder »Vorberg« heraus, der heute als Messlatte für diese Sorte gelten kann.

Die Selektionen
Die eigentliche Novität sind die vier Selektionsweine, die das Spitzensegment bilden. Mit ihnen hat die Kellerei bei nationalen und internationalen Verkostungen große Erfolge feiern können. Sie sind aus den reifsten Trauben der Terlaner Spitzenlagen gekeltert und im Barrique vergoren (außer dem roten Lagrein). Herausragend sind der Terlaner Sauvignon »Quarz« mit feinstem Holunder- und Brennnessel-Bouquet sowie der Terlaner »Nova Domus« (50 % Weißburgunder, Rest Chardonnay und Sauvignon) mit seiner weichen Säure und dem schönen Birnenaroma. Der Gewürztraminer bringt feinste Aromanuancen an den Gaumen, besitzt aber nicht ganz die explosive Fülle der Traminer Hochgewächse. Große Klasse auch die Lagrein Riserva »Porphyr«. Sie kommt aus Gries, aber punktet nicht durch Schwere und Konzentration, sondern durch ihre fein ziselierten Fruchtaromen und ihre Eleganz. Alle diese Weine, auch die weißen, besitzen ein großes Reifepotenzial.

Mitglieder: 108
Rebfläche: 150 ha
Gesamtproduktion: 9000 hl
davon 0,75-l-Flaschen: 950 000
Vernatsch-Anteil: 13 %

Kellerei Tramin

Weinstr. 144, 39040 Tramin
Tel. 0471/860126, Fax 0471/860828
E-Mail: info@tramin-wine.it
Internet: www.tramin-wine.it

An Lob und Anerkennung hat es den Traminer Weinbauern in den letzten Jahren wahrlich nicht gefehlt, ganz besonders nicht für ihren Gewürztraminer. Obwohl eher unwahrscheinlich ist, dass Tramin die Heimat der gleichnamigen Sorte ist: Der Wein ist der Star im Programm dieser Kellerei.

Die Spitzenweine
Die »Selektion Terminum«-Weine: Gewürztraminer »Nußbaumerhof«, Ruländer »Unterebnerhof«, Weißburgunder »Tauris«, Vernatsch »Freisingerhof«, Blauburgunder »Schießstandhof«, Lagrein »Urbanhof«, Cabernet Riserva »Terminium«, Rosenmuskateller »Terminium«

Die Lagenweine
Vernatsch »Hexenbichler« und Cabernet-Merlot »Rungg«

Die Cuvée-Weine
Stoan (Chardonnay 65 %, Sauvignon 20 %, Gewürztraminer 5 bis 10 %, Weißburgunder 5 %), Roan (Gewürztraminer 90 %, Riesling 10 %), Loam (Cabernet Sauvignon 50 %, Merlot 30 %, Cabernet franc 20 %)

Die klassische Linie
Weißburgunder, Chardonnay, Sauvignon, Pinot Grigio, Goldmuskateller (süß), Müller-Thurgau Gewürztraminer, Lagrein Rosé, Kalterersee, Grauvernatsch, St. Magdalener, Lagrein, Merlot, Cabernet Sauvignon, Blauburgunder. Dazu ab dem Jahrgang 2005 die neuen Cuvée-Weine T-Weiß (Chardonnay 55 %, Pinot Bianco 20 %, Sauvignon 15 %, Riesling 10 %) und T-Rot (Blauburgunder und Vernatsch)

Spezialität
Gewürztraminer Spätlese: eine edelsüße Beeren- bzw. Trockenbeerenauslese des Gewürztraminers, die bis in den November hinein am Stock reift.

Bewertung
Die Klasse dieser Kellerei zeigt sich schon an den Standardweinen, die weit über Südtiroler Niveau liegen. Besonders der Blauburgunder besticht durch Eleganz und Finesse. Unter den Spitzenweinen ragt der formidable Gewürztraminer »Nussbaumerhof« heraus. Höchsten Respekt verlangen die neuen Cuvée-Weine ab, insbesondere die weißen.

Der Betrieb
Die Genossenschaftskellerei in Tramin, 1898 vom Ortspfarrer gegründet, ist lange Jahre hinter den anderen Südtiroler Genossenschaften zurückgestanden und erst seit 1995 aus deren Schatten hervorgetreten. Vorher gab es zwar schon hoffnungsvolle Ansätze, doch war der Betrieb nahezu ganz auf Vernatsch ausgerichtet. Heute ist dank breit angelegter Umpflanzaktionen der Vernatsch-Anteil stark reduziert. Der hellrote Wein wird überwiegend in der Literflasche vermarktet, sodass sich die Kellerei mit ihrem tüchtigen Kellermeister Willi Stürz auf ihre Stärken besinnen und relativ unbeschwert von »Altlasten« arbeiten kann. Stürz hat im fränkischen Veitshöchheim studiert und arbeitet seit 1991 für die Kellerei. Seit 1995 trägt er die volle Verantwortung für deren Weine.

Edler Gewürztraminer
Die Spitzenweine machen mengenmäßig zwar nur einen geringen Teil der Gesamtproduktion aus, doch haben sie am meisten zu dem Imagewandel der Kellerei beigetragen. Das gilt in erster Linie für den Gewürztraminer »Nussbaumerhof«. In ihm konzentriert sich der ganze Ehrgeiz der Genossen. Nur wenige Gewürztraminer können sich mit ihm messen. Viele Beobachter halten ihn für den besten Gewürztraminer Südtirols. Er ist ein opulenter Wein mit 14 Vol.% Alkohol und mehr, verströmt ein edles Lychee- und Teerosen-Bouquet und wartet im Hintergrund mit feinsten Honigtönen auf. Seine ganze Klasse beweist er erst nach fünf bis sechs Jahren, wenn er eine goldgelbe Farbe angenommen und sich ganz entfaltet hat. Die Trauben werden nie vor Mitte

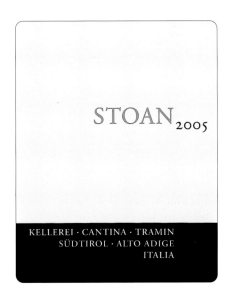

Oktober gelesen, ein kleiner Teil sogar erst im November. Dann wird der Most nach einer kurzen Hülsenmazeration im Edelstahltank vergoren und ausgebaut. Am Ende besitzt der Wein zwischen sechs und zehn Gramm Restzucker.

Traditionell stark beim Rotwein
Als besondere Stärken galten – neben dem Gewürztraminer – bislang immer die dunklen Rotweine: vor allem Cabernet, Lagrein und Blauburgunder – also diejenigen Weine, die im Unterland die besten Qualitäten bringen: in Tramin, Neumarkt, Auer und Montan. Von den Schotterböden Auers und Neumarkts kommt der Lagrein »Urbanhof«, der viel Tannin und Amarenakirsche mitbringt. Die Cabernet Riserva (mit 30 % Cabernet franc) ist der einzige »Selektion Terminum«-Wein, der nicht von einem Hof, sondern aus drei verschiedenen Weinbergen bei Rungg, Auer und Montan kommt. War der erste, der 1995er-Jahrgang noch etwas flau, glänzten die folgenden Jahrgänge durch perfekte Reife – was in Südtirol keine Selbstverständlichkeit ist. Elegant bei gleichzeitiger Struktur ist der pflaumenfruchtige Blauburgunder »Schießstandhof«, der zu 100 % im Barrique reift. Die hohe Einschätzung der Rotweine wird durch den neuen, erst ab dem Jahrgang 2003 abgefüllten Cabernet-Merlot »Rungg« bestätigt, der bei den meisten anderen Kellereien glatt in der Topkategorie landen würde. Stolz sind die Traminer vor allem auch auf ihren herzhaften Vernatsch »Freisingerhof« (ohne Lagrein-Verschnitt) und den »Hexenbichler«, der eigentlich eine Kalterersee Auslese ist.

Neue Weißweine
Auffällig war in den letzten Jahren jedoch das hohe, beständig gestiegene Niveau der Weißweine – nicht nur beim Gewürztraminer. Zwar gehörte der körperreiche, gleichzeitig jedoch nervige Ruländer »Unterebnerhof« mit seinem speckigen, an reife Quitten erinnernden Aroma schon immer zum Besten, was aus dieser Sorte in Südtirol produziert wird (mit 30 % Barriqueanteil). Mit dem Weißburgunder »Trauris« und der Cuvée »Stoan«, die Kellermeister Willi Stürz mit viel Fingerspitzengefühl vorsichtig im großen Holz-

fass vergärt beziehungsweise reifen lässt, sind den Traminern nun aber zwei neue, große Würfe gelungen, die sich für das Weinland Südtirol als richtungsweisend erweisen werden.

Konstante Qualität
Die gute Gesamteinschätzung der Kellerei Tramin wird komplettiert durch das ausgezeichnete Niveau der Weine der klassischen Linie: saftige, mineralisch-duftige Weine von konstant hoher Qualität. Als Besonderheiten ragen aus der breiten Palette der Weißburgunder (mit zartem Williamsbirnen- und Veilchenparfüm) der rassige Chardonnay (nur im Edelstahltank ausgebaut), der vollmundige Sauvignon aus Montan (mit einem reifen Stachelbeer- und Maracujaaroma), die (ebenfalls nur im Edelstahl ausgebaute) neue Cuvée T-Weiß sowie der Gewürztraminer heraus. Die Rotweine sind durchweg saubere, delikate Gewächse mit sortentypischem Geschmack, die zum Genießen innerhalb der ersten Jahren nach Freigabe einladen, aber nicht unbedingt zum Einlagern geeignet sind.

Mitglieder: 290
Rebfläche: 220 ha
Produktion von
0,75-l-Flaschen: 1,2 Mio.
Vernatsch-Anteil: 38 %

Privatkellereien

Arunda-Vivaldi

Dorf 53, 39010 Mölten
Tel. 0471/668033, Fax 0471/668229
E-Mail: info@arundavivaldi.it
Internet: www.arundavivaldi.it

Sie ist nicht die älteste, sondern die höchstgelegene Sektkellerei der Welt. Aber Josef Reiterer verlässt sich mehr auf die Qualität seiner Grundweine und sein eigenes Know-how als auf das Geheimnis der Höhe.

Die Spitzencuvées
Riserva Millesimé, Blanc de Blancs, Cuvée Marianne

Die Basisqualitäten
Brut, Extra Brut, Rosé

Spezialität
Cuvée Marianne: eine aus 80 % Chardonnay und 20 % Pinot Nero zusammengestellte Cuvée, bei der der Chardonnay im Barrique vergoren wurde

Bewertung
Schon der einfache Brut besitzt Klasse und Charakter. Die Riserva und der Blanc de Blancs sind hochklassig und liegen auf dem Niveau guter Prestige-Cuvées von Champagnern – allerdings aus Südtiroler Trauben.

Der Betrieb
Er liegt oberhalb von Terlan knapp 1200 Meter hoch auf dem sonnigen Hochplateau des Tschöggelberges, wo sich das Bergdorf Mölten mit seinen weit verstreut liegenden Höfen befindet. Stehen müde Bergwanderer staunend vor dem unscheinbaren Kellereigebäude, tritt ein wohlgelaunter Mann mit Janker und blauer Schürze aus dem Keller, schmettert ihnen ein fröhliches »Grüßt euch« entgegen und lädt zu einem Glas Schaumwein ein. Das ist Josef Reiterer. Auch wenn er einen großen Teil seines Lebens in Deutschland und auf Sizilien verbracht hat, so ist er unverkennbar Südtiroler geblieben.

Berg-Schaumwein
1957 hatte der 15-jährige Bergbauernsohn Mölten verlassen, um in der Fremde Arbeit zu suchen.

An der Weinbauschule Bad Kreuznach machte er eine Weinbaulehre, arbeitete danach bei einem bekannten Hersteller von Weinfilterapparaten und wurde später dessen Repräsentant in Italien. 1975 kehrte er nach Mölten zurück.
Seine Idee: hochklassige Sekte aus Südtiroler Trauben herzustellen. Schon 1976 konnte er die ersten 300 Flaschen abfüllen. Mit organisatorischer Hilfe eines sizilianischen Weinhandelsunternehmens gründete er die Kellerei Vivaldi (Unter diesem Namen werden die Sekte in Italien vertrieben.) Seitdem kommen aus Mölten einige der schönsten Schaumweine Italiens, alle nach der klassischen (Champagner-)Methode hergestellt, mit eigenen, in Mölten kultivierten Hefestämmen zweitvergoren: mineralisch-fruchtig, leicht säurebetont, mit sehr niedriger Zuckerdosage (Brut) oder staubtrocken, selbstverständlich handgerüttelt.

Hochklassige Prestige-Sekte
Seine Grundweine bezieht Reiterer von Südtiroler Genossenschaften und privaten Kellereien: Weißburgunder aus Terlan und Schreckbichl, Pinot Nero aus Mazon und Eppan, Chardonnay aus Salurn. Aus diesen drei Sorten wird die Cuvée seines Brut und Extra Brut (24 Monate Flaschenlagerung) zusammengestellt. Im Laufe der Jahre hat Reiterer daneben ein Sortiment exzellenter Prestige-Sekte entwickelt: zum Beispiel den hochfeinen und dennoch kräftigen Blanc de Blancs (100 % Chardonnay, 36 Monate Flaschenlagerung) oder die überragende Riserva Millisimé (60 % Chardonnay, 40 % Pinot Nero, 56 Monate Flaschenlagerung), ein Schaumwein, der seine wahren Qualitäten erst nach zehn Jahren zeigt, wenn er goldgelb, cremig, abgeklärt und dennoch hefefrisch ist.

Rebfläche: keine
Zukauf: 100 %
Produktion: 70 000 Flaschen
Vernatsch-Anteil: 0 %

Sekt- und Weinkellerei *Braunbach*

Pater Romediusweg 5, 39018 Siebeneich
Tel. 0471/910184, Fax 0471/678186
E-Mail: info@braunbach.it
Internet: www.braunbach.it

Der junge Hannes Kleon hat den Sprung von der lokalen zur internationalen Bühne gewagt – und ist weich gelandet.

Die Spitzenweine
Die Weine der »Calldiv«-Linie: Sauvignon, Cuvée Weiß (Chardonnay, Sauvignon, Gewürztraminer), Lagrein, Merlot, Cuvée Cabernet-Lagrein, Cuvée Cabernet-Lagrein Riserva. Dazu der Schaumwein Von Braunbach Brut

Die Basisweine
Chardonnay, St. Magdalener classico

Bewertung
Für eine junge, kleine Privatkellerei ohne eigene Reben stimmt die Entwicklung hoffnungsvoll. Vor allem die Roten vom einfachen St. Magdalener classico bis zur Spitzencuvée sind qualitativ gute, teilweise hochstehende Weine. Auch der Brut überzeugt mit seiner saftigen Frucht und dem feinen Hefearoma. Die Weißweine dagegen sind brave, eher einfache Gewächse, die nicht das Niveau der Rotweine erreichen.

Der Betrieb
Hannes Kleon, der noch junge Chef dieser kleinen Kellerei vor den Toren Terlans, hat die Leidenschaft für den Wein von seinem Vater geerbt, der jahrzehntelang Kellermeister einer Genossenschaft war. Dieser hatte 1991, ohne einen einzigen Rebstock zu besitzen, im Keller des Hofes »Braun am Bach« in Bozen mit der Produktion von Schaumwein begonnen – nach der klassischen Methode: also Flaschengärung. Den Grundwein kaufte er zu. Das fertige Produkt kam nach drei Jahren Hefelager als »Von Braunbach Brut« auf den Markt und verkaufte sich gut in Südtirol. Ab 1994 kamen auch Stillweine hinzu: ein Chardonnay, ein St. Magdalener classico und ein Cabernet-Lagrein-Verschnitt. Aus der reinen Sektkellerei war eine Sekt- und Weinkellerei geworden.

Endlich eigener Keller

Es folgten weitere Weine. 2003 gelang es Kleon schließlich, einen langfristigen Mietvertrag mit dem Kloster in Siebeneich zu schließen und die gesamte Weinproduktion dorthin zu verlagern. Nach Sanierung und Umbau beherbergt das Kloster jetzt auf drei Stockwerke verteilt einen modernen Keller und eine Vinothek. Die Vinothek verfügt sogar über einige Tische unter freiem Himmel, wo in der warmen Jahreszeit unter der Krone von Schatten spendenden Walnussbäumen auch kleine Buschenschank-Schmankerl gereicht werden.

Die Spitzenweine

Kleons Topwein ist die Cabernet-Lagrein Riserva, von der leider nur 800 Flaschen produziert werden, und das auch nur selten. Sie reift 18 Monate in kleinen Eichenfässern und ist ein sehr komplexer Wein, der, weil nur in sehr guten und großen Jahren erzeugt wird, mit süßer, an reife Brombeeren, Cassis und Sauerkirsche erinnernder Frucht ohne grüne Paprikatöne überzeugt. Der Merlot, der jüngste Wein im Sortiment (seit 2002), kommt aus Siebeneich, dessen sandige Südhänge gemeinhin als die besten Merlot-Lagen in Südtirol gelten. Auch dieser Wein ist engmaschig gewoben, aber eher auf der fruchtigen, trinkfreundlichen Seite angesiedelt.

Die einfachen Weine

Der Brot- und Butterwein Hannes Kleons ist die normale, in jedem Jahr hergestellte Cabernet-Lagrein-Cuvée. Sie verfügt nicht über die Kraft und Eleganz der Riserva, besitzt aber dafür mehr Frische und die für junge Weine so typischen leichten Bitternoten. Vor allem werden von diesem Wein rund 20 000 Flaschen abgefüllt – damit ist er der meistproduzierte Wein des Gutes. Der einfache Lagrein und der St. Magdalener classico sind eher »Mittelgewichte«. Sie glänzen mit einem hervorragenden Preis-Leistungs-Verhältnis. Auch der Brut, der aus 70 % Chardonnay und 30 % Blauburgunder besteht und 36 Monate auf der Hefe liegt, ist vergleichsweise preiswert: ein kräftiger, körperreicher Schaumwein mit dezenter Perlage und feinem Hefearoma.

Rebfläche: 10 ha
Zukauf: 100 %
Produktion: 72 000 Flaschen
Vernatsch-Anteil: 12 %

Josef Brigl

Maria-Rast-Weg 3, 39057 St. Michael/Eppan
Tel. 0471/662419, Fax 0471/660644
E-Mail: brigl@brigl.com
Internet: www.brigl.com

Als letzte Privatkellerei ist Josef Brigl jetzt endlich aufgewacht: ein neuer Keller, neue Weine, neue Qualitäten. Die Aufholjagd beginnt.

Die Spitzengewächse
Briglhof-Weine: Riesling »Kreuzbichler«, Blauburgunder, Blauburgunder »Kreuzbichler«, Lagrein »Briglhof«

Die Höfelinie
Elf Rebsortenweine von sieben verschiedenen Höfen, darunter Gewürztraminer »Windegg«, St. Magdalener »Rielerhof«, Kalterersee Auslese »Keil«

Die klassische Linie
18 verschiedene Rebsortenweine, die Roten überwiegend aus der Sorte Vernatsch

Bewertung
Weingüter und Kellerei befinden sich in einer Transformationsphase. Viele Weinberge wurden neu bepflanzt, neue Weinstilistiken entwickelt, neues Personal eingestellt. Nach Jahrzehnten des Stillstands kommt Bewegung in diese Kellerei mit ihrem großartigen Rebenbesitz. Der Muff, der über nahezu allen Weinen lag, verschwindet langsam.

Der Betrieb
Die Kellerei Josef Brigl verfügt über einen eindrucksvollen Weinbergbesitz in Südtirol. Er umfasst sechs Höfe in besten Südtiroler Lagen. Sie wurden in den letzten 40 Jahren Schritt für Schritt erworben. Allerdings blieben die Weine qualitativ weit unter den Möglichkeiten. Da war zuerst die viel zu große Vernatsch-Abhängigkeit, die dazu geführt hatte, dass am Markt vorbei produziert wurde. Andere Sorten wurden dagegen vernachlässigt. Aber auch der altmodische Stil der Kalterersee und St.-Magdalener-Weine wurde immer weniger vom Markt akzeptiert. Der Seniorchef Ignaz Brigl, übrigens ein wandelndes Lexikon des Südtiroler Weines, besaß ein großes

Beharrungsvermögen und ließ auch seinem Sohn Josef wenig Entwicklungsmöglichkeiten. Erst mit dem Umzug nach St. Michael/Eppan im Jahre 2002 und den Bezug des neuen Kellers sowie durch den Eintritt des neuen Geschäftsführers Siegfried Prader ein Jahr später hat sich das Blatt grundlegend gewendet.

Neuer Keller

Unter Prader wurde das Sortiment gestrafft, der Vernatsch-Anteil weiter reduziert und der Fassweinverkauf eingestellt. Die Preise liegen wieder über den der Genossenschaften, nachdem sie bis zu 30 % darunter lagen. Die Bewirtschaftung vieler Höfe wurde in die Hände junger Weinbauern gelegt, für die Ertragsreduzierung und standortgerechte Sortenwahl keine Fremdworte sind. Vielleicht gab auch der neue Keller den Anstoß für den Aufbruch. Architektonisch behutsam-modern, ist er innen großzügig und zeitgemäß gestaltet. Alte Holzfässer stehen friedlich neben neuen Barriques. Die Rotweinmaische wird mit Schwerkraft bewegt. Der Trocknungstunnel für nasse Trauben ist der erste seiner Art in Südtirol.

Frischer und sauberer

Am stärksten schlägt sich der Wandel an den einfachen Rebsortenweinen nieder. Sie sind frischer und sauberer geworden. Das gilt zum Beispiel für die klassischen St. Magdalener, insbesondere die vom »Rieler-« und »Ihlerhof«, sowie für die Kalterersee Auslese »Keil«. Aber auch die Weißweine profitieren von der neuen Qualitätsphilosophie. Der Weißburgunder, früher eher ein Stiefkind der Kellerei, überrascht mit zartfruchtigem Bouquet und glatter Länge, zum Beispiel der Weißburgunder »Haselhof«. Gleiches gilt für den Gewürztraminer »Windegg«. Bei den Rotweinen wechseln Licht und Schatten. Während Cabernet und Merlot immer noch behäbig sind und der »Kreuzbichler« Blauburgunder kaum einfachsten Ansprüchen standhält, weiß der Lagrein »Briglhof« durchaus zu überzeugen. Allgemein gilt, dass der größte Nachholbedarf derzeit bei den gehobenen Qualitäten und der Meisterlinie besteht.

Rebfläche: 50 ha
Zukauf: 55 %
Produktion: 1,5 Mio. Flaschen
Vernatsch-Anteil: 45 %

Gummerhof

Weggensteinstr. 36, 39100 Bozen
Tel. und Fax 0471/972885
E-Mail: info@malojer.it
Internet: www.malojer.it

Der Gummerhof liegt zwar mitten in Bozen, doch ist immer noch ein Geheimtipp. Die Familie Malojer erzeugt Weine, die von den Spitzen Südtirols qualitativ nicht weit entfernt, preislich aber äußerst bescheiden geblieben sind.

Linie Riserva
Merlot, Cabernet, Lagrein, Cuvée »Bauzanum«, (50 % Cabernet Sauvignon, 50 % Lagrein)

Linie Classic
Chardonnay »Justina«, Sauvignon »Gur zu Sand«, Ruländer »Gur zu Sand«, Weißburgunder, Gewürztraminer »Kui«, Veltliner, Blauburgunder »Gstrein«, St. Magdalener classico, Lagrein »Gummerhof zu Gries«

Linie Tradition
Blatterle, Müller-Thurgau, Eisacktaler Sylvaner, Lagrein Kretzer »Rahmhütt«, St. Magdalener classico »Loamer«, Merlot »Loamer«, Lagrein »Rahmhütt«

Bewertung
Ein etwas unterschätzter Betrieb, der sehr gute Gewächse im Sortiment hat, vor allem die rote Cuvée »Bauzanum« und die Lagrein Riserva aus Gries. Aber auch die Sortenweine sind tadellos und sauber gearbeitet. In der neu eröffneten Vinothek in Bozen-Dorf können alle Weine zu einem kleinen Imbiss probiert werden – im Sommer auf der schattigen Terrasse.

Der Betrieb
Lange hat sich Alfred Malojer, der Seniorchef, auf die traditionelle Kundschaft beschränkt, die vor allem an billigem Vernatsch interessiert war. Zu wenig Aufmerksamkeit hat er den neuen Kunden mit ihren steigenden Ansprüchen und der gehobenen Gastronomie geschenkt, die nach besseren Qualitäten verlangt. Inzwischen ist dieser Mangel behoben, nicht zuletzt aufgrund des tüchtigen Sohnes Urban, der für die Kellerarbeit

zuständig ist, und der Ehefrau Elisabeth, die den Verkauf organisiert. Aber der hohe Vernatsch-Anteil drückt. Die Malojer mögen einfach ihre alten Traubenlieferanten nicht abweisen, obwohl ein großer Teil des Vernatsch-Weins in der Liter-flasche und der St. Magdalener teilweise im Fass verkauft wird. Die Situation ist paradox. Denn der Gummerhof verfügt zwar nicht über viel, aber hochwertigen Rebenbesitz in St. Magda-lena, St. Justina, Bozen-Gries und Frangart.

Gute Qualität für den Preis
Die eigentliche Überraschung sind die Weine der Linie Tradition, die gar nicht traditionell, son-dern modern vinifiziert, reintönig und auffallend preiswürdig sind. Die Weißen werden nur noch im Stahltank, die Roten im großen Holzfass und zu einem kleinen Teil im Barrique ausgebaut. Ähnlich die Weine der Linie Classic. Heraus-ragend hier der St. Magdalener classico und der Lagrein, der von 1,5 Hektar auf Pergel gezo-genen Reben um das familieneigene Weingut in Gries stammt. Weniger überzeugend ist der Blau-burgunder, der bei Unterplatten am Ritten wächst. Er wird auch nicht jedes Jahr produziert.

Künftig mehr Riserve
Der Star unter den Spitzenweinen ist die opu-lente, dicht gewobene Cuvée »Bauzanum«, eine Selektion bester, am Loamerhof bei St. Magda-lena gewachsenen Cabernet-Sauvignon- und eigenen Lagrein-Trauben aus dem Bozner Tal-kessel. Sie wurde nach dem lateinischen Namen für die Stadt Bozen benannt und reift 18 Monate in Barriques. Die Lagrein Riserva – selbst-verständlich auch aus Gries – besticht durch ihre ausdrucksvolle, an Brombeeren, Kirsche und Nougat erinnernden Aromen. Merlot Ri-serva und Cabernet Riserva kommen vom Hang des Ritten und strotzen vor Kraft und Konzen-tration.

Rebfläche: 6 ha
Zukauf: 60 %
Produktion: bis 100 000 Flaschen
Vernatsch-Anteil: 57 %

Franz Haas

Villnerstr. 6, 39040 Montan
Tel. 0471/812280, Fax 0471/820283
E-Mail: info@franz-haas.it
Internet: www.franz-haas.com

In ganz Südtirol gibt es keinen, der höhere Qualitätsansprüche stellt als Franziskus Haas. Weine, die ihn zufrieden stellen, gelingen ihm nicht immer – aber immer öfter.

Die Spitzenweine
Manna (50 % Riesling, je 20 % Chardonnay und Gewürztraminer, 10 % Sauvignon), Pinot Nero »Schweizer«, Istante, Moscato Rosa

Die Basisweine
Pinot Bianco, Pinot Grigio, Traminer Aromatico, Müller-Thurgau, Merlot, Pinot Nero, Lagrein

Spezialität
Moscato Rosa: ein blassroter Wein mit zartwürzigem, verspieltem Rosen-Bouquet, gewonnen aus gesunden Trauben der Sorte Rosenmuskateller, von der bis heute niemand wirklich weiß, woher sie kommt und zu welcher Rebsortenfamilie sie gehört. Wegen seiner nur leichten Restsüße ist der Wein auch als Dessertwein geeignet.

Bewertung
Langweilig sind Franz Haas' Weine nie. Aber wirklich überzeugend waren sie in der Vergangenheit auch nicht immer. In den letzten Jahren scheint sich nun das Blatt zu wenden: großartig viele Spitzenweine (mit schwarz-goldenem »Schweizer«-Etikett), aber auch manch so genannter Normalwein liegen auf Spitzenniveau.

Der Betrieb
Er liegt oberhalb von Neumarkt direkt an der Staatsstraße nach Cavalese. Die Probierstube befindet sich gleich nebenan. Ein Familienbetrieb, der seit 1880 existiert und sich seit jeher aus eigenen Weinbergen und aus zugekauften Trauben versorgt. Unter Franziskus Haas ist der Anteil der eigenen Weinberge jedoch stark gestiegen. Außerdem arbeitet er mit weniger Sorten als früher, hat ein kleineres Weinsortiment, konzentriert sich auf langlebige Spitzenweine.

Der Traubenzukauf beschränkt sich auf die Weinberge seiner Nachbarn. Alles, was nicht in dieses Schema passt, wird als Einfachabfüllung unter Sonderetikett ins Ausland verkauft.

Weintüftler
Haas ist ein introvertierter, skrupulöser Winzer, der sich nicht mit halben Sachen oder mit Kleinstmengen hochwertiger Weine zufrieden gibt. Er will aus jedem Quadratmeter Weinberg das Beste herausholen. Mag sein, dass er zu viel analysiert, zu sehr in die Breite forscht, sich gelegentlich auch verzettelt hat. Aber seine Ansprüche hat er nicht nivelliert. Das jahrelange Experimentieren mit verschiedenen Klonen von Cabernet Sauvignon und Blauburgunder in verschiedenen Höhenlagen, mit verschiedenen Pflanzdichten (bis 12 500 Stöcke pro Hektar) und mit verschiedenen Erziehungssystemen hat am Ende Früchte getragen. Jedenfalls sind Haas seit 1995 Weine gelungen, wie es sie in dieser Perfektion noch nie vorher gegeben hat: besonders bei seiner Weißwein-Cuvée Manna (die auf Riesling basiert und mit einem Schuss spätgelesenem Gewürztraminer abgerundet wird) und dem Pinot Nero.

Neue Rotwein-Cuvée
Letzterer ist alles andere als ein himbeerrotes Weinchen. Er besitzt Farbe (bläulich rot), Feuer, Frucht und Fantasie – laut Haas die vier wichtigsten Eigenschaften eines guten Blauburgunders. Der Wein wächst in Pinzon, wo sich seine Weinberge bis auf 700 Meter Höhe ziehen. 1997 hat Haas erstmals eine Rotwein-Cuvée namens Istante (»Moment«) herausgebracht. Sie besteht aus 40 % Cabernet Sauvignon und 20 % Cabernet franc, Merlot und Petit Verdot. Die restlichen 40 % hält Haas geheim. Wenn diese Cuvée das Modell für einen großen Südtiroler Rotwein ist, dann können sich die Weintrinker die Hände reiben: ein für Südtirol untypischer, aber aufregender Wein – dunkel, dicht, vielschichtig, langlebig. Und noch etwas: Beim Rosenmuskateller lässt sich Franziskus Haas von niemandem überbieten.

Rebfläche: 50 ha
Zukauf: 40 %
Produktion: 210 000 Flaschen
Vernatsch-Anteil: 0 %

Haderburg

Buchholz 30, 39040 Salurn
Tel. 0471/889097, Fax 0471/883892
E-Mail: info@haderburg.de
Internet: www.haderburg.it

Haderburg stand ursprünglich für Schaumweine. Doch irgendwann hat Alois Ochsenreiter erkannt, dass sich aus seinen Trauben auch gute Stillweine erzeugen lassen.

Die Spitzenweine
Sauvignon »Hausmannhof«, Blauburgunder »Hausmannhof«, Merlot-Cabernet Sauvignon »Erah«, Gewürztraminer »Blaspichl«, Eisacktaler Sylvaner »Obermairlhof«, Eisacktaler Gewürztraminer »Obermairlhof«, Cuvée »Obermairlhof« (Sylvaner, Müller-Thurgau, Ruländer, Gewürztraminer)

Die Basisweine
Weiß (Chardonnay, Sauvignon, Gewürztraminer), Rot (Merlot, Cabernet, Sauvignon, Blauburgunder)

Die Schaumweine
Hausmannhof Brut (90 % Blauburgunder, 10 % Chardonnay), Pas Dosé Millesimato (90 % Chardonnay, 10 % Blauburgunder)

Spezialität
»Hausmannhof« Riserva: ein gereifter Jahrgangs-Schaumwein aus 95 % Chardonnay, der fast zehn Jahre auf der Hefe gelegen hat und dennoch viel Frucht und Frische ausstrahlt

Bewertung
Die Jahrgangs-Schaumweine gehören zum Besten, was Italien auf diesem Sektor hervorbringt. Unter den Stillweinen beeindruckt der Blauburgunder, dessen Riserva zu den Top Ten Italiens aus dieser Sorte zählt.

Der Betrieb
Haderburg ist die Sektmarke. Das Weingut, in dem der Sekt und die Stillweine erzeugt werden, heißt Hausmannhof und liegt auf 400 Meter Höhe zwischen Salurn und Buchholz mit weitem Blick über das Etschtal. Er wurde von 1985 von Alois

Ochsenreiter, einem ebenso gutmütigen wie temperamentvollen Südtiroler Urgestein, erworben. Er entstammt einer alten Wein- und Apfelbauernfamilie. Als der Vernatsch nur noch verramscht wurde, hatte er die Zeichen der Zeit richtig erkannt und 1977 mit der Produktion hochwertiger, flaschenvergorener Schaumweine begonnen. Trotz der Erfolge mit Schaumwein reizte es ihn, auch Stillweine zu produzieren. Die 5,5 Hektar Reben, die den Hausmannhof umgeben, sind eine ideale Lage für Weißweine (Sauvignon, Chardonnay) und den Blauburgunder. Sie wurden (und werden) unter der Bezeichnung »Hausmannhof« abgefüllt, während die Schaumweine nach wie vor unter der Marke »Haderburg« vermarktet werden (obwohl sie teilweise auch aus Hausmannhof-Trauben erzeugt werden).

Sauvignon und Blauburgunder
Die Weine des Hausmannhofs wachsen auf tonund lehmhaltigen Verwitterungsböden. Schon die Basisweine sind blitzsauber und etwas kräftiger als die Weine aus dem Überetsch. Der Selection-Sauvignon ist ein üppiger, exotisch-voller Wein, der im (gebrauchten) kleinen Holzfass vergoren wird. Die Blauburgunder Riserva, die nur in guten Jahren erzeugt wird, gehört zu den beeindruckendsten Südtirols: wuchtig und körperreich, mit unzähligen Fruchtnuancen, stets körperreich und mit nicht zu geringem Alkoholgehalt. Sie reift je ein Jahr in neuen Barriques und gebrauchten Tonneaux (500 Liter).

Biologische Bewirtschaftung
Im Laufe der Jahre hat Ochsenreiter seinen Weinbergsbesitz vergrößert und damit sein Sortiment erweitert. Aus Rungg bei Tramin kommt der vollmundige Gewürztraminer »Blasbichl«, aus Kurtatsch ein bemerkenswerter Merlot-Cabernet namens »Erah«. Vor einigen Jahren hat Ochsenreiter dann den Obermairlhof oberhalb von Klausen erworben, wo er einige der typischen Eisacktaler Weißweine produziert. Dort und auf seinen anderen Höfen stellt Ochsenreiter den Weinbau behutsam auf naturnahe, biologische Bewirtschaftung um.

Rebfläche: 10,5 ha
Zukauf: 10 % (nur für Schaumweine)
Produktion Stillwein: 50 000 Flaschen
Produktion Schaumwein: 30 000 Flaschen
Vernatsch-Anteil: 0 %

Hofkellerei

Josef-v.-Zallinger-Str. 10, 39040 Tramin
Tel. 0471/860215, Fax 0471/860869
E-Mail: hofkellerei@rolmail.it

*In der kleinen Kellerei von Willi und Gerlinde
Walch gärt es seit langem. Aber nur mit braven,
nicht aber besonderen Qualitäten haben die
beiden auf sich aufmerksam machen können.*

Die Spitzenweine
Die Weine der »Janus«-Selektion: Gewürztraminer, Blauburgunder, Merlot, Cabernet, Lagrein

Die Basisweine
Chardonnay, Weißburgunder, Müller-Thurgau,
Gewürztraminer, Grauburgunder, »Rotkehlchen«
(Gewürztraminer Rosé), Blauburgunder Rosé,
Kalterersee, Kalterersee Auslese »Kienasthof«,
Grauvernatsch, St. Magdalener »Schallerhof«,
Merlot, Lagrein »Oberpayrsberg«, Blauburgunder
»Burgunderhof«, Cabernet, Rosenmuskateller

Spezialität
»Rotkehlchen«, ein Rosé aus Gewürztraminer.
Drei bis vier Tage auf der Maische vergoren,
ergibt er einen trockenen, fruchtigen (lachsfarbi-
gen) Roséwein mit dezentem Tannin

Bewertung
Die Basisweine sind von eher einfachem Zuschnitt. Die Weißweine sollten getrunken werden, solange sie frisch sind. Auch Merlot und
Cabernet reifen schnell. Die »Janus«-Weine müssen qualitativ noch erheblich zulegen, um ihren
Status als Selektionswein zu rechtfertigen.

Der Betrieb
Die Hofkellerei gehört zu den kleinsten Privatkellereien Südtirols. Sie liegt direkt im Dorf Tramin:
ein alter Weinhof mit barockem Giebel, der von
grünen Weinreben umrankt wird. Es ist das Ge-
burtshaus von Willi Walch, der den Betrieb 1977
mit seiner Frau Gerlinde gegründet und Hofkellerei genannt hat. Walch ist ein Quereinsteiger im
Weingeschäft. Er hatte die Handelsschule besucht,
bevor er sich den Weinbergen seiner Familie wid-
mete. Mehrere Jahre hat er dann bei der großen

Traminer Kellerei Wilhelm Walch gearbeitet, mit deren Inhaberfamilie er verwandt ist.

Rotweine ja, Barriques nein

Ziel der Familie Walch ist, Rebsortenweine mit viel Südtiroler Charakter zu produzieren. Der größte Teil des Weins wird deshalb im Edelstahltank vergoren. Aber auch Holzfässer werden eingesetzt, jedoch nur große und mittelgroße Fuder, und die speziell für die Selektionsweine. Barriques aus neuem Holz passen nicht in das Konzept der Familie, auch für die Rotweine nicht. Sie bleiben aus dem Keller verbannt.

Einfache Basisweine

Das Sortiment ist breit. Es umfasst einen großen Teil der Südtiroler Traditionsweine, wobei die Vernatsch-Weine und Gewürztraminer einen erheblichen Anteil ausmachen. Der Vernatsch-Anteil wurde in den letzten Jahren allerdings stark reduziert. Die Weißweine sind sauber und frisch, aber recht dünn und lassen eine Rebsortentypizität nicht immer deutlich erkennen. Die Rotweine liegen noch auf sehr einfachem Niveau. Dem Lagrein »Oberpayrsberg« aus Bozen-Dorf fehlen die Dichte und das weiche Tannin. Cabernet und Merlot (Trauben überwiegend aus Tramin) sind rustikal und besitzen zu wenig Tiefe.

Selektionsweine

Die »Janus«-Weine mit dem schrägen Etikett werden nur in besseren Jahren abgefüllt, dabei Gewürztraminer und Merlot relativ regelmäßig, der Blauburgunder bislang nur im Jahre 1995 und 1999. Künftig wird auch der Lagrein die Ehre eines Janus-Etiketts erfahren. Trotz deutlich besserer Qualität sind die Selektionsweine noch nicht auf dem Niveau vergleichbarer Weine der Genossenschaften oder anderer Privatkellereien. Allerdings sind die Walchs dabei, die Qualitätsschraube kräftig anzudrehen, wobei Tochter Ingun, die in St. Michele all'Adige und in Geisenheim Weinbau studiert hat, in Zukunft eine stärkere Rolle als in der Vergangenheit spielen soll.

Rebfläche: 16 ha
Zukauf: 80 %
Produktion: 60 000 Flaschen
Vernatsch-Anteil: 30 %

J. Hofstätter

Rathausplatz 5, 39040 Tramin
Tel. 0471/860161, Fax 0471/860789
E-Mail: hofstatter@hofstatter.com
Internet: www.hofstatter.com

Hofstätter wird in Südtirol meist mit Blauburgunder identifiziert. Tatsächlich kommen aus den Weinbergen dieses Gutes auch große Gewürztraminer und ein gutes Dutzend hervorragender Rebsortenweine.

Die Spitzenweine
Barthenau Vigna S. Michele (Pinot Bianco, 25 % Chardonnay, 5 % Riesling und Sauvignon), Joseph (Gewürztraminer), Kolbenhof (Gewürztraminer), Barthenau »Vigna S. Urbano« (Pinot Nero), »Steinrafflerhof« (Lagrein), Yngram (70 % Cabernet Sauvignon, 25 % Petit Verdot, 5 % Syrah), Crozzol (Blauburgunder)

Die Standardlinie
Pinot Bianco, Pinot Grigio, Chardonnay, Müller-Thurgau, Riesling, Gewürztraminer, De Vite (Pinot Bianco, Müller-Thurgau, Sauvignon), Kolbenhofer (Vernatsch und Lagrein), Lagrein Rosé, Lagrein, Cabernet Sauvignon, Merlot, Meczan, Pinot Riserva

Spezialität
Joseph: ein hochfeiner, spät gelesener Gewürztraminer, der seit 1998 in geringen Mengen geerntet und im kleinen Holzfass vergoren wird

Bewertung
Die Konzentration auf zwei Linien hat Resultate gezeitigt: ein imponierendes Niveau bei den klassischen Rebsortenweinen, das derzeit kaum einer in Südtirol überbietet, und Spitzenweine, die nicht nur so heißen, sondern es (fast immer) auch sind.

Der Betrieb
Der sichtbare Teil des Betriebes liegt in strategisch günstiger Lage am Marktplatz von Tramin: die Kellerei mit dem hölzernen Neubau und dem Degustationsraum. Der wichtigere sind jedoch die fünf Weinhöfe: Barthenau und die beiden Yngramhöfe in Mazon, der Steinrafflerhof in

Kaltern und der Kolbenhof in Tramin. Jeder der Höfe steht für bestimmte Weine. In den letzten Jahren sind noch der Crozzolhof und der Oberkerschbaumhof in Buchholz dazugekommen, wo Bioweine erzeugt werden. Verantwortlich für den Weinbau ist der junge Martin Foradori (Jahrgang 1970), der sein versäumtes Weinbaustudium mit Leidenschaft und Ehrgeiz mehr als kompensiert und deshalb von seinem Vater Paolo schon früh freie Hand bei der Führung des Betriebes bekommen hat. Zusammen mit seinem Cousin Franz Oberhofer hat er schon in den 90er-Jahren für ein starkes Qualitätswachstum des etwas verschlafenen Betriebes gesorgt.

Konzentration auf wenige Sorten
Weißburgunder, Gewürztraminer, Lagrein und Blauburgunder – das sind für Foradori und seine Familie die Kernsorten, denen die Zukunft in Südtirol gehört, zumindest die des eigenen Betriebes. »Wir wollen die Kraft im Wein und den Charakter«, lautet sein Credo. Andere Sorten werden zwar angebaut, doch das Augenmerk gilt den Kernsorten. Außerdem hat Foradori schon früh auf naturnahen Weinbau umgestellt. Auf seinen beiden Höfen Crozzol und Oberkerschbaum werden die Reben seit Jahren bereits ohne Herbizide und Pestizide, teilweise sogar nach biodynamischen Methoden gepflegt.

Gewürztraminer
Mit dem Kolbenhof oberhalb von Tramin besitzt Hofstätter eine der besten und größten zusammenhängenden Gewürztraminer-Lagen Südtirols. Schon der einfache, nur im Stahltank auf der Hefe ausgebaute und fast trockene Gewürztraminer fasziniert mit großer Aromenkomplexität. Herausragend dann der mit acht bis zehn Gramm Restzucker ausgestattete Kolbenhofer mit seinem betörenden Duft von Lychees, Mango und Passionsfrucht sowie seiner großen Alterungsfähigkeit. Der Umgang mit dem Weißburgunder gestaltete sich schwieriger. Um mehr als einen fruchtigen, duftigen Wein zu bekommen (wie den Weißburgunder der klassischen Linie), verschneidet Foradori ihn mit Chardonnay und anderen Sorten und baut ihn im großen Holzfass aus: ein gehaltvoller, aber auch ein wenig konstruierter Wein, der so entsteht (Vigna S. Michele).

Blauburgunder-Spezialist
Beim Blauburgunder, der hier Pinot Nero heißt, ist Hofstätter nicht nur Spezialist, sondern auch Pionier, was Südtirol angeht. Schon Mitte des 19. Jahrhunderts pflanzte ein Vorfahr diese Sorte auf dem Barthenauhof im hoch gelegenen Mazon. Zwei Weine dieser Sorte werden heute auf Barthenau gepflanzt: die herrliche fruchtige, gleichzeitig aber samtige Pinot

Riserva von 30-jährigen Reben sowie der Pinot Nero »Vigna S. Urbano« von 60-jährigen Reben, die noch auf Pergel wachsen. Letzterer wird oft als bester Pinot Nero Italiens bezeichnet: ein eleganter und gleichzeitig kraftvoller Burgunder, der Tiefe und Langlebigkeit besitzt. Seit 1987 wird er als Lagenwein abgefüllt. Er reift ein Jahr in Barriques, ein Jahr im großen Eichenfass und ein Jahr auf der Flasche – wird also erst drei Jahre nach der Lese freigegeben. Der einfachste Blauburgunder ist der Meczan Pinot Nero, der ebenfalls aus den Barthenau-Weinbergen kommt. Neu ist der Pinot Nero vom Crozzolhof. In fast 700 Meter Höhe wächst dort ein äußerst finessereicher, aber substanzreicher Wein, der zwei Jahre im Holzfass reift.

Die anderen Spitzenweine
Nicht ganz so überzeugend sind Hofstätters andere Spitzenrotweine. Der Lagrein vom Steinrafflerhof am Kalterer See kommt nicht an die großen Weine aus dem Bozner Talkessel heran. Und die Cabernet-Sauvignon-Cuvée Yngram bietet wirklich nur große Qualitäten in sehr warmen Jahren. Auf 350 Meter Höhe erreicht die Sorte nicht immer die notwendige, volle Reife. Umso mehr überzeugen Hofstätters Basisweine. Nur wenige andere Kellereien liefern Rebsortenweine in derart guter Qualität wie dieses alte Weingut aus Tramin. Besonders hervorzuheben sind der Pinot Bianco, der einfache Lagrein sowie der oben erwähnte Pinot Nero.

Rebfläche: 50 ha
Zukauf: 60 %
Produktion: 750 000 Flaschen
Vernatsch-Anteil: 10 %

Alois Lageder –
Tòr Löwengang

Grafengasse 9, 39040 Margreid
Tel. 0471/809500, Fax 0471/809550
E-Mail: info@lageder.com
Internet: www.lageder.com

Wenn es in Südtirol einen Menschen gibt, der über klaren Verstand, Mut, Intuition, Durchsetzungswillen und einen exzellenten Kellermeister verfügt, so heißt er Alois Lageder.

Die Weingüter
Chardonnay »Löwengang«, Cabernet »Löwengang«, Cabernet Sauvignon »Còr Römigberg«, Merlot MM, Pinot Nero »Krafuss«

Die Weinhöfe
Pinot Bianco »Haberlehof«, Pinot Grigio »Benefizium Porer«, Sauvignon »Lehenhof«, Lagrein »Lindenburg«, Gewürztraminer »Am Sand«, Moscato Rosa »Margreid«

Die klassische Linie
Knapp 20 Weine aus den traditionellen Südtiroler Rebsorten, darunter auch einige Höfebzw. Lagenweine wie Chardonnay »Buchholz«, Kalterersee »Römigberg«, St. Magdalener »Oberingram«, Moscato Giallo »Vogelmeier«

Bewertung
Bei den Spitzenweinen ragen der Chardonnay »Löwengang« und der Cabernet Sauvignon »Còr Römigberg« heraus. Bei den Weinhofweinen sind es vor allem die Weißweine, die in Qualität und Stilistik überzeugen. Die klassischen Weine liegen teils deutlich, teils weniger deutlich über dem Südtiroler Durchschnittsniveau.

Der Betrieb
Nachdem die Kellerei über 100 Jahre lang in Bozen ansässig war, ist Alois Lageder 1996 nach Margreid übergesiedelt. Der neue Keller, den er dort errichtet hat, ist in önologischer Hinsicht einer der modernsten der Welt. Er erstreckt sich über vier Ebenen. Lesegut bzw. Maische »fallen« auf die jeweils nächsttiefere Arbeitsebene, sodass von der Traubenannahme über Abbeermaschine, Gärtank und Kelter kein einziger Pumpvorgang nötig ist. Eine schonendere Behandlung hoch-

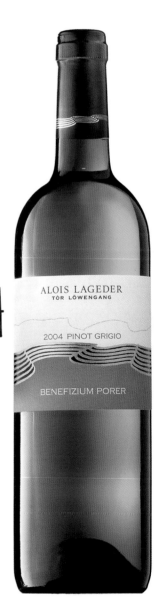

reifen Lesegutes und empfindlicher Moste ist nicht denkbar. Auch in öko-logischer Hinsicht sind der Keller und der dazugehörige Verwaltungsteil beispielhaft: ein Niedrigenergie-Gebäude, in dem von der optimalen Aus-nutzung des Tageslichts über Wärmepumpen bis hin zur Verwendung von ökologischen Baumaterialien an nahezu alles gedacht ist, was Mensch und Umwelt schont – ein wichtiges Anliegen für Firmenchef Alois Lageder.

Pionierleistung

Beim Wein genießt die Kellerei schon seit den 1970er-Jahren eine Sonder-stellung. Zu einem Zeitpunkt, als der Südtiroler Weinbau in tiefer Agonie lag, hat Alois Lageder bahnbrechende Entscheidungen getroffen, die für ganz Südtirol zukunftsweisend waren. Er war 1974 der Erste, der die Literflasche abgeschafft hat. Er hat erkannt, dass die Pergel zumindest für hochwertige Rotweine ein ungeeignetes Erziehungssystem ist, und hat neue Reben am Draht ranken lassen und im Dichtstand gesetzt. Er hat sich frühzeitig dem Vernatsch ab- und den anderen Südtiroler Rebsorten zu-gewandt. Er hat die Traubenerträge konsequent gesenkt, als andere ihr Heil in der Massenproduktion suchten. Heute ist Alois Lageder unter den privaten Kellereien der mit Abstand größte Produzent von Wein in der 0,75-l-Flasche.

Die Spitzenweine

Das Fundament seiner Qualitätspyramide bilden die klassischen Süd-tiroler Rebsortenweine, die aus zugekauften Trauben gekeltert werden. Gleiches gilt für die Weinhofweine. Insgesamt verfügt Lageder so über ein Lesegut von knapp 150 Hektar. Der Chardonnay »Löwengang« ist bis heute eine Ikone in Südtirol. Die disziplinierte Fülle, seine Finesse und seine Langlebigkeit sind unübertroffen. Der »Còr Römigberg«, von einer spektakulären Steillage oberhalb des Kalterer Sees stammend (mit 3 % Petit Verdot), ist einer der besten Cabernet Sauvignon Italiens – wenn er voll ausreifen kann (was leider nicht immer der Fall ist). Der Cabernet »Löwengang« (mit je 15 % Merlot und Cabernet franc) ist mit seinen kräuterwürzigen Noten ein typisches Südtiroler Gewächs. Der 1995 erst-mals abgefüllte Merlot (mit dem Jahrgang in lateinischen Jahresziffern) ist ein ausgesprochen würziger Tropfen mit süßer, reifer Frucht und trotz sei-ner Fülle unkompliziert zu trinken. Elegant und fassettenreich der aus Hocheppan stammende Pinot Nero »Krafuss«, wenn auch ohne den letz-ten, bezwingenden Charme.

Die Weinhofweine

Auch die Weinhofweine bieten durchweg sehr gute Qualitäten – Indiz dafür, wie gut Alois Lageder seine Qualitätsansprüche mit den Weinhof-besitzern zusammen realisiert hat. Das gilt besonders für den »Lehenhof«-Sauvignon, den »Haberlehof«-Weißburgunder und den Pinot Grigio »Benefizium Porer«. Letztere zwei werden im großen Holzfass ausgebaut. Der Lagrein »Lindenburg« und die Kalterersee Auslese »Römigberg« sind die einzigen der Höfeweine, die aus eigenem Lesegut erzeugt werden. Der »Lindenburg«, ein saftiger, sortentypischer Wein, ist jedoch von den Spitzen-Lagrein anderer Erzeuger weit entfernt. Gut gelungen der Gewürztraminer »Am Sand«, der wuchtig ist und sich doch leicht trin-ken lässt.

Die Basisweine

Die klassischen Weine bilden die Basis der Qualitätspyramide. Sie machen 80 % der Produktion Alois Lageders aus. Die Trauben für sie kommen jeweils aus mehreren sorgfältig ausgewählten Bereichen Südtirols und spiegeln die Rebsorte, nicht aber ein bestimmtes Terroir wider. Lageder bezahlt seine Weinbauern nicht nur nach Qualität, sondern auch danach, wie weit sie integrierten Pflanzenschutz und naturnahe Rebpflege praktizieren. Alle Weine sind sauber und ohne Fehl und Tadel. Glanzlichter setzen dieser Kollektion der Chardonnay »Buchholz« und die Cabernet Riserva auf. Die Breite des Sortiments bringt es aber mit sich, dass auch unspektakuläre Qualitäten darunter sind.

Härterer Wettbewerb

Lageders Weine können ohne Zweifel eine Spitzenstellung in Südtirol beanspruchen – aber keine qualitative Alleinstellung. Die Spitzenstellung ist auch das Verdienst von Luis von Dellemann, Lageders Schwager und Önologe. Ohne sein Gespür für die Qualität und die Fähigkeit, Lageders Ideen umzusetzen, hätte sich der Aufstieg nicht so schnell vollzogen. Vor allem die Genossenschaften haben von der Pionierarbeit profitiert, die Lageder und von Dellemann geleistet haben. Heute, da die Konkurrenz um gute Trauben heftiger und der Kampf um die besten Lagen härter wird, nimmt der Wettbewerb zu, und die Erwartungen der Konsumenten sind hoch angesichts der nicht eben niedrigen Preise.

Rebfläche: 31 ha
Zukauf: 85 %
Produktion: 1 Mio. Flaschen
Vernatsch-Anteil: 15 %

Weinkellerei H. Lun

Villnerstr. 22–24, 39044 Neumarkt
Tel. 0471/813256, Fax 0471/823756
E-Mail: contact@lun.it
Internet: www.lun.it

Nach über 150 Jahren fast monopolartiger Stellung ist die älteste Privatkellerei Südtirols in den Besitz der Genossen übergegangen. Die proben einen Neuanfang mit dem berühmten Namen.

Die Spitzenweine
»Albertuslinie« mit Sauvignon Blanc, Gewürztraminer, Blauburgunder, Lagrein, Cabernet Sauvignon

Die Selectionsweine
Sandbichler »Weiß« (Weißburgunder-Chardonnay und Riesling), Sandbichler »Rot« (Blauburgunder)

Die klassische Linie
Weißburgunder, Müller Thurgau, Sauvignon, Chardonnay, Pinot Grigio, Riesling, Gewürztraminer, Goldmuskateller, Lagrein Kretzer, Südtiroler Vernatsch, Kalterersee Auslese, Grauvernatsch, St. Magdalener, St. Magdalener »Föhrenhof«, Blauburgunder, Lagrein, Cabernet, Rosenmuskateller

Bewertung
Das Sortiment dieser Kellerei ist so umfangreich wie das einer mittelgroßen Genossenschaft. Die Weine der Spitzenlinie »Albertus« liegen auf gehobenem, nicht aber hohem Niveau für Südtiroler Verhältnisse. Die »Sandbichler«-Weine wirken bemüht, befriedigen kaum gehobene Ansprüche. Luns Stärke sind die unkomplizierten Rebsortenweine der klassischen Linie.

Der Betrieb
Die Kellerei wurde 1840 von Alois Lun als Handelskellerei mit nur drei Hektar Eigenbesitz gegründet. Jahrzehntelang wurden Trauben, mehr noch: Fasswein, gekauft, ausgebaut und unter eigenem Namen abgefüllt. Mit dem Anziehen der Qualitätsschraube Anfang der 80er-Jahre wanderten viele Lieferanten zu den Genossenschaften. Lun kamen gute Trauben abhanden. Nach jahrzehntelanger, fast monopolartiger Stellung änder-

te sich die Situation innerhalb von wenigen Jahren dramatisch. 1998 wurde der Name »Lun« von der Kellerei Girlan gekauft, der Sitz von Bozen in den Plattenhof nach Neumarkt verlegt, wo sich jetzt Lager, Verwaltung und die Degustationsräume befinden. Lun ist seitdem eine private Kellerei im Besitz der Genossenschaft. Seine Traubenlieferanten sind Mitglieder der Genossenschaft.

Genossen liefern die Trauben

Insgesamt verfügt Lun über Trauben von rund 30 Hektar Rebfläche. Sie kommen fast ausschließlich aus dem Unterland, ein guter Teil aus dem hoch gelegenen Montan und Mazon. Dort wächst zum Beispiel der Blauburgunder. Leider erreicht er nicht ganz die Qualität der großen Pinot-Nero-Gewächse dieser Zone, ist durch den Barriqueausbau zu röstig und hat nicht die schöne Burgunderfrucht, die man von einem solchen Wein erwartet. Die Schwemmlandböden um den Plattenhof in Neumarkt sind hervorragend für Lagrein geeignet. Dieser Wein überzeugt durch seine große Farbintensität und die feinen Noten von Brombeeren, Kirschen und Schokolade. Vinifiziert werden alle Trauben übrigens im Keller der Genossen in Girlan.

Nicht alles Spitze

Die Spitzenweine werden unter der Bezeichnung »Albertus« auf den Markt gebracht (nach einem früheren Kellermeister Luns). Er wird ausschließlich im Edelstahl ausgebaut und zeigt Noten von Paprika, Holunder, Feigen und Zitrusfrüchten. Die Gewürztraminer-Trauben wachsen in Neumarkt, ein kleiner Teil wird als Spätlese geerntet und in Barriques vergoren bzw. ausgebaut. Neben feinen Röstaromen zeigt der Wein die charakteristischen Rosen-, Nelken- und Lycheenoten. Ebenfalls aus Neumarkt kommt der Cabernet Sauvignon. Nach zwölfmonatigem Ausbau in kleinen Eichfässern und anschließender Lagerung in großen Holzfässern weist er Noten von Cassis und Tabak auf. Für einen Wein der Toplinie ist er eher ein Leichtgewicht.

Rebfläche: keine
Zukauf: 100 %
Produktion: 250 000 Flaschen
Vernatsch-Anteil: 20 %

K. Martini & Sohn

Lammweg 28, 39050 Girlan
Tel. 0471/663156, Fax 0471/660668
E-Mail: info@martini-sohn.it
Internet: www.martini-sohn.it

Gabriel Martini aus Girlan ist Kellermeister, kein Weinbauer. Aber aus den Trauben, die ihm Weinbauern liefern, erzeugt er regelmäßig feine, substanzreiche Weißweine und einen grandiosen Lagrein.

Die Spitzenweine
Chardonnay »Maturum«, Lagrein »Maturum«

Die »Palladium«-Selektion
Chardonnay, Sauvignon, Vernatsch, Coldirus (Cabernet, Lagrein)

Die klassischen Weine
Weißburgunder »Lamm«, Chardonnay, Pinot Grigio, Riesling, Eisacktaler Müller-Thurgau, Gewürztraminer, Lagrein Rosé, Kalterersee »Felton«, Kalterersee Auslese »Justina«, Vernatsch »Kellermeistertrunk«, Grauvernatsch, klassischer St. Magdalener, Blauburgunder, Lagrein »Rueslhof«, Cabernet, Merlot, Goldmuskateller, Rosenmuskateller

Spezialität
Der blassrote Rosenmuskateller, der nicht in jedem Jahr produziert wird und durch sein überaus duftiges Bouquet und die konzentrierte Länge am Gaumen zu den besten in Südtirol gehört.

Der Betrieb
Er liegt am Ortsrand von Girlan, inmitten wogender Rebenmeere, und wurde erst 1996 neu bezogen, nachdem Gabriel Martini der drangvollen Enge verschiedener provisorischer Unterbringungen müde war und sich entschlossen hatte, einen eigenen Keller zu bauen.
Die Privatkellerei hat keine lange Geschichte. Sie wurde 1979 von seinem Vater Karl und ihm gegründet. Er selbst war bis dahin Kellermeister bei der Klosterkellerei Lana und der Genossenschaftskellerei Gries. Mit dem langsamen Erwachen der Südtiroler Weinwirtschaft sah er schließlich die große Chance gekommen, sich selbstständig zu machen.

Solide und preiswert

Gabriel Martini, Jahrgang 1950, hat sich auf die Produktion typischer Südtiroler Rebsortenweine in solider Qualität verlegt, die er zu einem mäßigen Preis anbietet. Die Weine der klassischen Linie sind allesamt sehr gradlinig und sauber vinifiziert. Auch beim Vernatsch stimmt die Qualität: Der einfache Kalterersee zeigt viel Schmelz, der Kalterersee »Felton« ist im Gegensatz dazu trocken und herb. In seiner Preisklasse sensationell gut ist der Lagrein »Rueslhof« – spannender jedenfalls als die Rotwein-Cuvée Coldirus aus der »Palladium«-Linie (mit 60 % Cabernet aus Eppaner Lagen und 40 % Lagrein aus Moritzing), in der der Lagrein allzu sehr »entschärft« wird. In dieser Linie bestechen vor allem der vor Kraft berstende Sauvignon mit viel reifen, tropischen Früchten im Bouquet sowie der zitrusfruchtige Chardonnay (mit geringem Barriqueanteil).

Topweine

Die »Maturum«-Weine kommen von Reben, die nur auf eine Traube pro Trieb angeschnitten wurden. Herausragend der Lagrein, eine Selektion bester Trauben aus Moritzing: ein spannender, tanninbetonter Wein mit reifer Frucht und niedrigem Alkohol, der zwölf Monate in Barriques gereift ist – kraftvoll, extraktreich mit konzentriertem Schwarzkirscharoma und süßem, vanilligem Tannin. Er wird in Barriques ausgebaut und hat nur einen einzigen Nachteil: Es werden lediglich 3000 Flaschen davon abgefüllt. Nur leicht röstig und bei aller Fülle auch fruchtig und frisch ist der »Maturum«-Chardonnay, für den Sohn Lukas zuständig ist. Die entgegengesetzte Stilistik zeigt der wuchtige Weißburgunder »Lamm«. Er ist nur im Edelstahltank gereift, hat dort aber sechs Monate auf der Hefe gelegen. »Wir haben den Weißburgunder in Südtirol zu sehr vernachlässigt«, sagt Martini. »Jetzt müssen wir ihn wieder aufpäppeln.« Mit ihm beweist Martini, dass er auch bessere Qualitäten zu erzeugen imstande ist.

Rebfläche: 3 ha
Zukauf: 90 %
Produktion: 300 000 Flaschen
Vernatsch-Anteil: 35 %

Sektkellerei
Lorenz Martini

Pranzollweg 2/D, 39050 Girlan
Tel. 0471/664136
E-Mail: lorenz.martini@rolmail.net

Vater, Bruder, Frau und beide Töchter legen mit Hand an, wenn es gilt, 10 000 Flaschen des familieneigenen Sekts zu »rütteln«. Schließlich gilt Lorenz Martini als einer der kleinsten, aber feinsten Schaumweinhersteller Südtirols.

Der Schaumwein
Comitissa Brut Riserva

Bewertung
Ein abgeklärter, lange lagerfähiger Schaumwein, dessen hefefrische Weißburgunder-Frucht ihn unschwer als typisches Südtiroler Gewächs erkennen lässt

Der Betrieb
Im Hauptberuf ist Lorenz Martini Kellermeister bei der Girlaner Privatkellerei Josef Niedermayr. Doch am Feierabend setzt er sich nicht zur Ruhe. Da steigt er in den Keller seines Privathauses in der Girlaner Pfarrgasse, über dessen Portal in großen, alten Lettern die Worte »Sektkellerei Lorenz Martini« prangen. Drunten in den engen Gewölben liegen rund 30 000 Flaschen edlen Schaumweins aus vier Jahren, die mit einem beherzten, routinierten Griff in den Rüttelpulten gedreht werden müssen.

Flaschengärmethode
Das »Rütteln« ist den Martinis inzwischen in Fleisch und Blut übergegangen. Seit Jahrzehnten schon produziert die Familie nämlich Schaumweine nach der klassischen Methode der Flaschengärung. Ursprünglich waren es nicht mehr als 300 Flaschen, die der Vater, seinerseits 40 Jahre Kellermeister bei Niedermayr, für den Hausgebrauch abfüllte. Es war ein reiner Weißburgunder-Sekt. Denn der halbe Hektar Weinberg, den die Familie besitzt, ist ausschließlich mit dieser Sorte bestockt. Sohn Lorenz machte aus dem Hobby einen Nebenerwerb. Er begann 1985, nicht ausschließlich die eigenen Trauben zu ver-

wenden, sondern Grundweine von seinem Arbeitgeber dazuzukaufen, um die Feierabendproduktion auf stolze 10 000 Flaschen auszuweiten. Die kann die Familie, nicht zuletzt dank der guten Qualität des Produktes, ohne großen Aufwand selbst vermarkten.

Jahrgangssekt
Heute macht der Weißburgunder nur mehr die Hälfte bei der Assemblage aus. Die andere, zugekaufte Hälfte besteht aus Chardonnay (30 %) und Pinot Nero (20 %). Der größte Teil des Grundweines wird im Edelstahltank, nur ein kleiner Teil Chardonnay im Barrique vergoren. 36 Monate reift der Wein auf der Flasche, bevor er entheft und mit einer kleinen Zuckerdosage von sechs bis sieben Gramm neu verkorkt wird. Das Resultat: ein nerviger, dezent fruchtiger Schaumwein, den das lange Hefelager frisch gehalten hat. Er kommt immer als Jahrgangssekt und als Riserva auf den Markt.

Rebfläche: 0,5 ha
Zukauf: 50 %
Produktion: 10 000 Flaschen
Vernatsch-Anteil: 0 %

Weinberghügel in der Nähe der Sektkellerei Lorenz Martini

Thomas Mayr & Söhne

Mendelstr. 56, 39100 Bozen
Tel. und Fax 0471/281030
E-Mail: info@thomasmayr.com
Internet: www.thomasmayr.com

*Der Wein eint und entzweit die Familie Mayr.
So kommt es, dass in ihrem Keller neben einem
braven St. Magdalener auch ein Tropfen liegt, der
auf den sonderbaren Namen »Vernissage« hört.*

Die Spitzenweine
Lagrein »Selektion«, Vernissage (je 50 % Lagrein
und Merlot)

Die anderen Weine
Chardonnay, Pinot Grigio, Weißburgunder, Vernatsch, St. Magdalener »Rumplerhof«, Lagrein,
Goldmuskateller, Rosenmuskateller

Spezialität
Lagrein »Selektion«: von alten Reben mit geringen Erträgen, zu 100 % in neuen Barriques ausgebaut

Bewertung
Gespalten ist die Weinproduktion im Hause
Thomas Mayr: in schlichte, aber Geld bringende
Vernatsch- und Goldmuskateller-Weine sowie
in hochstehende, nur in geringen Mengen produzierte Spitzenrotweine. In den Weißweinen lag
bislang nicht der Ehrgeiz dieser kleinen Privatkellerei.

Der Betrieb
Die Privatkellerei Thomas Mayr ist ein typischer
Südtiroler Weinhof, unter dessen Dach Großeltern, Eltern, Onkel, Tante und Söhne leben.
Er liegt mitten im Bozner Stadtteil Gries. Die
Mayrs besitzen nur 1,5 Hektar eigene Reben. Die
meisten Trauben müssen folglich zugekauft werden, vor allem Vernatsch und Goldmuskateller,
von denen der weitaus größte Teil in die Literflasche abgefüllt wird. Über diese »Brot«-Weine
hält Vater Alois Mayr schützend seine Hand.
Dass die kleine Privatkellerei sich auch über
die lokale Kundschaft und Törggelentouristen
hinaus einen Ruf erworben hat, verdankt sie
Sohn Thomas. Der blonde Hüne hat einen Nerv

nur für die besseren Qualitäten und kitzelt Feinheiten aus den Weinen heraus, die den anderen Mayrschen Gewächsen leider abgehen.

Rotwein-Ehrgeiz
Der Ehrgeiz des Sohnes richtet sich auf die Rotweine, speziell den Lagrein. Für die »Selektion« bekommt er von einigen Weinbauern des Grieser Schwemmlandes bestes Lesegut von 45 Jahre alten, nur noch wenig tragenden Rebstöcken, sodass aus dem »rustikalen Bauernwein«, wie er ihn nennt, unter seinen Händen ein richtiges Hochgewächs wird. »Grünkeil« soll dieser in Zukunft heißen. Leider kann Mayr nur ein paar Tausend Flaschen von ihm füllen. Aber auch der halb so teure Standard-Lagrein, der im traditionellen großen Holzfass ausgebaut wird, ist von überdurchschnittlicher Qualität. Und weil die Sorte Lagrein zur gleichen Zeit wie die Sorte Merlot reift, hat Mayr junior den Vernissage erfunden, eine Cuvée aus jeweils 50 % der beiden Sorten, als Tafelwein ohne Jahrgangsangabe etikettiert. »Mal etwas anderes«, sagt er ganz nonchalant. Der Vater vernimmt es mit Skepsis. Doch da die Weine von der Kritik mit viel Lob bedacht wurden, lässt er dem Filius freie Hand.

Rebfläche: 1,5 ha
Zukauf: 95 %
Produktion: 75 000 Flaschen
Vernatsch-Anteil: 35 %

Grieserplatz 21, 39100 Bozen
Tel. 0471/282287, Fax 0471/273448
E-Mail: info@muri-gries.com
Internet: www.muri-gries.com

Der Lagrein des Klosters Muri-Gries gibt zu allerlei Lobpreis Anlass. Die Fratres und ihr Kellermeister stehen folglich auf dem Standpunkt, lieber demütig Wein als hochmütig Wasser zu trinken.

Die Spitzenweine
Weine mit der Etikettenaufschrift »Abtei Muri«: Südtirol Weiß (Weißburgunder 70 %, Ruländer 30 %), Lagrein Riserva, Blauburgunder Riserva, Rosenmuskateller

Die anderen Weine
Ein Dutzend Weine mit der Etikettenaufschrift »Muri-Gries«: Terlaner Weißburgunder, Silvaner, Chardonnay, Pinot Grigio, Müller-Thurgau, Gewürztraminer, Kalterersee Auslese, Grauvernatsch, St. Magdalener, Lagrein Kretzer, Lagrein, Blauburgunder

Spezialität
Rosenmuskateller: ein vollsüßer Wein mit herrlichem Rosenbouquet, teils am Stock, teils im gut belüfteten Heustadl des Klosters hängend getrocknet, später in Barriques vergoren

Bewertung
In den 90er-Jahren haben die Weine an Qualität deutlich zugelegt. Die Lagrein Riserva gehört in ihrer Kategorie zur absoluten Spitze in Südtirol. Auch der Standard-Lagrein liegt deutlich über dem Durchschnitt. Hinter dem Südtirol Weiß verbirgt sich eine kräftige, körperreiche Cuvée auf der Basis von Weißburgunder und Pinot Grigio. Überhaupt gelingen Muri-Gries Weißburgunder und Pinot Grigio besonders gut.

Der Betrieb
Das Kloster Muri-Gries liegt im Bozner Stadtteil Gries: ein imponierendes Anwesen mit mächtigem Glockenturm, romanischem Kreuzgang und uralten Kellergewölben. Im 12. Jahrhundert von Augustinern erbaut, die schon früh Reb-

stöcke pflanzten, wurde es 1845 den Benediktinern aus dem schweizerischen Muri übergeben. Muri beherbergt ein Studentenwohnheim, besitzt eine Gärtnerei, nennt mehrere Immobilien und Weinberge sein Eigen. Beim Wein überlassen die 20 frommen Männer, die dort leben, die Arbeit einem Laien: dem Kellermeister Christian Werth, dessen Vater bereits 25 Jahre die Klosterweine gehütet hatte.

Weltlicher Kellermeister
Für Werth – rotwangig, wohl genährt und blaubeschürzt – ist auch heute noch klar: »Der Bezug des Weines zum Kloster muss erhalten bleiben.« Doch gibt er zu: »Wir sind moderner geworden.« Muri-Gries verfügt über einige der besten Lagrein-Lagen Südtirols. Sie liegen innerhalb der Klostermauern: drei Hektar, umbraust vom Straßenverkehr, unantastbar für die Baulöwen der Stadt. Aber auch die anderen 14 Hektar Lagrein sind von erster Güte. Einen Teil der Reben hat Werth auf Drahtrahmen gezogen – mit deutlich besseren Ergebnissen als auf der Pergel.

Hauptaugenmerk Lagrein
In der Standardversion ist der Lagrein von Muri-Gries ein delikater, kirschfruchtiger, keineswegs hochtrabender Wein, der bescheiden im großen Holzfass reift. Beinahe erhaben ist dagegen die Riserva. Von Reben stammend, die bereits 1933 bzw. 1937 gepflanzt wurden, ist sie tiefdunkel in der Farbe, konzentriert im Geschmack, weich und süß im Tannin. Muri-Gries profitiert davon, dass im Klosteranger um die Abtei viele kleinbeerige Feldselektionen des Lagrein wachsen. Der Wein wird nach langer Maischegärung 18 Monate lang in Barriques ausgebaut. Die edle Cuvée Weiß kommt aus der Lage Schulthaus oberhalb von Eppan. Sie reift zu 20 % in neuen Barriques, zu 80 % im großen Holzfass auf der Hefe. Die weißen Basisweine vergären und reifen im Edelstahl, die roten teilweise im großen Holzfass.

Rebfläche: 30 ha
Zukauf: 30 %
Produktion: 350 000 Flaschen
Vernatsch-Anteil: 15 %

Kloster Neustift

Stiftstr. 1, 39040 Vahrn
Tel. 0472/836189, Fax 0472/837305
E-Mail: weine@kloster-neustift.it
Internet: www.kloster-neustift.it

Alles Gute kommt von oben, sagen die Neustifter Chorherren und wollen den Satz auch auf den Wein bezogen wissen. Das Eisacktal ist nämlich Südtirols höchstgelegenes Anbaugebiet.

Die Spitzenweine
Die Weine der Praepositus-Linie: Sylvaner, Sauvignon, Gewürztraminer, Kerner, Weiß (50% Sylvaner, 30% Chardonnay, 20% Ruländer), Blauburgunder Riserva, Lagrein Riserva, Rosenmuskateller

Die anderen Weine
Müller-Thurgau, Sylvaner, Kerner, Veltliner, Gewürztraminer, Pinot Grigio, Sauvignon, Edelvernatsch, St. Magdalener, Kalterersee Auslese, Blauburgunder, Lagrein

Spezialität
Kerner Passito: ein hochfeiner, aus teilgetrockneten Kerner-Trauben gewonnener Süßwein, der durch seine hohe Säure eine Sonderstellung unter den Südtiroler Passito-Weinen einnimmt.

Bewertung
Die Weißweine aus dem Eisacktal sind sehr mineralisch und setzen klar auf glasklare Frucht und rassige Säure. Komplexität und Langlebigkeit sind eher die Stärke der Rotweine. Sie kommen freilich aus Bozen und dem Überetsch.

Der Betrieb
Das Augustinerkloster Neustift (italienisch: Abbazia di Novacella) wurde 1142 gegründet und im Laufe der Jahrhunderte zu einem der wichtigsten geistigen und geistlichen Zentren Europas ausgebaut. Noch heute zeugen romanische, gotische und bayerisch-barocke Bautraditionen von seinem frühen Glanz. Die lichtdurchflutete Basilika, die Stiftsbibliothek und der gotische Kreuzgang ziehen täglich hunderte von Besuchern an. Das Stift liegt in einer geschützten Tallage bei Vahrn, nördlich von Brixen, direkt am Eisack. 30 Chorherren

leben im Stift, sich vor allem der Pfarrseelsorge und der Musikpflege widmend. Das Stift selbst beherbergt ein Internat und eine Erwachsenenbildungsstätte. Außerdem gehören über 1000 Hektar Wald, Wiesen, Almen, Obstkulturen und Reben zu seinem Besitz, wobei der Wein mit Abstand den größten Beitrag zu den Unterhaltungskosten des Klosters leistet.

Größte Eisacktaler Privatkellerei

Das Kloster Neustift kauft und vinifiziert knapp die Hälfte aller Trauben des Eisacktals.  Seine Macht als Privatkellerei war (und ist) so groß, dass sich die Traubenlieferanten 1964 zu einer »Weinproduzentengenossenschaft« zusammenschlossen, um Einfluss auf die Abnahmemengen und -preise zu nehmen. Aus der anfänglichen Gegnerschaft ist inzwischen eine Kooperation geworden, die es dem Stift zum Beispiel ermöglicht, seinerseits Einfluss auf die Sortenwahl und die Anbaumethoden ihrer Traubenlieferanten zu nehmen. Die Verantwortung für den Wein liegt seit 1987 beim Stiftsverwalter Urban von Klebelsberg, der in Florenz Landwirtschaft und Önologie studiert hat und selbst aus einer Bozner Weinbauernfamilie stammt.

Großer Qualitätssprung

Jahrelang strahlte der Glanz des Klosters auf die Weine ab, obwohl deren Qualitäten in Wirklichkeit nur von schlicht bis mittelmäßig reichten. Abnahmeverpflichtungen gegenüber den Traubenlieferanten und schlechte Bezahlung für das Lesegut verhinderten bessere Qualitäten. Erst in den 90er-Jahren, als konsequent Mengenreduzierung praktiziert und die Qualitätskontrolle intensiviert wurde, wurden die Neustifter Weine besser. Mit dem Bau eines neuen Kellers im Jahre 1998 besitzt das Kloster alle Möglichkeiten, die bessere Traubenqualität in Weinqualität umzusetzen. Nachdem der tüchtige und talentierte Kellermeister Celestino Lucin, der aus der Südtiroler »Kaderschmiede« der Kellerei Schreckbichl stammt, die Verantwortung für den Keller übernommen hat, haben die Weine qualitativ einen gewaltigen Schritt nach vorn getan. Die Chorherren wird es sicher freuen: 100 Liter stehen jedem von ihnen jährlich als Deputat zu.

Eisacktaler Weine

Um das Kloster selbst besitzt Neustift nur drei Hektar Weinberge. Der größte Teil der Trauben wird von kleinen Weinbauern gekauft. Der stoffige, dezent-fruchtige Sylvaner ist der wichtigste und – neben Müller-Thurgau – der charaktervollste Wein. Der Gewürztraminer kann sehr fein sein, unterliegt aber großen Jahrgangsschwankungen. Der Müller-Thur-

gau, der im Eisacktal immer auf über 700 Meter Höhe wächst, ergibt einen feinwürzigen, eher leichten Wein, der mit den deutschen Weinen aus dieser Sorte nicht vergleichbar ist. Gleiches gilt für den frostharten Kerner, der im Eisacktal überraschend gute Qualitäten hervorbringen kann. Der Praepositus Weiß ist Neustifts Spitzencuvée. Er wird teils in Barriques (Chardonnay), teils in großen Holzfässern vergoren und ausgebaut.

Girlaner und Bozner Weine
Der größte Teil der klostereigenen Reben befindet sich nicht im Eisacktal, sondern in Girlan. Dort gehört nämlich der prächtige Marklhof zu den klösterlichen Latifundien, eine der besten Weinlagen im Überetsch. Während der Marklhof selbst verpachtet ist (er beherbergt eine seiner Lage und ist seiner guten Küche wegen ein bekanntes Speiserestaurant), werden die 16 Hektar Weinberge, die um den Hof liegen, vom Kloster bewirtschaftet. Von dort kommen, neben Rosenmuskateller und (künftig) Gewürztraminer, ein sehr gut gelungener Sauvignon und ein feiner, zartfruchtiger Blauburgunder, der zu Recht zur Spitzenlinie Präpositus gehört. Damit nicht genug. Die Chorherren besitzen im Bozner Stadtteil Quirein um das Klösterchen Mariaheim weiteres Rebland. Dort werden ein fruchtiger Lagrein und eine wuchtige, langlebige Riserva gekeltert. Alle Weine können übrigens in einem Lädchen neben dem Kloster verkostet werden (wie auch eigene Kräutertees, die ebenfalls vom Stift angeboten werden).

Rebfläche: 18 ha
Zukauf: 70 %
Gesamtproduktion: 4000 hl
davon 0,75-l-Flaschen: 500 000
Vernatsch-Anteil: 8 %

Josef Niedermayr

Jesuheimstr. 15, 39050 Girlan
Tel. 0471/662451, Fax 0471/662538
E-Mail: info@niedermayr.it
Internet: www.niedermayr.it

Für Josef Niedermayr ist Lagrein eine Herzens-angelegenheit. Er hat schon 1966 volle, lang-lebige Rotweine aus dieser Sorte erzeugt, als andere sich gerade trauten, hellroten Kretzer aus ihr zu keltern.

Die Spitzenweine
»Collection Riserva Cuvée«: Perelle (Pinot Grigo und Chardonnay je zur Hälfte), Cabernet Riserva, Lagrein Riserva, Blauburgunder Riserva, Euforius (Cabernet Sauvignon, Lagrein, Merlot). Dazu drei Weine der Linie »Club Finesse«: Sauvignon »Al-lure«, Aureus, Rosenmuskateller

Die Höfelinie
»Club Gourmet«-Weine: Terlaner »Hof zu Pramol«, Sauvignon »Naun«, Gewürztraminer »Doss«, Vernatsch »Ascherhofer«, Lagrein aus Gries »Blacedelle«, Pinot Nero »Precios«

Die Standardweine
»Club Tradition«: 15 Weine aus den bekanntes-ten Südtiroler Rebsorten

Spezialität
Süßwein-Cuvée Aureus: ein cremiger, goldgelber Tropfen aus getrockneten Trauben der Sorten Sau-vignon (50 %), Chardonnay (40 %) und Weißbur-gunder (10 %), langsam und lange im Barrique vergoren

Bewertung
Eine notorisch unterschätzte Kellerei, die trotz ihres (viel zu) breiten Weinsortiments sehr gute Qualitäten auf allen Ebenen bietet: tadellos die Weißweine, beachtlich die Spitzenrotweine

Der Betrieb
Dass die »Club«-Ordnung mit ihren schillernden Begriffen beim Weinliebhaber mehr Ratlosigkeit hervorruft als Orientierung bietet, darf nicht darüber hinwegtäuschen, dass sich Perlen im Sortiment dieser Kellerei befinden. Josef Nieder-

mayr ist Weingroßhändler von altem Schrot und Korn, der genau weiß, wo der Barthel den Most holt, der aber seine Seele sorgsam bewahrt und nicht dem Kommerz geopfert hat. Hohe Weinqualität liegt ihm am Herzen. Mithilfe seines tüchtigen Kellermeisters Lorenz Martini ist es ihm gelungen, ein beeindruckendes, teilweise hochklassiges Sortiment von Weinen aufzubauen.

Lagrein-Euphorie
Fruchtbetont, sortentypisch und mit markanter Säure präsentieren sich die Weißweine. Eigenwillig, aber äußerst gelungen der barriquevergorene, üppige Sauvignon »Naun« aus vollreifen Trauben mit seiner fast exotischen Cassisnote. Die eigentliche Überraschung aber sind Niedermayrs Lagrein-Weine. Schon der einfache Lagrein beeindruckt mit seiner bitter-erdigen Frucht und der feinen Säure. Die Lagrein Riserva zählt zu den besten Weinen ihrer Kategorie in Südtirol. Die einjährige Passage in neuen Barriques ist kaum spürbar. Die Trauben kommen aus Maretsch, für Kenner die beste Kleinlage in Bozen. Formidabel auch die Cuvée Euforius: Vor zehn Jahren hätte wohl niemand geglaubt, dass solch ein Wein aus Südtirol kommen könne. Auch Cabernet Riserva und Blauburgunder haben ihre Qualitäten, reichen jedoch nicht ganz an Lagrein Riserva und Cuvée Euforius heran. Last but not least die Vernatsch-Weine. Sie zählen immer zu den besten Südtirols.

Zeitgemäßer Auftritt
Im Jahre 2002 hat Josef Niedermayr seine gesamte Kellerei in Girlan abgerissen und neu aufgebaut. Somit verfügt er heute nicht nur über eine zeitgemäße Kellerei mit optimierten Abläufen. Auch an Besucher und Kunden wurde gedacht. In dem modernen Verkaufsraum werden neben den eigenen Produkten auch Weine aus dem restlichen Italien sowie Gourmetprodukte angeboten. Die Empfangs- und Degustationsräume füllen sich auch durch regelmäßige Seminare und Kunstausstellungen.

Rebfläche: 15 ha
Zukauf: 80 %
Produktion: 450 000 Flaschen
Vernatsch-Anteil: 50 %

Hans Rottensteiner

Sarntalerstr. 1/A, 39100 Bozen
Tel. 0471/282015, Fax 0471/407154
E-Mail: rottensteiner.weine@dnet.it
Internet: www.rottensteiner-weine.com

Mit grauem Filzhut, blauer Schürze und bäuerlichen Gesichtszügen wirkt Anton Rottensteiner nicht wie einer, der feine Weine erzeugt. Doch das Äußere täuscht.

Die Spitzenweine
Die Weine der »Select-Linie«: Chardonnay, Blauburgunder Riserva »Mazon«, Cabernet Riserva, Lagrein »Grieser« Riserva

Die Lagen-Linie
Weißburgunder »Carnol«, Gewürztraminer »Cancenai«, Edelvernatsch »Kristplonerhof«, St. Magdalener »Premstalerhof«, Prem (85 % Vernatsch, 15 % Lagrein)

Die klassische Linie
Weißburgunder, Eisacktaler Silvaner, Ruländer, Gewürztraminer, Müller-Thurgau, Chardonnay, Sauvignon, Goldmuskateller, Kalterersee Auslese, St. Magdalener classico, Lagrein Kretzer Rosé, Lagrein Riserva, Blauburgunder, Cabernet Riserva

Spezialität
Gewürztraminer Passito »Cresta«: Fünf Monate lang werden die Trauben für diesen Dessertwein getrocknet, bevor sie auf die Kelter gehen. Daraus entsteht ein goldgelber Tropfen mit faszinierenden Aromen von Honig, getrockeneten Aprikosen und Orangenschalen – ein opulenter, sehr feiner, vollsüßer Dessertwein.

Bewertung
Handwerklich sauber und teilweise sehr ansprechend sind die Weine der klassischen Linie, insbesondere die weit über dem Standardniveau liegende Lagrein Riserva. Bei den Lagenweinen überzeugen der St. Magdalener »Premstalerhof« und der Gewürztraminer »Cancenai«. Die Chardonnay Select Riserva überzeugt eher durch ihren moderaten Preis als durch Spitzenqualität. Die Lagrein Select Riserva ist dagegen ein echter Spitzenwein.

Der Betrieb

Die 1956 von Hans Rottensteiner, dem Vater des jetzigen Besitzers, gegründete Handelskellerei ist heute die größte ihrer Art in Bozen. Äußerlich sieht sie wie ein Bauernhof aus. Doch spätestens beim Betreten des Kellers offenbart sich die wahre Größe des Betriebes: riesige unterirdische Gewölbe, in denen Fasswein lagert. Er macht immer noch einen großen Teil der Produktion aus. Die Sorte Vernatsch dominiert mengenmäßig.

Schwerpunkt Lagrein

Seine besondere Aufmerksamkeit gilt dem Lagrein. Schon die Riserva der klassischen Linie imponiert mit ihrer samtenen Fülle und herzhaften Frucht. Sie reift im großen Holzfass. Die Lagrein »Grieser« Riserva der »Select«-Linie ist dichter. Die Trauben kommen von den Schwemmlandböden des Talfer im Bozner Stadtteil Gries, an dessen Peripherie Rottensteiners Hof liegt. Sie gehört, trotz überdeutlicher Holznote (18-monatiger Ausbau im Barrique) zu den besseren Weinen dieser Traditionssorte – mitunter auch zu den besten.

Andere Weine

Über dem Durchschnitt liegt auch Rottensteiners Cabernet Select Riserva: ein fruchtbetonter Wein mit weichem Tannin, der leider durch einen beträchtlichen Zusatz von Cabernet franc leicht grasig schmeckt. Dieser Wein stammt aus einem eigenen Weinberg in Branzoll. Der Blauburgunder Select aus Mazon ist von ebenso einfachem Zuschnitt wie der Chardonnay. Interessanter ist Rottensteiners neue Cuvée »Prem«, mit der er zeigen will, dass hochwertige Vernatsch-Trauben mit dem Zusatz von 15 % barriquevergorenem Lagrein einen Wein von burgunderhafter Eleganz ergeben. Eine weitere Stärke sind die Vernatsch-Weine. Besonders der St. Magdalener »Premstallerhof« und der Edelvernatsch »Kristplonerhof« (Heimathof von Rottensteiners Frau) belegen, dass Rottensteiner ein Händchen dafür hat, aus dieser Sorte »trinkige« und anspruchsvolle Weine zugleich zu erzeugen. Alle Weine glänzen durch äußerst bescheiden kalkulierte Preise.

Rebfläche: 15 ha
Zukauf: 85 %
Produktion: 400 000 Flaschen
Vernatsch-Anteil: 40 %

Castel Schwanburg

Schwanburgstr. 16, 39010 Nals
Tel. 0471/678622, Fax 0471/678430
E-Mail: info@schwanburg.it
Internet: www.schwanburg.com

Die Schwanburg liegt in einem Weißweingebiet. Doch seit 120 Jahren kommt aus ihren Weinbergen ein samtiger, aromentiefer Cabernet Sauvignon. Eine besondere Lage ergibt auch besondere Weine, sagt der Schlossherr.

Die Spitzenweine
Weißburgunder »Sonnenberg«, Cabernet Sauvignon »Privat«, Merlot-Cabernet Sauvignon »Geierberg«

Die Riserva-Linie
Merlot Riserva, Cabernet Sauvignon Riserva, Lagrein Riserva, Blauburgunder Riserva

Die Schlossweine
Sauvignon »Engl«, Weißburgunder »Pitzon«, Chardonnay »Dreieck«, Riesling »Bacher«, Terlaner, Müller-Thurgau, Gewürztraminer, Pallas (Weißburgunder, Chardonnay, Riesling, Sauvignon), Vernatsch »Schwanburger Schloßwein«, St. Magdalener »Lunhof«, Blauburgunder, Triton (Cabernet, Lagrein, Merlot)

Die Basisweine
Mit der Bezeichnung »Schwanburg« auf dem Etikett: Weißburgunder, Chardonnay, Pinot Grigio, Kalterersee Auslese, Grauvernatsch, St. Magdalener, Lagrein

Spezialität
Castel Schwanburg Rosenmuskateller: ein feinwürziger Rotwein, der aufgrund der niedrigen Traubenerträge ein intensives Rosenblätter-/Muskataroma aufweist und leicht restsüß ausgebaut wird (im Edelstahltank)

Bewertung
Castel Schwanburg ist für seinen Cabernet berühmt. Doch nicht in jedem Jahr gelingen große Weine wie 1990 und 1997. Erheblich verbessert sind die Weißweine, allen voran der bissige Terlaner Sauvignon.

Der Betrieb
Die Schwanburg ist ein alter, reich verzierter Renaissance-Sitz mit Loggien, Marmorsäulen, Fresken und einer alten Sonnenuhr am Ortsrand von Nals. Er gehört schon deshalb zu den schönsten Ansitzen zwischen Bozen und Meran, weil er nicht durchgängig renoviert ist und in vielen baulichen Details noch der Geist der letzten Jahrhunderte lebendig ist. Schlossherr Dieter Rudolph besitzt neben den Wein- auch ausgedehnte Apfel- und Spargelkulturen.

Mittelpunkt Cabernet Sauvignon
Im Mittelpunkt stehen seit 120 Jahren die Rotweine, vor allem der Cabernet Sauvignon. Durch niedrige Erträge und durch den Umstand, dass Nals eine warme Nische ist, in der jedes Jahr leicht 100 Oechsle und mehr erreicht werden, gelingt es Rudolph, warme, dichte, leicht kräuterwürzige Weine zu erzeugen. Seine Rebkulturen oberhalb der Schwanburg sind in so gepflegtem Zustand, dass man sie getrost als einen Garten Eden bezeichnen kann. Cabernet Sauvignon ist die Hauptsorte, dazu Merlot sowie ein paar Rebzeilen Cabernet franc und Petit Verdot. Bei den Weißen dominiert der Weißburgunder.

Barriques und großes Holz
Der Cabernet Sauvignon »Privat« ist, wie Rudolph sagt, »das Beste aus Schwanburg«: ein konzentrierter, mild-fruchtiger Wein mit samtigem, süßem Tannin und großer Aromentiefe (18 Monate in Barriques, ein Drittel neu). Ähnliches gilt für den Merlot-lastigen »Geierhof«.
Auch die Weine der Riserva-Linie (teilweise in Barriques gereift) leben vom Wechselspiel zwischen Frucht, Tannin und neuem Holz. Bemerkenswert ist die Lagrein Riserva (aus Gries und Auer), während der Blauburgunder in sich nicht so stimmig ist wie der St. Magdalener und der Vernatsch-Schlosswein, von dem sich die englische Königin bei einem Bankett einst nachschenken ließ. Die Weißweine haben sich in den letzten Jahren stark verbessert – auch die einfacheren und die Basisweine.

Rebfläche: 27 ha
Zukauf: 30 bis 50 %
Produktion: 450 000 Flaschen
Vernatsch-Anteil: 28 %

Peter Sölva & Söhne

Goldgasse 33, 39052 Kaltern
Tel. und Fax 0471/964650
E-Mail: info@soelva.com
Internet: www.soelva.com

Der junge Stefan Sölva hat die Zeichen der Zeit erkannt und Abschied von den Buschenschank-weinen genommen. Er bemüht sich, hohe und höchste Qualitäten zu erzeugen – und manchmal gelingt es ihm sogar.

Die Spitzenweine
Die Weine der Amistar-Linie: Bianco (Gewürz-traminer, Sauvignon, Chardonnay), Gewürz-traminer, Cabernet franc, Rot (Lagrein, Merlot, Cabernet Sauvignon), Edizione Rossa

Die anderen Weine
»Desilvas«-Linie mit Sauvignon, Terlaner Pinot Blanc, Gewürztraminer, Cuvée Weißburgunder/ Chardonnay, Kalterersee »Peterleiten«, Lagrein Kretzer, Lagrein, Lagrein »Edizione Riserva«, Merlot

Bewertung
Die Amistar-Weine sind Stefan Sölvas besonderer Ehrgeiz. Einige sind geglückt, bei anderen fehlt die sichere Hand. Vor allem die Cuvée-Weine wirken konstruiert und in ihrer Zusammenset-zung etwas willkürlich. Die Desilvas-Weine sind im Vergleich dazu etwas bieder.

Der Betrieb
Ursprünglich wurden die Weine der Familie Sölva für den Buschenschank »Spuntloch« gebraucht, der sich in der Goldgasse in Kaltern befindet. Vater Sölva kochte, die Mutter steuerte ihre haus-gemachten Säfte bei, Sohn Stefan bediente. Dass die Weine nicht glänzen konnten, war der Über-forderung aller zuzuschreiben. Das »Spuntloch«, das sich nach wie vor beim einheimischen und auswärtigen Traditionspublikum, das sich an Speck, Hauswurst mit Kraut und gemeinem Kalterer delektiert, großer Beliebtheit erfreut, ist inzwischen verpachtet. Stefan Sölva, Jahrgang 1971 mit Weinbauausbildung in der Laimburg und im fränkischen Veitshöchheim, kann sich ganz auf seine Weine konzentrieren.

Neue Ziele
Inzwischen stehen die Zeichen auf Wandel. Neue Weinkennerschichten zu erschließen ist nun das Ziel Stefan Sölvas. Er sprüht vor Ehrgeiz und setzt auf permanente Verbesserung der Qualität. Durch den weißen Amistar wurde das (viel zu) breite Sortiment deutlich verschlankt. Aber auch die Weine der »Desilvas«-Linie sind stark verbessert. Interessant der Pinot Blanc, der eine kurze Passage in (gebrauchten) Barriques durchläuft, respektabel die Lagrein Edizione Riserva, die von 50-jährigen Rebstöcken am Kalterer See kommt. Unter den Amistar-Weinen sticht der feine Gewürztraminer heraus, während die Cuvée Weiß außer Üppigkeit wenig zu bieten hat. Der Amistar Rot, in den zu einem kleinen Teil auch Trockenbeeren eingehen, leidet darunter, dass ihm die besten Barriques für eine Super-Abfüllung, nämlich die Edizione Riserva, entzogen werden. Die Trauben der Sölvas kommen übrigens aus Kaltern. Onkel Paul Sölva liefert den größten Teil.

Rebfläche: 3 ha
Zukauf: 40 %
Produktion: 50 000 Flaschen
Vernatsch-Anteil: 35 %

Tiefenbrunner »Schloßkellerei Turmhof«

Schloßweg 4, 39040 Kurtatsch/Entiklar
Tel. 0471/880122, Fax 0471/880433
E-Mail: info@tiefenbrunner.com
Internet: www.tiefenbrunner.com

Mengenmäßig ist Tiefenbrunner einer der Großen unter den Südtiroler Privatkellereien. In dieser Größenordnung gibt es nur ganz wenige Betriebe, die so gute Qualitäten erzielen.

Die Topselektionen
Die »Linticlarus«-Weine: Chardonnay »Linticlarus«, Blauburgunder Riserva »Linticlarus«, Cabernet Sauvignon »Linticlarus«, Cuvée »Linticlarus« (50 % Cabernet, 50 % Merlot), Lagrein Riserva »Linticlarus«, Gewürztraminer »Linticlarus«, Rosenmukateller »Linticlarus«

Die Weingutselektionen
Chardonnay »Castel Turmhof«, Sauvignon »Kirchleiten«, »Cuvée Anna« (50 % Weißburgunder, 50 % Ruländer), Gewürztraminer »Castel Turmhof«, Goldmuskateller »Castel Turmhof«, Grauvernatsch »Castel Turmhof«, Lagrein »Castel Turmhof«

Die klassische Linie
Weißburgunder, Chardonnay, Pinot Grigio, Müller-Thurgau, Gewürztraminer, Kalterersee Auslese, Blauburgunder, Merlot, Cabernet

Spezialität
Tiefenbrunner Brut: ein kräftiger, nach dem klassischen Verfahren der Flaschengärung erzeugter Sekt aus 80 % Chardonnay und 20 % Pinot Nero

Bewertung
Bemerkenswert gut sind die Weißweine, auch und gerade in der klassischen Linie. Insbesondere die Chardonnay-Qualität ist bestechend. Unter den Roten sind einige sehr gelungene Weine, zum Beispiel die Lagrein. Insgesamt wurde das Sortiment gestrafft, um auf jeder Ebene regelmäßig optimale Qualitäten erzielen zu können.

Der Betrieb
Der Turmhof liegt bei Entiklar, zwischen Kurtatsch und Margreid. Wander- und durchreisen-

den Törggelentouristen ist er wegen des Buschenschanks bekannt, den die Familie Tiefenbrunner dort seit vielen Jahren betreibt. Er liegt in einem weitläufigen Park mit Weihern und skurrilen koboldartigen Steinfiguren. Für Kenner ist Tiefenbrunner ein Name, der für exzellente Weinqualität steht, die weit über dem Südtiroler Durchschnittsniveau liegt. Ihren guten Ruf hat sich die Kellerei zunächst mit ihren Weißweinen erworben, insbesondere dem Chardonnay. In den letzten Jahren drängt Tiefenbrunner auch mit seinen Rotweinen mächtig nach oben.

Familienbetrieb

Herbert Tiefenbrunner, Südtirols ältester amtierender Kellermeister (seit fast 60 Jahren), hatte den Hof 1965 von seinem Vater übernommen. Er produzierte überwiegend Fassweine. Heute trägt sein Sohn Christof die Verantwortung für den Wein. Dieser ist, nach einer zweijährigen Ausbildung an der Landwirtschaftsschule Laimburg und einem Praktikum in der Toskana, schon seit 1983 im Weingut tätig und hat die qualitative Neuausrichtung des Betriebes maßgeblich vorangetrieben. Der stille, bei den Traubenlieferanten wegen seiner Unnachgiebigkeit gefürchtete, bei Geschäftspartnern wegen seines Verhandlungsgeschicks berühmte Sohn hat die Fassweinproduktion beendet und die Vernatsch-Lastigkeit des Betriebes von 70 auf 20 % reduziert. Bei der Neuanlage von Weinbergen hat er sich konsequent für den Drahtrahmen und gegen die Pergel entschieden. Schließlich hat er schon früh begonnen, seine besten Weiß- und Rotweine in kleinen Eichenholzfässern auszubauen.

Chardonnay-Spezialist

Die Bezeichnung »Linticlarus«, der lateinische Name für Entiklar (»castrum linticlar«), steht bei Tiefenbrunner für erste Qualität. Das bedeutet: Die Trauben kommen aus den besten Lagen des eigenen Rebbesitzes. Der Chardonnay besticht durch komplexe Fülle und cremig-buttrige Aromen mit frischer Zitrusfrucht. Die Trauben stammen teils aus tiefen Lagen am Fuß des Hügels von Kurtatsch, teils von höheren Lagen. Der Wein wird im kleinen Holzfass vergoren und ein Jahr auf der Feinhefe ausgebaut. Danach braucht er mindestens zwei, drei Jahre, um seine Feinheit zu demonstrieren, gehört dann aber zu den besten Südtiroler Chardonnays. Der »Castel Turmhof«-Chardonnay aus der mittleren Linie kommt ebenfalls aus gutseigenem Lesegut. Allerdings reift er nur zu einem kleinen Teil im Holzfass, zum größeren im Edelstahltank. Der einfache (aber vorzügliche) Chardonnay wird nur im Edelstahl ausgebaut – wie auch der bissige Sauvignon »Kirchleiten« (aus einem 600 Meter hohen Weinberg) und der Goldmuskateller der »Castel Turmhof«-Linie.

Die Rotweine

Mit den Rotweinen hat Tiefenbrunner noch nicht ganz das Niveau seiner Weißweine erreicht, obwohl er keine Mühen scheut (zum Beispiel Rototanks) und über hervorragende Lagen verfügt. Kraftvoll und nobel ist der Cabernet Sauvignon »Linticlarus«, in vielen Jahren sein bester Rotwein. Merlot und Lagrein wurden erstmals 1997 in »Linticlarus«-Qualität produziert und sind viel versprechend. Beider Trauben kommen aus eigenen Weinbergen um Kurtatsch und Entiklar und wachsen auf Drahtrahmen. Interessanter noch ist die Cuvée »Linticlarus«, die ebenfalls aus eigenen

Weinbergen um die Schlosskellerei stammen. Die Blauburgunder Riserva aus Montan besitzt dagegen nicht die Dichte und die Frucht anderer Spitzenweine dieser Sorte. Der Lagrein der »Castel Turmhof«-Linie wächst an der Pergel und ist etwas rauer als die Grieser Weine, gleichwohl von guter Qualität. Ausgezeichnet, wenn auch fruchtiger und weniger tanninbetont, präsentieren sich Cabernet und Merlot aus der klassischen Linie.

Spezialitätenecke
Besondere Aufmerksamkeit verdient Tiefenbrunners Spezialitätenecke. Da ist zum einen der »Feldmarschall von Fenner«, ein Bergwein, der in einer Höhe von über 1000 Metern am Fennerberg wächst und deshalb nicht als D.O.C.-Wein etikettiert werden darf. Benannt wurde er nach dem österreichischen General und Kampfgefährten Andreas Hofers. Dann der Gewürztraminer: ein stoffiger, unmerklich restsüßer Wein, der im Barrique vergoren und im Edelstahltank ausgebaut wird. Von großer Klasse ist schließlich der Rosenmuskateller »Linticlarus«. Bleiben die Vernatsch-Weine, die allerdings keine Spezialitäten, sondern eher gewöhnliche Weine sind: Sie reichen vom biederen Edelvernatsch über den (bemerkenswerten) Grauvernatsch bis zum gehaltvollen St. Magdalener »Waldgrieshof«.

Rebfläche: 20 ha
Zukauf: 70 %
Produktion: 600 000 Flaschen
Vernatsch-Anteil: 25 %

Wilhelm Walch

Andreas Hofer 1, 39040 Tramin
Tel. 0471/860172, Fax 0471/860781
E-Mail: info@walch.it
Internet: www.walch.it

Werner Walch ist der Pragmatiker unter den Weinmachern Südtirols. »Wir wollen keine Superweine erzeugen, sondern guten Standard liefern«, lautet sein Credo.

Die Premiumweine
Weißburgunder, Pinot Grigio »Marat«, Chardonay »Pilat«, Sauvignon »Krain«, Gewürztraminer, Vernatsch »Plattensteig«, St. Magdalener classico, Blauburgunder »Riserva«, Merlot, Lagrein, Cabernet Sauvignon, Cabernet Sauvignon-Merlot »Jaras«

Die klassischen Weine
Weißburgunder, Pinot Grigio, Chardonnay, Müller-Thurgau, Goldmuskateller, Kalterersee, Grauvernatsch, St. Magdalener

Bewertung
Die klassischen Rebsortenweine sind einfache, aber makellos saubere Weine für Konsumenten, die das Leichte, Unkomplizierte lieben. Die Selektionsweine liegen qualitativ leicht darüber. Doch ist der Abstand zu der klassischen Linie nicht bei allen Premium-Produkten augenfällig. Zu den Spitzenerzeugnissen Südtirols bleiben sie deutlich auf Abstand – kosten allerdings auch sehr viel weniger.

Der Betrieb
Die Kellerei Wilhelm Walch liegt im Herzen Tramins in einer prächtigen alten Villa, die früher einmal ein Jesuitenkloster beherbergte. Der Aufstieg der Kellerei begann vor über hundert Jahren (1869), als der Firmengründer Wilhelm Walch den Ansitz erwarb und sich anschickte, große unterirdische Keller anzulegen, um die Trauben der Traminer Weinbauern keltern und zu Wein verarbeiten zu können. Später wurden immer wieder Spitzenlagen um Tramin hinzugekauft. Bis 1970 etwa war Walch für Südtiroler Weinkenner eine erste Adresse, wenn es um den Weineinkauf ging. Allerdings beruhten der Ruhm und Ruf der

Kellerei allein auf dem Vernatsch-Wein, den Walch in Liter-Flaschen vermarktete und in großen Mengen im Fass in die Schweiz und nach Nordtirol verkaufte. Mit der 0,75-Liter-Flasche freundete sich der damalige Firmeninhaber nur schwer an.

Die Abtrennung der Weinberge
Erst die Übernahme der Geschäftsführung durch seinen Sohn Werner Walch in den 80er-Jahren brachte Bewegung in die erstarrten Strukturen. Ende dieses Jahrzehnts wurden die besten eigenen Weinberge der Familie dem neu gegründeten Weingut Elena Walch überschrieben, das von Werners Frau geführt wird (die Weinberge waren zu diesem Zeitpunkt fast ausschließlich mit Vernatsch bestockt). Die Kellerei Wilhelm Walch verlegte sich darauf, nur noch die Trauben seiner rund 80 Weinbauern, mit denen sie Handschlagverträge hatten, zu kaufen und zu vinifizieren. Als der Offenweinmarkt Anfang der 90er-Jahre zusammenbrach, wurde die gesamte Produktion bereits in die 0,75-Liter-Flasche abgefüllt.

Keine Höhenflüge
Werner Walchs Konzept ist es, handwerklich solide und sortentypische Weine zu erzeugen, die Boden, Klima und Rebensortiment Südtirols widerspiegeln. Zu großen Höhenflügen anzusetzen ist nicht sein Ziel. Die Weißweine und ein Teil der Rotweine werden ausschließlich im Edelstahltank ausgebaut, ein kleiner Teil auch in traditionellen großen Holzfässern, von denen es im Walchschen Keller noch sehr viele gibt. Die größten sind an der Kopfseite mit Schnitzereien verziert. Jedem Firmeninhaber ist ein Fass gewidmet. Walchs Premiumweine, die seit 1994 produziert werden, sind keine Lagenweine, sondern Kellerselektionen: eine Cuvée bester Weinpartien. Der Cabernet Sauvignon-Merlot »Jaras« ist der einzige Wein, der im Barrique ausgebaut wird.

Rebfläche: 7,5 ha
Zukauf: 85 %
Produktion: 550 000 Flaschen
Vernatsch-Anteil: 25 %

Clemens Waldthaler

Bachstr. 4, 39040 Auer
Tel. und Fax 0471/810182

Ohne Kämpferherz hätte Clemens Waldthaler es kaum geschafft, eine große Handelskellerei in eine kleine Privatkellerei zu transformieren, die fast ein Weingut ist.

Die Spitzenweine
Die Weine der Linie »Raut«: Bianco-Grigio (Pinot Bianco, Pinot Grigio), Lagrein, Merlot, Cabernet

Die anderen Weine
Weißburgunder, Pinot Grigio, Sauvignon, Vernatsch, Blauburgunder, Lagrein, Merlot, Cabernet, Vernatsch

Bewertung
Ein Betrieb, der selbst hohe Ansprüche an seine Weine stellt, sie mit den Roten auch einhält, bei den Weißen aber von seinem Ziel noch ein Stück entfernt ist.

Der Betrieb
Er liegt mitten im Dorf Auer und gehörte noch bis in die 70er-Jahre hinein zu den renommiertesten Privatkellereien Südtirols. Nach dem Tode von Reinhold Waldthaler im Jahre 1986 wurde er unter dessen fünf Kindern aufgeteilt. Dem damals 26-jährigen Clemens Waldthaler blieben danach gerade noch sieben Hektar Reben, ein altmodischer und viel zu großer Keller sowie eine gewaltige Summe Erbschaftssteuer, die er zu zahlen hatte. Aber der quirlige, tatendurstige Mann ließ sich nicht schrecken. Er legte die Weinberge neu an, zog die Reben auf Drahtrahmen statt auf Pergel und baute einen neuen Keller, dessen Dimensionen auf die geschrumpfte Weinbergfläche zugeschnitten sind (zugekauft wird heute nur noch Vernatsch). Er wollte und will seinen langjährigen Kritikern und Neidern beweisen, dass seine Innovationen über kurz oder lang zum Erfolg führen.

Großes Sortiment
Den klugen Ausspruch »Weniger ist mehr« scheint Waldthaler in den letzten Jahren beherzigt zu ha-

ben. Er hat seine Sortenpalette um einige Weine reduziert. Weine, für die er keine erstklassigen Lagen besitzt, hat er aus dem Sortiment genommen. Vom einfachen Weißburgunder bis hin zum Super-Merlot produziert Waldthaler nun 13 verschiedene Weine. Weißburgunder, Pinot Grigio und Sauvignon, die zum Teil in Edelstahltanks, zum anderen in kleinen Holzfässern (je nach Jahrgang) ausgebaut werden, sind sauber und sortentypisch, aber etwas sehr bieder. Vollauf überzeugend hingegen der Bianco-Grigio aus der »Raut«-Linie mit seiner Fülle und Komplexität, die von speckig-röstigen und zarten Honignoten unterlegt werden.

Starke Rote

Waldthalers Stärke sind die Roten, die, zumal wenn sie zur gehobenen »Raut«-Linie gehören, nach einem halben Jahr im Edelstahltank für ein weiteres Jahr ins kleine Eichenfass kommen. Herausragend ist der »Raut«-Lagrein mit seinem intensiven Duft von Himbeeren und den Massen von Tannin, die am Gaumen weich und süß schmecken. Die Trauben für ihn kommen aus einem sehenswerten Weingarten auf dem Porphyr-Schuttkegel des Hornbergs. Einer der allerbesten seiner Art ist der »Raut«-Merlot, der ungewöhnlich konzentriert ist und viel Schliff mitbringt. Ähnliches gilt für den »Raut«-Cabernet, der etwas würziger und tanninstrenger ausfällt. Alle Weine können übrigens in dem neu errichteten Verkaufslokal direkt am Hof in Auer verkostet und erworben werden.

Rebfläche: 7 ha
Zukauf: 20 %
Produktion: 55 000 Flaschen
Vernatsch-Anteil: 10 %

Eigenbauwinzer

Oskar Andergassen
»Klosterhof«

Klavenz 40, 39052 Kaltern
Tel. 0471/961046, Fax 0471/963406
E-Mail: info@garni-klosterhof.com
Internet: www.klosterhof.com

Oskar Andergassen ist ein ebenso redseliger wie ruheloser Winzer, zumindest seit er sich mit dem Blauburgunder beschäftigt. Diesen Wein, der in Kaltern noch wenig erprobt ist, möchte er zur Perfektion bringen.

Die Weine
Weißburgunder »Trifall«, Goldmuskateller, Gewürztraminer Passito, Kalterer See »Plantaditsch«, Blauburgunder »Panigl«, Blauburgunder Riserva, Merlot

Bewertung
Oskar Andergassen hat ein Händchen für den Wein. Sein Blauburgunder und sein Kalterersee gehören zu den besten Kalterns.

Der Betrieb
Der Klosterhof ist noch ein typischer Mischbetrieb mit Obst- und Weinbau, wobei das Pendel aber eindeutig in Richtung Weinbau ausschlägt. Seine Apfelbäume möchte Oskar Andergassen am liebsten schnell verkaufen, um neue Weinberge anlegen zu können. Wein füllt der lebensfrohe Weinbauer erst seit 1999 ab. Vorher hat er seine Trauben brav bei der Genossenschaft abgeliefert. Allerdings sind die jetzigen Trauben nicht dieselben wie damals. Damals wuchs in seinen Weinbergen fast nur Vernatsch. Heute wächst an deren Stelle Weißburgunder, Goldmuskateller, Gewürztraminer, Merlot und vor allem Blauburgunder. Diese Rebsorte hat es Andergassen besonders angetan.

Der Blauburgunder
Der Blauburgunder ist auch der herausragende Wein des kleinen Weingutes. Er wächst in einer Süd-Ost-Lage namens »Panigl« am südlichen Ortsrand von Kaltern. Dort stehen 35-jährige Reben, die noch an der Pergel ranken. Der einfache Blauburgunder überrascht mit feinen Himbeer- und Kirschnoten, die Riserva mit samtenem Tannin und größerer Dichte. Beide Weine

sind sehr kompakt und weder von der leichten, fruchtsüßen Art noch zum schnellen Genuss geeignet. Sie brauchen ein paar Monate, die Riserva auch ein, zwei Jahre, um sich auf der Flasche zu entwickeln.

Die anderen Weine
Die anderen Weine des Klosterhofs kommen von der Lage »Trifall«, die sich vom Kalterer Ortsteil Planitzing (Richtung Eppan) gegen Kaltern Dorf erstreckt und laut Andergassen über ein ganz eigenes Mikroklima verfügt. Von dort kommen alle Weißweine, der Merlot und ein kleiner Teil des Blauburgunders. Die Weißen sind eher unspektakulär. Der Merlot ist eher ein trinkfreundlicher Wein als ein Schwergewicht. Er wirkt noch etwas mager. Auch ein kleiner Teil des Blauburgunders wächst in dieser Lage. Stoffig und unerwartet kraftvoll präsentiert sich Andergassens Vernatsch »Plantaditsch«. Seine helle Farbe täuscht darüber hinweg, dass es sich bei ihm zwar um einen sehr fruchtigen, aber strukturierten Wein handelt. Er wächst auf einer alten Pergelanlage zwischen Kaltern und dem Kalterer See.

Naturschonender Weinbau
Herbizide und Mineraldünger werden auf dem Klosterhof schon seit vielen Jahren nicht mehr eingesetzt. Natur und Umwelt zu schonen ist Andergassen ein wichtiges Anliegen. Schließlich bietet er neben den Weinen auch Fremdenzimmer auf dem Klosterhof an – in herrlicher Lage und mit allem Komfort. Die Weinbergwanderungen mit anschließender Verkostung und Jause, die er seinen Gästen und anderen Interessierten anbietet, leitet der Hausherr selber.

Rebfläche: 3 ha
Zukauf: keiner
Produktion: 25 000 Flaschen
Vernatsch-Anteil: 30 %

Konrad Augschöll »Roeckhof«

39040 Villanders
Tel. und Fax 0472/847130
E-Mail: roeck@rolmail.net

Die Augschölls aus dem Eisacktal pflegen die Tradition des Buschenschank mit allem, was dazugehört. Sie kochen, brennen, schlachten und verbringen die Abende mit ihren Gästen in der Stube. Aber der Wein hat längst den Weg aus dem Buschenschank herausgefunden.

Die Weine
Müller-Thurgau, Riesling, Caruess weiß, Caruess rot

Bewertung
Die Roeckhof-Weine sind deftig, herzhaft und bäuerlich einfach. Wer Schliff oder Eleganz sucht, wird enttäuscht sein. Aber er kann sicher sein: Es sind durch und durch handwerklich erzeugte Weine, die, selbst wenn sie Ecken und Kanten haben, das Spiegelbild der Lernprozesse und Erfahrungen eines leidenschaftlichen bäuerlichen Weinerzeugers sind.

Der Betrieb
Der Roeckhof liegt an der Straße, die sich von Klausen hoch nach Villanders windet. »Nach der dritten Kehre links«, beschreibt Konrad Augschöll die Lage. Seit über 250 Jahren befindet er sich im Familienbesitz und ist daher als »Erbhof« verbrieft. Milchwirtschaft, Getreide und Obstbau – davon haben die früheren Generationen gelebt. Heute böte diese Art der Landschaft den Menschen kein Auskommen mehr. Ihre Kühe haben die Augschölls daher abgeschafft, Getreide gibt es nicht mehr, der Obstbau ist auf ein Minimum reduziert. Und neben den alten Hof haben sie einen neuen, modernen Hof errichtet (und durch einen Tunnel mit dem alten verbunden), der mit allem zeitgemäßen Komfort ausgestattet ist. Er ist heute das Wohnhaus von Konrad und Frieda Augschöll mit ihren Kindern. Dort haben sie fünf Gästezimmer eingerichtet. Dort ist auch der neue Weinkeller untergebracht. Denn seit 1998 ist Wein der Haupterwerbszweig der Familie. Die Produktion ist klein, doch in Anbetracht der be-

scheidenen Ansprüche ausreichend. Sie wird ab Kellertür und über den hauseigenen Buschenschank vermarktet, den die Familie sechs Monate lang im Jahr betreibt. Die Kundschaft ist zwar nicht zahlreich, aber treu. Sie liebt die Weinprobe in der alten Bauernstube, das unverfälschte bäuerliche Ambiente, die bescheidene, völlig uneitle Ausstrahlung dieses kleinen Weinproduzenten.

Keine Perfektion
Konrad Augschöll ist ein Weinbauer mit Herz und Seele. Jeden Rebstock pflegt er eigenhändig. Er ist 1998 aus der Genossenschaft ausgetreten. »Es tat mir weh, die Trauben im Herbst herzugeben«, sagt der Mann mit dem kantigen, von Arbeit gefurchtem Gesicht und den gütigen Augen. Die Kellerarbeit bedeutet ihm weniger. Manches ist dem Zufall überlassen. In anderen Dingen fehlt manchmal die letzte Konsequenz. So sind seine Weißweine eher rustikal als fein und nie ganz perfekt. Aber Perfektion ist nicht das, was Augschöll anstrebt. »Wir sind Bauern und wollen es bleiben«, gesteht er offen ein. Die Weine werden größtenteils im Edelstahltank ausgebaut, teilweise auch in großen Fässern aus Akazienholz. Der weiße Caruess ist eine Cuvée aus Gewürztraminer (40 %), Sylvaner und Ruländer (beide je 30 %), der rote Caruess ein fast reinsortiger Zweigelt. Er reift in 500 Liter fassenden Tonneaux aus französischer Eiche.

Der Buschenschank
Das zweite wirtschaftliche Standbein des Roeckhofs ist der Buschenschank. Ihn betreibt Augschöll mit seiner Frau Frieda sechs Monate im Jahr (von September bis November, von Februar bis April). Die Fremden, die zu ihm finden, trinken dort den Flaschenwein, die Einheimischen den einfachen, offenen Buschenschankwein, unter anderem Furner Hottler, eine uralte Rotwein-Spezialität. Dazu werden selbst gemachte Butter, Topfen und Graukäse serviert, Schüttelbrot, Geselchtes und Speck. Im Stall stehen noch vier Schweine, die den Rohstoff für diese Südtiroler Spezialität liefern. Hinterher wird Marillen-, Zwetschgen- oder Enzianschnaps ausgeschenkt, den Augschöll selbst brennt.

Rebfläche: 3 ha
Zukauf: keiner
Produktion: 10 000 Flaschen
Vernatsch-Anteil: 0 %

Martin Aurich
»Castel Juval«

Juval 1/B, 39020 Kastelbell
Tel. 0473/667580, Fax 0473/672745
E-Mail: familie.aurich@dnet.it
Internet: www.unterortl.it

Ein gebürtiger Berliner, den die Leidenschaft für den Wein in eine Gegend gezogen hat, die als Grenzregion gilt, was den Rebbau angeht: den Vinschgau. Im Angesicht von Dreitausendern erzeugt Aurich auf dem Unterortlhof Weine vor urwüchsiger und moderner Klasse zugleich.

Die Spitzenweine
Riesling, Riesling »Windbichel«, Blauburgunder

Die anderen Weine
Weißburgunder, Cuvée Weiß »Glimmer« (Fraueler, Blatterle), Cuvée Rot »Gneis« (Blauburgunder, Zweigelt, St. Laurent, Gamaray, Garanoir)

Spezialität
Blauburgunder »Spielerei«: eine rare Beerenauslese des Blauburgunders, am Stock gereift und mit mehr oder minder hohem Botrytis-Anteil gelesen. Leider kann dieser edle Süßwein nur erzeugt werden, wenn der trockene Föhnwind bläst und die Beeren schon im September einschrumpeln lässt – also relativ selten.

Bewertung
Der Blauburgunder des Unterortlhofes ist einer der feinsten Weine, die in Südtirol aus dieser Sorte gekeltert werden. Der Riesling zählt zu den besten südlich der Alpen. Und wer die beiden Cuvées – urtümlich und ohne kommerziellen Charme, aber gekonnt vinifiziert – trinkt, trinkt auch ein Stück alter Vinschgauer Bauernwein-Tradition.

Der Betrieb
Martin Aurich hat 1991 den am Eingang zum Schnalstal gelegenen Unterortlhof gepachtet, der zum Besitz von Schloss Juval gehört, dem Refugium des Bergsteigers Reinhold Messner. Das Schnalstal liegt im Vinschgau, etwa auf halbem Weg zwischen Meran und Schlanders. Der eigenwillige, über dem wildromantischen Eingang ins Schnalstal thronende Hof erinnert eher an einen Bergbauernhof als an ein Weingut. Aurich, ein

Weinbauingenieur mit Geisenheimer Diplom, hat mehrere Jahre in der Weinabteilung der Landesversuchsanstalt Laimburg gearbeitet und den Unterortlhof zusammen mit seiner Ehefrau Gisela nur nebenher bewirtschaftet. Heute arbeitet er nebenberuflich an der Laimburg und ist hauptberuflich Winzer. Seine Weinberge hat er selbst angelegt. Sie liegen zwischen 600 und 800 Metern hoch und sind terrassiert. Die Reben wachsen in urgesteinsreicher Erde, ranken ausnahmslos am Drahtrahmen und müssen während der sommerlichen Trockenperiode tropfberegnet werden.

Wein und Brände
Der Blauburgunder ist Aurichs Spitzengewächs: ein geschmeidiger, herrlich fruchtiger Wein von enormer Aromentiefe, der an Kirschen, Walderdbeeren und Himbeeren erinnert und vorsichtig im Barrique ausgebaut wird. Er besitzt zwar nicht die Fülle und das Feuer der Blauburgunder von Mazon, dafür aber mehr Finesse. Die zweite Sorte, die im Vinschgau gut gedeiht, ist der Riesling. Aurichs Riesling ist von einer spürbaren mineralischen Säure durchzogen, die aber durch fruchtige Noten gut abgepuffert wird. Seit dem Jahrgang 2004 kommt aus seinem höchstgelegenen Weinberg »Windbichel« eine Riesling-Selektion unter Einschluss edelfauler Trauben – ein Wein der Sonderklasse. Auch Aurichs Weißburgunder wächst im Unterortlhof in den höchsten Lagen und ist entsprechend leicht und rassig.

Feinste Obst- und Tresterbrände
Die weiße und rote Cuvée sind jeweils aus Trauben gewonnen, die nach alter bäuerlicher Manier im gemischten Satz gekeltert werden – die weiße Cuvée leicht, pikant und säurebetont, die rote dunkel, komplex, tiefgründig. Daneben betätigt sich Aurich als Grappa- und Obstbrenner. Er bietet eine Vielzahl von Bränden an, unter anderem einen raren Edelkastanienbrand. Brände und Weine können im »Schloßwirt«, dem Buschenschank von Castel Juval, um den herum Yaks, Lamas und Bergrinder grasen, probiert werden. Bei allen Destillaten handelt es sich um ungesüßte Jahrgangsdestillate.

Rebfläche: 5 ha
Zukauf: keiner
Produktion: 10 000 Flaschen
Vernatsch-Anteil: 10 %

Andreas Berger

»Thurnhof«

Kuepachweg 7, 39100 Bozen
Tel. und Fax 0471/288460
E-Mail: info@thurnhof.com
Internet: www.thurnhof.com

Wenn Bescheidenheit belohnt würde, wäre Andreas Berger ein wohlhabender Mann. So muss er sich damit trösten, einige der besten unbekannten Weine Südtirols zu erzeugen.

Die Weine
Sauvignon, Goldmuskateller, St. Magdalener, Lagrein »Merlau«, Cabernet Sauvignon, Cabernet-Merlot »Weinegg«

Spezialität
Der Goldmuskateller »Passaurum«: ein üppiger, vollsüßer Goldmuskateller, erzeugt aus einer Mischung spätgelesener und in Holzkistchen getrockneter Trauben

Bewertung
Ein Weinhof, der aufgrund seiner hervorragenden Lagen und der rechtzeitigen Umstellung auf Drahtrahmen zwei bedeutende Weine hervorgebracht hat: den Cabernet Sauvignon und den Lagrein. Gemessen an ihrer Qualität, sind die beiden Weine in Südtirol merkwürdig unbekannt.

Der Betrieb
Der Thurnhof liegt zwischen Wohnsilos, Hochhäusern und einem Sportzentrum am östlichen Stadtrand von Bozen bei Haslach. Seit 1932 befindet er sich in Familienbesitz, nachdem er vor 1860 jahrhundertelang zum Kloster gehört hatte. Andreas Berger, Jahrgang 1964, hat den alten Hof, zu dem noch sieben Hektar Obstkulturen gehören, 1991 von seinem Vater übertragen bekommen. Seitdem hat sich in Weinberg und Keller viel geändert. Pergel gibt es nur mehr wenige, und im Keller stehen viele verschiedene kleine Fässer aus französischer Eiche. Die gut zwei Hektar Reben, die dem Thurnhof verblieben sind, liegen am Fuß des Virglberges und werden mit naturnahen Methoden bewirtschaftet. Dass es überhaupt noch zwei Hektar sind, ist Bergers Vater zu verdanken, der als ehemali-

ger Ortsobmann des Bauernbundes die Rebflächen vor den Bozner Baulöwen retten konnte.

Großer Cabernet

Dort wachsen jetzt zwei weiße (Sauvignon, Goldmuskateller) und vier rote Sorten (Vernatsch,
Lagrein, Merlot, Cabernet Sauvignon). Aus letz-
teren beiden werden drei kraftvolle und tannin-
reiche Weine gewonnen: der geschmeidige Cabernet (mit 30 % Cabernet franc), eine reife,
süßfruchtige Cabernet Sauvignon Riserva mit
herrlichen Cassis- und Brombeeraromen und die
weiche, üppige Bordeaux-Cuvée »Weinegg«. Die
Reben stehen in Haslach am Rande des warmen
Bozner Talkessels. Alle drei Weine weisen im Gegensatz zu vielen anderen Südtiroler Cabernets
kaum grasige Noten auf. Leider werden von ihnen
nur wenige Flaschen gefüllt.

Zivile Preise

Aber auch die anderen Weine dokumentieren das
Können des eher stillen und bescheiden auftre-
tenden Andreas Berger, der nur eine landwirt-
schaftliche, keine önologische Ausbildung besitzt und sich einen großen Teil seines Wissens in
der Praxis angeeignet hat. Der Lagrein »Merlau«
und die Riserva kommen zwar nicht ganz an
die anderen beiden Riserve heran, liegen aber
deutlich über dem Südtiroler Durchschnitt.
Außerordentlich gut gelungen, dabei von feinen
Kirsch- und Erdbeernoten getragen, ist der
St. Magdalener: einer der besten Weine seiner
Kategorie überhaupt. Ebenfalls gut und trotz seiner kräftigen Brennnessel-, Holunder- und Heu-
noten nicht zu blumig ist der Sauvignon. Alle
»Thurnhof«-Weine werden zu zivilen Preisen angeboten.

Rebfläche: 3,5 ha
Zukauf: keiner
Produktion: 10 000 Flaschen
Vernatsch-Anteil: 20 %

141

Florian Brigl

»*Kornellhof*«

Boznerstr. 23, 39018 Siebeneich
Tel. 0471/917507, Fax 0471/205034
E-Mail: info@kornell.it
Internet: www.kornell.it

Florian Brigl hat in München Betriebswirtschaft studiert, bevor er durch Erbschaft zu einem der schönsten Höfe Südtirols kam. Er kehrte der Großstadt den Rücken und startete eine Winzerkarriere. Ein Anfang ist gemacht – und der war bemerkenswert.

Die Spitzenweine
Die »Staves«-Weine mit dem weißen Sauvignon »Staves« und den roten Cabernet »Staves«, Merlot »Staves« sowie der Cuvée »Staves« (Merlot-Cabernet Sauvignon)

Die Zweitweine
Lagrein »Greif«, Cuvée »Zeder« (Cabernet-Merlot)

Bewertung
Die Zweitweine »Greif« und »Zeder« sind, weil weniger ehrgeizig, in sich am stimmigsten. An die »Staves«-Weine müssen, schon weil sie preislich ambitiöser sind, höhere Maßstäbe angelegt werden. Unter dieser Prämisse sind sie, trotz großer Dichte und viel weichem, sauberem Tannin, von den Spitzen-Merlots und -Cabernets Südtirols noch ein Stückchen entfernt. Der weiße Sauvignon ist sehr breit und behäbig.

Der Betrieb
Der Kornellhof wurde 1927 von Leonhard Brigl gekauft und 60 Jahre später von einem kinderlosen Onkel an die Familie von Florian Brigl vererbt. Der Hof liegt in Siebeneich bei Bozen. Zu dem Besitz gehören zehn Hektar Weinberge in bester Südlage, auf denen seit Jahren ein hervorragender Merlot wächst. Früher wurden die Trauben an die Kellerei Schreckbichl geliefert. Seit 2001 behält Florian Brigl sie für sich, um einen eigenen Wein zu erzeugen. Brigl, Jahrgang 1975, weiß genau, was er will: nämlich hoch hinaus mit seinen Weinen. Schon im ersten Jahr füllte er 6000 Flaschen ab, die den Kritikern Respekt abnötigten. Im folgenden Jahr waren es

schon 10 000 Flaschen, und die Kritiker waren voll des Lobes über die »Staves«-Weine.

Die »Staves«-Weine

»Staves« ist eine ins 13. Jahrhundert zurückreichende Flurbezeichnung für das Gebiet um den feudalen Weinhof, der sich hinter riesigen alten Zedern verbirgt. Alle Spitzenweine tragen daher diesen Namen »Staves«. In den »Staves«-Weinbergen steht aber nicht nur Merlot, sondern auch Cabernet Sauvignon und Lagrein. Der Cabernet kommt von 20-jährigen Reben und begeistert durch Noten von roten Beeren, Mokka, schwarzem Pfeffer und einem Hauch von Paprika. Gut gelungen sind auch der Merlot und die Cuvée »Staves« (aus Cabernet Sauvigon und Merlot, je zur Hälfte): beide sehr harmonische Weine mit samtigem Tannin, Noten von Pflaumen, Himbeeren, Schokolade, dazu Röstaromen.

Zweitweine und Sauvignon

Die Zweitweine Lagrein »Greif« und Cuvée »Zeder« sind dagegen als fruchtige Rotweine konzipiert. Sie werden zehn Monate in gebrauchten Barriques ausgebaut und liegen nicht nur qualitativ, sondern auch preislich auf dem Niveau der »Höfelinie« guter Genossenschaften und Privatkellereien. Eine Basislinie gibt es bei Florian Brigl nicht. Der einzige Weißwein, den Brigl erzeugt, ist ein Sauvignon. In den warmen Lagen, die er besitzt, wird daraus jedoch ein Wein von der Statur eines Roten: vollreife Trauben, viel Saft, kräftige Alkoholstruktur. In Zukunft möchte Brigl allerdings einen schlankeren, mineralischeren Wein erzeugen, der dann auch gar nicht mehr im Barrique (bislang zu einem kleinen Teil), sondern nur noch im Stahltank auf der Feinhefe reifen wird.

Rebfläche: 10 ha
Zukauf: keiner
Gesamtproduktion: 40 000 Flaschen
Vernatsch-Anteil: 0 %

Baron Di Pauli

Kellerstr. 12, 39052 Kaltern
Tel. 0471/963696, Fax 0471/964454
E-Mail: info@barondipauli.com
Internet: www.barondipauli.com

Der Baron Di Pauli ist ein Diplomat der alten Schule. Doch beim Wein ist er gänzlich undiplomatisch. Kompromisslos setzt er auf Qualität und produziert dabei Extremweine.

Die Spitzenweine
Gewürztraminer »Exilissi«, Lagrein »Carano«, Cuvée »Arzio« (Merlot, Cabernet Sauvignon, Cabernet franc)

Die Standardweine
»Enosi« (Riesling, Sauvignon, Gewürztraminer), Vernatsch »Kalkofen«

Bewertung
Alle Weine, vom Kalterersee bis zur Cuvée »Arzio«, sind in ihrer Art extrem. Weine von ungeheurer Wucht und Fülle, sauber und gekonnt vinifiziert, sodass sie trotz ihrer Opulenz leicht zu trinken sind und den Konsumenten keinesfalls ermüden. Das Holz ist, auch beim teils im Stahl, teils in Tonneaux ausgebauten Weißwein »Enosi«, gut integriert und nie dominant.

Der Betrieb
Die Familie Di Pauli ist seit über 300 Jahren in Kaltern begütert. Anfang des 19. Jahrhunderts befand sich sogar der gesamte Kalterer See in ihrem Besitz. Erst 1901 wurde er an die Gemeinde Kaltern verkauft. Bis 1919 waren die Weine von Di Pauli in Kreisen des Wiener Adels und Großbürgertums hoch geschätzte Tropfen. Die Familie durfte sich gar mit dem begehrten Titel »k. & k. Hoflieferant« schmücken. In den 70er-Jahren kam die Weinproduktion dann zum Erliegen. Georg Baron Di Pauli stand im diplomatischen Dienst, die Söhne und Töchter gingen beruflich eigene Wege. Die Trauben aus den familieneigenen Weinbergen wurden an die Genossenschaft verkauft.

Neue Gesellschaft
1999 gründete der Baron eine Betriebsgesellschaft zur Erzeugung und Vermarktung des eigenen

Weins. Mitgesellschafter ist die Kellerei Kaltern. Sie bewirtschaftet die Weinberge, produziert und vermarktet den Wein. Baron Di Pauli stellt die Trauben zur Verfügung. Sie kommen vom Arzenhof und dem hoch gelegenen Höfl unterm Stein. Dort werden Gewürztraminer, Riesling und Sauvignon angebaut, im Arzenhof Merlot und Cabernet Sauvignon (sowie Vernatsch). Außerdem hat Helmut Zozin, Kellermeister der Kalterer und verantwortlich für die »Baron-Di-Pauli«-Weine, ein Versuchsfeld mit Syrah, Grenache und Tempranillo angelegt.

Die Rotweine
Der herausragende Wein ist der »Arzio«, eine Cuvée von 50 % Merlot und je 25 % Cabernet Sauvignon und Cabernet franc: ein extrem dichter und komplexer Wein mit feinen Kirsch- und süßen Brombeernoten, dazu Anklänge von Tabak und Leder. Zurzeit ist der »Arzio« einer der besten (und teuersten) Bordeaux-Blends in Südtirol. Ebenfalls ungewöhnlich ist der Lagrein »Carano«. Er kommt aus einer für diese Sorte extrem hohen Lage am Arzenhof, wird in offenen Tonneaux vergoren und zeigt am Ende dennoch reife, süße Noten von Pflaume, Schokolade und Mokka. Ebenfalls etwas extrem kommt der Kalterersee »Kalkofen« daher. Ein »Turbo-Vernatsch« mit 13,5 Vol.% Alkohol, kraftvoll mit feinem Tannin sowie viel Frucht und Finesse.

Die Weißweine
Geradezu einzigartig ist der Gewürztraminer »Exilissis«: ein Wein mit über 16 Vol.% Alkohol und 20 Gramm Restzucker: also eine vollsüße Spätlese von gigantischer Fülle, der völlig aus dem Südtiroler Rahmen fällt. Der andere Weißwein, der trockene »Enosi«, ist weniger spektakulär (50 % Riesling, 35 % Sauvignon, 15 % Gewürztraminer) und eher ein Zugeständnis an den heutigen Geschmack: Offenbar möchte jeder Kellermeister eine »aromatische« Cuvée anbieten.

Rebfläche: 15 ha
Zukauf: keiner
Produktion: 30 000 Flaschen
Vernatsch-Anteil: 15 %

Peter Dipoli

Villnerstr. 5, 39044 Neumarkt
Tel. 0471/813400, Fax 0471/813444
www.peterdipoli.com

Peter Dipoli, früherer Apfelbauer und profunder Kenner der Südtiroler Weinszene, hat die Südtiroler Weinbauern jahrelang mit kritischen Kommentaren gereizt. Seit 1995 erzeugt er selbst Wein – gegen die verordneten Moden des Handels und der Journalisten.

Die Weine
Sauvignon »Voglar«, Merlot-Cabernet Sauvignon «Iugum«, Merlot »Fihl«

Bewertung
Dipolis Rotweine streben nicht nach übermäßiger Konzentration, sondern nach Vielschichtigkeit, gepaart mit »Trinkigkeit«. Das gilt nicht nur für den einfachen Merlot »Fihl«, sondern auch für seinen Spitzenwein »Iugum«. Der aufwändig vinifizierte Sauvignon »Voglar« steht in seiner Kategorie für sich.

Der Betrieb
Jahrelang hat Peter Dipoli den Südtiroler Wein nur verkostet – meist mit spitzer Zunge. Selten konnte er ihn aus vollem Herzen genießen. Seine Vorliebe galt (und gilt) den großen piemontesischen, toskanischen oder ausländischen Gewächsen. Im Hauptberuf war er Obstbauer. Von seinem Vater hat er den Voglar-Hof in Penon oberhalb von Kurtatsch gepachtet. Zu ihm gehörte gut ein Hektar terrassierte Hanglage, die Dipoli rodete und mit Sauvignon neu bestockte. Wenig später ergab sich die Chance, im benachbarten Margreid einen zweiten Weinberg in steiler Hanglage zu erwerben. Dort pflanzte er Merlot und Cabernet Sauvignon – in der Hoffnung, einen großen Rotwein erzeugen zu können. 1990 erschien sein erster Sauvignon »Voglar«, 1995 der rote »Iugum«. Beide Weine erregten Aufsehen.

Bemerkenswerter Roter
Der »Iugum« kommt von lehm- und kalkhaltigen Böden oberhalb von Margreid. Der Name steht gleichermaßen für das Joch, das den Ochsen an-

gelegt wurde, um den Wagen zu ziehen, wie für ein altes Rebenerziehungssystem. Die Maische wird in offenen Holzbottichen vergoren, wobei die Trester täglich von Hand untergetaucht werden. Danach reift der Wein getrennt in Barriques, bevor nach einem Jahr die Cuvée hergestellt wird. Dipoli bekennt sich dazu, 80 Doppelzentner pro Hektar zu ernten, um Überreife und eine zu große Konzentration zu vermeiden, auch um mehr Menge zur Verfügung zu haben. So kann er beispielsweise seinen roten Spitzenwein »Iugum« (70 % Merlot, 30 % Cabernet Sauvignon) zu einem günstigen Preis anbieten. Einer seiner Hauptkritikpunkte am Südtiroler Weinbau war immer die Preispolitik.

Kontrastwein Sauvignon
Inzwischen hat Dipoli die Sauvignon-Fläche auf 2,3 Hektar erweitert und den Ausbau des »Voglar« perfektioniert. Der Wein wird in großen Akazienholzfässern vergoren und auf der Feinhefe ausgebaut. Dipoli hat ihn als opulenten, vollmundigen Wein konzipiert, der reife Fruchtnoten und keine Holunder- und schotigen Aromen aufweist – quasi ein Kontrastwein zu den Terlaner Sauvignons. Er versucht die Trauben spät, aber ohne Säureverlust zu ernten. Ein biologischer Säureabbau findet bei diesem Wein nicht statt.

Neuer Keller, neuer Wein
1998 hat Dipoli in Neumarkt einen alten Hof erworben und dort seinen Keller angelegt, der charakterisiert ist durch ruhige Ordnung, hohe Funktionalität, stille Ästhetik. Dort produziert er seit 2000 einen dritten Wein, den »Fihl«. Er stammt aus zugekauften Merlot-Trauben aus Neumarkt: kein anstrengender, aber ein delikater Wein, der gelegentlich durch Zugabe einzelner »Iugum«-Chargen verstärkt wird. Es wird nicht Dipolis letzter Wein sein. 2003 hat er ein neues, winziges Weingut namens Frauenriegel zwischen Kurtatsch und Margreid erworben, wo er einen weiteren Rotwein plant, diesmal aus Cabernet franc und Merlot.

Rebfläche: 4 ha
Zukauf: 25 %
Produktion: 40 000 Flaschen
Vernatsch-Anteil: 0 %

Franz Gojer
»*Glögglhof*«

Rivelaunweg 1, 39100 Bozen/St. Magdalena
Tel. und Fax 0471/978775
E-Mail: info@gojer.it
Internet: www.gojer.it

Hände so stark wie ein Schraubstock. Waden, die beim täglichen Weinbergsteigen gestählt wurden. Im Kopf die Idee eines St. Magdaleners, den man aus Burgundergläsern trinkt – das ist Franz Gojer.

Die Weine
Klassischer St. Magdalener, klassischer St. Magdalener »Rondell«, Lagrein, Merlot

Bewertung
Wenn es eine Messlatte beim St. Magdalener gibt, sind es die Weine von Franz Gojer. Lagrein und Merlot gehören ebenfalls zur Creme der Südtiroler Rotweine.

Der Betrieb
Er heißt »Glögglhof« und liegt gleich beim ersten Abzweig des schmalen Sträßchens, das von Bozen-Rentsch hinauf nach St. Magdalena führt. Er ist Wohnhaus und Keller Franz Gojers zugleich. Drei Generationen leben in ihm unter einem Dach. Die Reben wachsen direkt hinter dem Hof. Für Gojer, der nie ein Weinbaustudium absolviert hat, ist der Weinberg gleichsam die Universität des Lebens. Was Mikroklima, Bodenbesonderheiten, Klonenvielfalt bedeuten – er weiß es aus eigener, täglicher Erfahrung. 1,5 Hektar hat ihm sein Vater 1983 übergeben. Weitere 1,6 Hektar hat er hinzupachten können: genug für ein sorgenfreies, aber auch arbeitsreiches Leben.

Tanniniger St. Magdalener
Die Weine von Franz Gojer blamieren all jene, die den Vernatsch milde belächeln. »Für mich ist der St. Magdalener kein Vernatsch«, stellt Gojer denn auch gleich klar. Zumindest der seine besitzt Substanz und Frucht. Das allein wäre Gojer allerdings auch zu wenig. Er möchte Tiefe und Komplexität. Also liest er so spät wie möglich, und damit der Wein haltbarer wird, gibt er ihm etwas Gerbstoff mit – aber nicht durch über-

mäßige Beimengung von Lagrein, sondern durch Auspflanzung kleinbeeriger Vernatsch-Klone und durch Ausbau im (großen) Holzfass. Das gilt besonders für den St. Magdalener »Rondell«. Im ersten Jahr schmeckt er noch »vernatschig«, im zweiten und dritten entwickelt er sich in Richtung eines kleinen Burgunders, den Gojer am liebsten aus dem Ballonglas trinkt.

Lagrein und Merlot
Gojer liebt den St. Magdalener, weil er delikat ist und sich doch unbeschwert trinken lässt. Aber er liebt auch dunkle, körperreiche Weine, wie sie aus der Vernatsch-Traube niemals gewonnen werden können. So hat er unlängst einen knappen Hektar Lagrein im Südtiroler Unterland bei Auer hinzugekauft. In kleinen Jahren erzeugt er dort einen fruchtigen, jungen Wein, in großen Jahren eine begeisternde, im kleinen Holzfass ausgebaute Riserva. Damit nicht genug: Im Süden Bozens bei Spitz, wo Etsch und Eisack zusammenfließen, hat er auf einem halben Hektar ehemaliger Apfelplantagen Merlot gepflanzt. Die ersten Proben waren mehr als viel versprechend. Und den nächsten Wein hat er zumindest im Kopf schon skizziert: Cabernet aus dem St.-Magdalener-Hang.

Rebfläche: 4,2 ha
Zukauf: keiner
Produktion: 30 000 Flaschen
Vernatsch-Anteil: 55 %

Gottardi

Gebirgsjägerstr. 17, 39044 Neumarkt/Mazon
Tel. und Fax 0471/812773
E-Mail: weingut@gottardi-mazzon.com
Internet: www.gottardi-mazzon.com

Bruno Gottardi hat einen italienischen Namen und einen österreichischen Pass. In Innsbruck kennt man ihn als Weinhändler. Vor 20 Jahren ist er in das Land seiner Vorfahren zurückgekehrt, um zusammen mit seinem Sohn Alexander selbst Wein zu erzeugen.

Die Weine
Chardonnay »Calvill«, Gewürztraminer, Blauburgunder, Blauburgunder Reserve

Bewertung
Ein vollmundiger, doch säurebetonter Chardonnay, ein schlanker, aber feiner Gewürztraminer und ein Blauburgunder, der sich zunächst einmal auf die Primärtugenden dieser Sorte konzentriert: saubere Frucht, milde Würze, samtige Fülle. Er kann, passende Jahrgänge vorausgesetzt, aber auch zu ganz großer Form auflaufen. Dann wird aus ihm ein mitreißender Wein voller Feuer und Leidenschaft.

Der Betrieb
Das Weingut von Bruno Gottardi liegt auf der Ostseite des Etschtals in Mazon, dem »Blauburgunderhimmel« Südtirols. Bevor Gottardi es 1986 kaufte, war es unter dem Namen »Fernheimhof« bekannt. Der Name missfiel dem Neuankömmling ebenso wie der Zustand der Reben. Er rodete sie und legte die Weinberge völlig neu an: mit Sorten, die im hoch gelegenen Mazon gut gedeihen, im Dichtstand (6000 Stöcke pro Hektar) und am Drahtrahmen. Seine Vision war es, fruchtbetonte, »heitere« Weine zu erzeugen, die gleichwohl Tiefe und Komplexität aufweisen. Insbesondere mit dem Blauburgunder hegte er sehr große Hoffnungen. 1994 errichtete er neben dem Berghof einen neuen, modernen Keller. 1995 war der erste Jahrgang, den er selbst abfüllte.

Erwartungen erfüllt
Der Blauburgunder erfüllte schon mit dem ersten Jahrgang seine Erwartungen: Er besaß Fülle, war

vielschichtig und begeisterte mit seinem feinen Kirschen-, Pflaumen- und Tabakaroma. Von seinem Vorsatz, ihn nur im großen Holzfass auszubauen, rückte Gottardi schnell ab. Im Barrique, so erkannte er, bekommt die Frucht Schliff und der Wein Tiefe. Der Chardonnay ist im modernen Chablis-Stil gehalten (die Reben stammen auch aus Chablis): vollmundig, saftig und von einer mineralisch-fruchtigen Säure geädert. Er wird im kleinen Eichenfass vergoren und auf der feinen Hefe ausgebaut. Die Reben wachsen auf 400 Meter Höhe in einem malerischen Weinberg mit tagsüber sonnigem, nachts sich rasch abkühlendem Klima.

Glück mit Gewürztraminer
Als dritte Sorte pflanzte Gottardi den Gewürztraminer, der heute zwar überwiegend in gepachteten Weingärten auf der westlichen, wärmeren Talseite steht, früher von den Winzern jedoch regelmäßig auch in Mazon angebaut wurde. Gottardis Gewürztraminer – nur im Edelstahltank ausgebaut – ist vielleicht nicht ganz so stoffig wie die Weine aus Tramin, besitzt jedoch mehr Säure und blumige, exotisch-fruchtige Aromen.

Rebfläche: 9 ha
Zukauf: keiner
Produktion: 40 000 Flaschen
Vernatsch-Anteil: 0 %

Andreas und Josef Huber

»Pacherhof«

Pacherweg 1, 39040 Vahrn
Tel. 0472/835717, Fax 0472/801165
E-Mail: info@pacherhof.com
Internet: www.pacherhof.com

Der Pacherhof ist einer der größten unter den kleinen Höfen des Eisacktals. Dennoch blühen seine Weine im Stillen. Wer sie entdeckt, wird rasch feststellen, dass sie nicht nur von exzellenten Lagen kommen, sondern auch von Könnern erzeugt werden.

Die Spitzenweine
Riesling, Sylvaner »Alte Reben«

Die Standardweine
Müller-Thurgau, Sylvaner, Kerner, Pinot Grigio, Gewürztraminer

Bewertung
Immer deutlicher zeigt sich, dass dieser Hof auch zum qualitativen »Leader« im Eisacktal geworden ist. Nur wenige schaffen es, so elegante und feine Weine mit so prägnanter Sortentypizität und mit so viel Substanz bei gleichzeitig moderatem Alkoholgehalt zu erzeugen wie Vater und Sohn Huber.

Der Betrieb
Der Pacherhof stammt aus dem 9. bis 10. Jahrhundert und wird seit 1350 nachweislich von derselben Familie bewirtschaftet – den Pachers. Er liegt oberhalb von Brixen und ist einer der schönsten Bauernhöfe Südtirols. Durch Einheirat Mitte des 19. Jahrhunderts hat sich der Name von Pacher zu Huber geändert. Josef Huber, der Urgroßvater des jetzigen Besitzers, hatte bereits 1890 die ersten Sylvaner-Reben von Würzburg nach Südtirol importiert und kultiviert. 1920 pflanzte er den ersten Müller-Thurgau, sein Enkel Josef, der heutige Besitzer, 1979 den ersten Kerner im Eisacktal.

Bio-dynamischer Weinbau
Pioniergeist zeigt dessen Sohn Andreas, der den Betrieb seit 2001 leitet, immer noch. Er ist gerade dabei, den Weinbau auf bio-dynamische Wirtschaftsweise umzustellen. Außerdem feilt er

unermüdlich an der Qualität seiner Weine, die bei vielen Kritikern mittlerweile als die besten unter denen der kleinen, ehrgeizigen Eisacktaler Produzenten gelten.

Die Spitzenweine

Herausragend ist der Riesling: ein feinfruchtiger, nach Pfirsich und Aprikose duftender Wein mit viel Saft und Würze. Restsüße (rund neun Gramm) und Säure (etwa 7,5 Milligramm) halten sich die Waage. Dieser Wein, nur im Edelstahltank ausgebaut, kommt Andreas Hubers Ziel schon ziemlich nahe: »Ein naturnah produzierter Wein mit viel Stoff, hoher Eleganz, ohne exzessiven Alkoholgehalt, aber mit viel Mineralität und sehr bekömmlich.« Sein zweiter Spitzenwein ist der Sylvaner »Alte Reben« – vielleicht der beste Wein aus dieser Sorte in Südtirol. Auch ist er ungemein elegant, mit Noten von frischen Quitten, Kräutern, Heu, Akazienhonig. Nicht mehr als ein Kilogramm Trauben hängen im Herbst am Stock. Ausgebaut wird er zur einen Hälfte in Edelstahltanks, zur anderen im großen Holzfass.

Toller Müller-Thurgau und Kerner

Der einfache Sylvaner ist so weit von den »Alten Reben« nicht entfernt. Auch der Müller-Thurgau ist eine Klasse für sich. Er kommt von mittlerweile 20-jährigen Stöcken und überrascht mit feinen Kräuter- und Kamillenoten. Begeisternd schließlich der Kerner mit knackiger Säure und Aromen von Granny Smith, Steinobst und Orangenschale. Er wird, wie die meisten Weine, ausschließlich in Edelstahltanks ausgebaut. Seine 14,5 Vol.% sind ihm nicht anzumerken.

Rebfläche: 6,5 ha
Zukauf: keiner
Produktion : 40 000 Flaschen
Vernatsch-Anteil: 0 %

Josef & Günther Kerschbaumer

»Köfererhof«

Pustertalerstr. 5, 39040 Neustift/Vahrn
Tel. 0472/836649, Fax 0472/836248
E-Mail: info@koefererhof.it
Internet: www.koefererhof.it

Günther Kerschbaumer ist mit Rindern und Apfelbäumen aufgewachsen. Jetzt gehört er zur jungen Generation der Eisacktaler Weinbauern, die darum kämpfen, den Weinen ihres Anbaugebietes zu mehr Anerkennung zu verhelfen.

Die Weine
Müller-Thurgau, Sylvaner, Kerner, Riesling, Ruländer, Gewürztraminer

Bewertung
Exzellente, charaktervolle Weine, die, auch wenn sie nicht die Fülle und Reife der Weine aus dem Überetsch oder gar dem Unterland aufweisen, durch ihre kristallin-klare Frucht und die stramme Säure begeistern.

Der Betrieb
Der Köfererhof liegt am Nordrand von Brixen an der alten Straße ins Pustertal. Er hat sich innerhalb weniger Jahre von einem Mischbetrieb mit Schwerpunkt Viehwirtschaft zu einem reinen Weinhof entwickelt. Die Weinberge liegen zwischen 630 und 680 Metern über Meereshöhe und sind die nördlichsten Italiens. Sie befinden sich auf einem kesselartigen Plateau oberhalb des Klosters Neustift. Die Reben ranken ausschließlich am Drahtrahmen. 1991 wurde ein Teil der Trauben zum ersten Mal nicht verkauft, sondern selbst eingekellert, weil man Wein für den neu eröffneten Buschenschank brauchte. Inzwischen hat sich dieser zu einem respektablen Gasthof entwickelt, in dem bis zu 150 Menschen verköstigt werden können. Seitdem wird das gesamte Lesegut selbst gekeltert.

Nur Weißweine
Wandel und Aufstieg des Köfererhofes sind das Verdienst des jungen Laimburg-Absolventen Günther Kerschbaumer (Jahrgang 1970). Er hat sich mit Energie und Leidenschaft auf den Weinbau gestürzt und gilt heute als einer derjenigen Eisacktaler Weinbauern, die dem Weinbau des

Eisacktales mehr Geltung verschaffen wollen und auf deren Weine die Fachwelt jedes Jahr mit großer Spannung wartet. Kerschbaumer produziert ausschließlich Weißweine, die durchweg erfrischend und fruchtig ausfallen, manchmal auch mit überraschend viel Körper aufwarten. Das gilt vor allem für den Ruländer, den besten Wein des Köferergutes: ein Wein von disziplinierter Fülle, dezentem Aroma mit obstigen Noten und viel weichem, erdigem Schmelz. Er wird zur Hälfte im Edelstahltank, zur anderen Hälfte im großen Holzfass ausgebaut.

Ausbau im Stahltank
Der Brot- und Butterwein ist jedoch der Sylvaner. Er kommt von den ältesten Reben des Weingutes (im Durchschnitt 20 Jahre alt) und überzeugt mit reifer, bisweilen ins Exotische gehender Frucht, feinen Zitrusnoten und leicht mineralischem Unterton. Etwas verhaltener wirkt der Kerner, aber mit unverkennbarem Riesling-Charakter. Der trockene Gewürztraminer besitzt eine schöne Würznote, fällt aber recht leicht aus. Der Müller-Thurgau ist ein typischer Bergwein, der in der eigenen Gastwirtschaft offen ausgeschenkt wird. All diese Weine werden ausschließlich im Edelstahltank ausgebaut. Inzwischen wird das Sortiment durch einen Riesling erweitert – und den ersten Rotwein: einen Blauen Zweigelt.

Rebfläche: 5,5 ha
Zukauf: keiner
Produktion: 30 000 Flaschen
Vernatsch-Anteil: 0 %

Baron von Kripp
»Stachlburg«

P.-Mitterhofer-Str. 2, 39020 Partschins
Tel. 0473/968014, Fax 0473/966072
E-Mail: sigmund.kripp@stachlburg.com
Internet: www.stachlburg.com

Sigmund Baron von Kripp ist ein weinbauernder Impresario, dessen Aktionsradius weit über den Vinschgau hinausreicht. An Unternehmergeist und Selbstbewusstsein fehlt es ihm nicht – auch nicht beim Wein.

Die Weine
Chardonnay, Chardonnay Barrique, Weißburgunder, Gewürztraminer, Vernatsch, Regent, Blauburgunder und Stachlburg Brut (Flaschengärung)

Bewertung
Der Chardonnay ist fruchtig und säurebetont, der Barrique-Chardonnay die üppigere Variante mit exotischer Fruchtfülle und Röstaromen. Der Blauburgunder erreicht erwartungsgemäß nicht die Fülle der Weine aus dem Unterland, bietet aber – neben seiner unnachahmlich frischen Frucht – unmittelbaren Trinkgenuss. Der Gewürztraminer und Weißburgunder sind delikate, aber einfache Rebsortenweine. Der Vernatsch ist ein Jausenwein.

Der Betrieb
Die »Stachlburg« liegt im Zentrum von Partschins, einem am Eingang zum Vinschgau gelegenen Touristen- und Obstbaudorf. Seit 1540 befindet sie sich im Familienbesitz. Im Vergleich zu den 20 Hektar Obstkulturen nehmen sich die 3,5 Hektar Reben, die zum Umschwung der »Stachlburg« gehören, gering aus. Doch gilt dem Wein und nicht dem Obst der große Ehrgeiz des Barons Sigmund von Kripp. Mit Chardonnay und Blauburgunder versucht er, ein klein wenig von der vornehmen burgundischen Weinkultur ins Vinschgauer Tal zu bringen. Er ist ein vor Ehrgeiz sprühender Mann, in Südtirol als streitbarer Geist bekannt, der auch schon als (Oppositions-)Parteigründer in Erscheinung getreten ist. An Unternehmergeist (ein Betrieb in der Slowakei, ein Weingut im ungarischen Tokay) fehlt es ihm ebenso wenig wie an Selbstbewusstsein.

Burgund im Vinschgau
Der Blauburgunder findet in Partschins keine
leichten Anbaubedingungen vor. Nur in sehr
guten Jahren wartet er mit Merkmalen auf, die
über die reine Frucht hinausgehen. In solchen
Jahren muss sich der Wein vor den besten Südtiroler Blauburgundern keineswegs verstecken.
In weniger günstigen Jahren bekommt er die
Trauben nur durch rigoroses Ausdünnen reif.
Von Kripp lässt den Wein in (teilweise neuen)
Barriques reifen. Für die Qualität des Weines
wichtiger ist die mustergültige Weinbergarbeit.
So hat von Kripp gelernt, dass die Trauben in
700 Meter Höhe, in der seine Weinberge liegen,
nur durch konsequentes Ausdünnen zur Vollreife
zu bringen sind.

Chardonnay in zwei Versionen
Noch mehr Mut gehörte dazu, in Partschins
Chardonnay zu pflanzen. Um einen Wein nach
Burgunder Art mit Fülle und Komplexität zu erhalten, sind die Temperaturen im Vinschgau zu
kühl. Deshalb hat der Baron, der mehr Wert auf
seinen Diplomingenieur legt (erworben an der
Weinbauschule in Geisenheim am Rhein) als auf
seinen Adelstitel, sich entschlossen, gar nicht
erst einen solchen Wein anzustreben. Sein einfacher Chardonnay ist pikant-fruchtig mit Apfel-
und Grapefruitaromen, dazu von einer kräftigen
Säure durchzogen. Er wird nicht im Holzfass,
sondern im Edelstahltank vergoren und ausgebaut. Der Erfolg hat ihn ermutigt, sich auch an
einem holzvergorenen Chardonnay zu versuchen.
Dieser reift auch an den Südhängen des Sonnen-
bergs, ist aber das Gegenstück zum einfachen
Chardonnay: Er reift 18 Monate lang in Barriques und macht einen biologischen Säureabbau
durch. Bleibt der Vernatsch, der von gepachteten
Weinbergen bei Naturns im mittleren Vinschgau
kommt: ein (angesichts der kühlen Herkunft)
überraschend wohlgeratener Tropfen, der zumindest als »Merenda-Wein« zur Speckjause treff-
lich passt.

Rebfläche: 3,5 ha
Zukauf: keiner
Produktion: 10 000 Flaschen
Vernatsch-Anteil: 27 %

Alois Lageder
Casòn Hirschprunn

St.-Gertraud-Platz 5, 39040 Margreid
Tel. 0471/809590, Fax 0471/809550
E-Mail: info@lageder.com
Internet: www.lageder.com

Bei den Weinen von Casòn Hirschprunn bricht Lageder mit Südtiroler Traditionen. Er führt die Trauben-Cuvée wieder ein. Die Rebsorte tritt in den Hintergrund, das »Terroir« in den Vordergrund.

Die Schlossweine
Contest, Casòn

Die Gutsweine
Etelle, Corolle

Bewertung
Mit viel Intuition zusammengestellte Cuvées, deren disziplinierte Fülle das warme Kleinklima Margreids und deren Eleganz unverkennbar die Handschrift Lageders widerspiegelt. Mit diesen Weinen ist er seinen Mitbewerbern um mindestens zehn Jahre voraus.

Der Betrieb
Im Jahre 1991 bot sich Alois Lageder, dem Inhaber der bekannten Margreider Kellerei, die Chance, einen alten Südtiroler Ansitz mit 32 Hektar Reben zu erwerben. Er hieß Hirschprunn und liegt am Marktplatz von Margreid, nur ein paar Schritte von Lageders eigenem Ansitz Tòr Löwengang entfernt. Der Ansitz, dessen Ursprünge in das Jahr 1681 zurückgehen, war zuletzt im Besitz der Kurie von Trient. Sie bewirtschaftete die Weinberge auf den sandigen, kalkhaltigen Schotterböden um Margreid, verkaufte allerdings den größten Teil der Trauben. Lageder nutzte die Chance und erwarb Hirschprunn. Seine Überlegung: unabhängig von der Weinproduktion seiner Hauptkellerei mit neuen Cuvées zu experimentieren, die größtenteils nicht getrennt, sondern gemeinsam vinifiziert werden.

Zwei Cuvées
Seitdem kommen aus dem Keller von Hirschprunn eine weiße und eine rote Cuvée, die nicht nur zu den besten Südtiroler Weinen gehören,

sondern auch eine neue Stilistik zeigen: Individualität und Charakter statt Typizität. Die weiße Schlosswein-Cuvée heißt Contest und besteht hauptsächlich aus Pinot Grigio (40 %). Dazu kommen 30 % Chardonnay und 30 % andere Sorten (Sauvignon, Riesling, Chenin blanc, Sémillon, Marsanne, Roussanne und Viognier). Die rote Cuvée heißt Casòn. Ihre Basis bildet Merlot (60 %), dazu kommen 25 % Cabernet Sauvignon und Cabernet franc sowie 15 % andere Sorten als Traubenverschnitt (Lagrein, Petit Verdot, Syrah). In diese beiden Weine geht nur bestes Lesegut aus eigenem Anbau ein. Aus dem restlichen Lesegut (höhere Erträge, geringerer Anteil von alten Reben) werden die Gutsweine gewonnen: der weiße Etelle und der rote Corolle. Diese Gutsweine weisen ein ähnliches Mischungsverhältnis auf wie die Schlossweine.

Eigene Stilistik
In den warmen Lagen von Margreid entstehen volle, sehr reife Rotweine mit weichem Tannin, die wegen der Temperatursprünge zwischen Tag und Nacht zugleich viel Frucht mitbringen. So entstehen attraktive Weine: der reiche, ebenmäßig glatte Casòn (rund 20 Monate in Barriques, 50 % davon neu) und der elegantere Corolle. Sie sind schon früh mit großem Genuss trinkbar, gleichwohl aber auch lagerfähig. Die weißen Trauben wachsen höher am Hang. Der Contest (zwölf Monate in Barriques, 50 % neues Holz) mit feiner, leicht rauchiger Holznote zählt für mich zu den großen Weißweinen Südtirols. Der delikate Etelle ist deutlich fruchtbetonter. Alle Weine können übrigens in der Vinothek Paradeis im Ansitz Hirschprunn verkostet und erworben werden.

Rebfläche: 32 ha
Zukauf: keiner
Gesamtproduktion: 1800 hl
davon 0,75-l-Flaschen: 120 000
Vernatsch-Anteil: 0 %

Laimburg

Pfatten, 39040 Auer
Tel. 0471/969700, Fax 0471/969799
E-Mail: info@provinz.bz.it
Internet: www.laimburg.it

Die Weine des landeseigenen Versuchsinstituts sind keine Monumente, aber ein Spiegel des steigenden Qualitätsniveaus und der Rebenvielfalt Südtirols. Wer sie probiert, kann sicher sein, gute Qualitäten zu bekommen.

Die Spitzenweine
Die Weine der »Burgselektion«: Sauvignon »Oyèll«, Gewürztraminer »Elyònd«, Doade (60 % Chardonnay, 30 % Sauvignon), Blauburgunder Riserva »Selyèt«, Lagrein Riserva »Barbagòl«, Cabernet Sauvignon Riserva »Sass Roà«, Col de Rey (Lagrein, Petit Verdot, Tannat)

Die Gutsweine
Weißburgunder, Chardonnay, Müller-Thurgau, Pinot Grigio, Malvasier, Gewürztraminer, Riesling, Vernatsch, Kalterersee »Ölleiten«, Lagrein Rosé, Blauburgunder, Merlot, Lagrein, Cabernet, Rosenmuskateller

Spezialität
Sauvignon Passito »Saphir«. Entgegen der Bezeichnung »Passito« ist dieser vollsüße Dessertwein eine klassische Beerenauslese, am Stock gereift und mit leichter Botrytis geerntet: ein karamellig-süßer Wein mit konzentrierter, an Quitte erinnernden Frucht und einer lebendigen Säure.

Bewertung
Windige Experimente mit neuen Weinstilen und Weinqualitäten anzustellen ist und war nie Sache der Laimburger. Sie hielten sich an die herkömmlichen Typologien und versuchen diese zu perfektionieren. Doch hat ihr Direktor Klaus Plattner mit der Burgselektion seit einigen Jahren eine zweite Linie von Weinen geschaffen, in denen nicht nur Rebsorten-, sondern auch Lagentypizität zum Ausdruck kommt. Diese Weine werden im kleinen Holzfass ausgebaut. Grundsätzlich gilt, dass alle Weißweine sehr sauber vinifiziert und auf gutem Niveau sind. Auch an den roten Gutsweinen gibt es nichts auszusetzen. An

den Cuvées, an denen die Laimburger seit 2004 vermehrt arbeiten, wird noch gefeilt, was aber normal ist, wenn man mit Rebsorten und Rebsortenmischungen arbeitet, die für Südtirol neu sind.

Der Betrieb
Die Ruine der Laimburg hoch über dem Kalterer See hat den Namen für das Landesweingut beigesteuert, das selbst in Pfatten am Fuße des Mitterbergs steht. Träger ist die Provinz Bozen. Seine Aufgabe ist es, weinbauliche und kellertechnische Versuche mit allen in der Provinz angebauten Rebsorten bzw. Weinen durchzuführen. Die Laimburg, wie die Südtiroler sie abkürzend rufen, beziehen ihre Trauben von landeseigenen Höfen, die über die gesamte Provinz Bozen vertreut sind und insgesamt über rund 50 Hektar Weinberge verfügen. Freilich ist das Landesgut keine Behörde. Es arbeitet marktorientiert und muss seine Kosten durch den Weinverkauf weitgehend selbst decken. Es besitzt einen Verkaufsraum und einen spektakulären Felsenkeller, der nicht nur in puncto Funktionalität, sondern auch in ästhetischer Hinsicht besticht.

Feiner Gewürztraminer
Der wuchtige Gewürztraminer »Elyònd«, direkt um das Gut gewachsen, ragt (in entsprechenden Jahren) ebenso aus der Produktion heraus wie der Sauvignon »Oyèll« mit seiner betonten Säure. Bei den Roten ist es vor allem die Lagrein Riserva »Barnagòl« aus Gries, die durch ihre weiche, konzentrierte Frucht besticht. Auch die oberhalb von Meran bei Trautmannsdorf gewachsene Blauburgunder Riserva »Selyètt« weiß zu gefallen. Die Zusatzbezeichnungen sind übrigens keine Lagennamen, sondern Begriffe aus der ladinischen Sagenwelt (Kellermeister Urban Piccolruaz stammt aus dem Grödnertal, in dem noch Ladinisch gesprochen wird). Mit dem süßen Sauvignon »Saphir« ist den Laimburgern sogar ein großer Wurf gelungen. Wenn auch noch der Beweis gelingt, dass die rote Sorte Tannat in Südtirol anbauwürdig ist (sie taucht in der Cuvée Col de Rèy auf), hätten die Laimburger sogar ein historisches Verdienst erworben.

Rebfläche: 50 ha
Zukauf: keiner
Produktion: 200 000 Flaschen
Vernatsch-Anteil: 5 %

H. Lentsch

Reichsstr. 71, 39051 Branzoll
Tel. 0471/596017, Fax 0471/596542
E-Mail: info@lentsch.it
Internet: www.lentsch.it

Früher hat die Familie Lentsch den roten Por-phyrstein abgebaut und in alle Welt verkauft. Auch heute leben sie noch indirekt von diesem Gestein: Er bildet einen idealen Untergrund für ihre Rotweinreben.

Die Spitzenweine
Lagrein, Cabernet Merlot »Palestina«

Die Basisweine
Goldmuskateller, Vernatsch, Merlot, Cabernet

Bewertung
Die beiden Spitzenrotweine sind eindeutig »Strukturweine«: viel Tannin, viel Holz, relativ hoch im Alkohol, kräftig im Körper. Der »Palestina« besitzt die für Südtirol typische Kräuter-würze. Von der Spitze Südtirols sind sie noch ein kleines Stück entfernt, was angesichts der Tatsache, dass sie überhaupt erst ab 1997 bzw. 2000 auf die Flasche gefüllt werden, aber normal ist. Die Basisweine sind kräftig und von guter Qualität (sie werden erst ab Jahrgang 2003 abgefüllt). Der nur im Edelstahltank aus-gebaute Vernatsch ist besonders: weniger ele-gant als die St. Magdalener, dafür kräftiger. Vom trockenen Goldmuskateller werden nur ganz we-nige Flaschen erzeugt.

Der Betrieb
Das Weingut befindet sich am südlichen Dorf-ausgang von Branzoll direkt gegenüber dem Dorfbrunnen: ein alter Hof mit Walmdach und einem schönen Gewölbekeller. Er wurde 1882 von den Vorfahren der heutigen Besitzer erwor-ben, die ihren Lebensunterhalt mit dem Abbau und der Verarbeitung des roten Porphyrsteins verdienten (der zum Beispiel dem Roten Platz in Moskau den Namen gegeben hat). Aber die Liebe zum Land und zur Landwirtschaft war bei den Lentsch schon immer stark ausgeprägt, sodass sie nicht darauf verzichten wollten, auch Obst, Getreide und Wein anzubauen und Rinder zu hal-

ten. Noch heute besitzen sie rund 35 Hektar Land, von denen zwei Drittel mit Apfelbäumen bestanden sind. Hofbesitzer ist Hartmann Lentsch. Bewirtschaftet wird er von seinem Großneffen Klaus Lentsch (Jahrgang 1975), der sein Fach auf der Weinbauschule in San Michele gelernt hat.

Die Lagen

Die Rebflächen beginnen gleich hinter dem Hof und liegen auf einem Schuttkegel, den der hoch aus den Bergen kommende Aldein-Bach im Laufe der Jahrhunderte gebildet hat. Er besteht aus Sand, Lehm und Porphyrgestein, das die Eigenschaft hat, tags die Wärme zu speichern und nachts wieder abzugeben. Es sind also warme Lagen, nicht geeignet für Weißweine, wohl aber für Rotweine. Früher war der überwiegende Teil mit Vernatsch bestockt. Heute sind nur noch wenige Vernatsch-Reben geblieben. Stattdessen wurde verstärkt auf Cabernet Sauvignon, Merlot und Lagrein gesetzt. Sie machen heute 95 % des Sortenspiegels aus.

Die Weine

Die Reben beginnen gleich hinter dem Hof und ziehen sich bis an den Fuß des steil aufragenden Talkessels hin. Ein großer Teil rankt noch an der Pergel. Unter den Cabernet-Reben sind noch alte Cabernet-franc- und teilweise auch noch Carmenère-Stöcke. Der »Palestina« (Lagenname) wird, wie auch der Lagrein, etwa zur Hälfte in großen alten Eichenfässern, zur anderen in Barriques bzw. Tonneaux (Lagrein) ausgebaut: ein robuster, gleichzeitig warmer, weicher Wein mit vielen exotischen Würznoten, der immer ein paar Jahre braucht, um sich zu entfalten (Klaus Lentsch füllt viele Magnumflaschen ab). Der Lagrein ist etwas fruchtiger. Er zeigt Noten von Brombeeren, Veilchen, Bitterschokolade und fasziniert durch seine Konzentration und dunkle, blaurote Farbe.

Rebfläche: 12,5 ha
Zukauf: keiner
Produktion: 50 000 Flaschen
Vernatsch-Anteil: 5 %

Loacker

St. Justina 3, 39100 Bozen
Tel. 0471/365125, Fax 0471/365313
E-Mail: lo@cker.it
Internet: www.loacker.net

Rainer Loacker, ein Verfechter der natürlichen Lebensweise, hat sich auch dem biologischen Weinbau verschrieben – aber dem Genuss nicht verschlossen.

Die Weine
Silvaner-Müller-Thurgau »Ysac«, Pinot Grigio »Isargus«, Sauvignon blanc »Tasnim«, Chardonnay »Ateyon«, Gewürztraminer »Atagis«, Goldmuskateller »Chrysanta«, Vernatsch »Raetinello«, St. Magdalener classico »Morit«, »Jus Osculi«-Cuvèe, Pinot Nero »Norital«, Merlot »Ywain«, Lagrein »Gran Lareyn«, Cabernet-Lagrein »Kastlet«

Bewertung
Überwiegend feine und charaktervolle Weine mit Spitzen bei St. Magdalener, Blauburgunder, der Cuvée »Jus Osculi« und dem Blauburgunder. Auch die anderen Weine liegen deutlich über dem Durchschnitt, insbesondere der Eisacktaler Silvaner-Müller-Thurgau.

Der Betrieb
Er heißt Schwarhof und liegt direkt neben dem Kirchlein von St. Justina am Ritten. Ein alter Bergbauernhof, den Loacker stilvoll und stimmig renoviert hat. Die Fässer und Tanks sind in den ehemaligen Stallungen, im Gerätestadl und in einem kleinen unterirdischen Keller untergebracht, der neu gebaut wurde. Der Name Loacker ist in Ritten wohlbekannt. Die Familie besitzt dort eine Fabrik für Schokowaffeln. Rainer Loacker hat sich beizeiten aus dem Geschäft zurückgezogen und als Verfechter der natürlichen Lebensweise eine Firma für Heilkräutertees gegründet. Doch sein Herz schlägt für den Weinbau, dem er »aus Lust und Leidenschaft« frönt. Dass er ihn biologisch betreibt, ist für ihn selbstverständlich.

Nicht nur Spitzenlagen
Inzwischen hält sich Loacker überwiegend in der Toskana auf, wo er zwei weitere Weingüter er-

worben hat. Die Weinproduktion des Schwarhofs liegt seit 1998 in den Händen seines Sohnes Hayo, der vier Jahre in Dijon Önologie studiert hat und seine Lehr- und Wanderjahre in Kalifornien, Südafrika und Bordeaux verbracht hat. Er ist dabei, das Weinsortiment zu straffen und den Vernatsch-Anteil zu reduzieren. Alle seine Weine werden nur aus Vorlaufmost gewonnen. Der Pressmost wird offen verkauft. Qualitätsabstufungen gibt es nicht. Hayo Loacker erzeugt mit sicherer Hand Weine, die nicht nur qualitativ überzeugen, sondern auch Charakter haben und Individualität ausstrahlen, selbst wenn sie, wie beim Merlot, Lagrein und Cabernet Sauvignon, nicht immer von idealen Lagen kommen.

Starke Rotweine
Die Stärken der Schwarhof-Weine liegen eindeutig bei den Rotweinen. Der erdbeerrote St. Magdalener besitzt Tiefe. Die Cuvée »Jus Osculi« ist der Versuch, den St. Magdalener durch Beigabe von Cabernet Sauvignon (8%), Lagrein (5%) und Blauburgunder (2%) »aufzuwerten«, was umstritten, in diesem Fall aber gelungen ist. Überraschend gut fällt der Blauburgunder aus mit seinem begeisternden Bouquet nach Pflaumen, Tabak und Gewürzen. Er wächst am kühlen Osthang von St. Magdalena und ist der wohl kompletteste Wein des Betriebes. Die Trauben für die restlichen Weißweine werden aus dem Eisacktal zugekauft.

Rebfläche: 7 ha
Zukauf: 10%
Produktion: 70 000 Flaschen
Vernatsch-Anteil: 35%

Manincor

St. Josef am See 4, 39052 Kaltern
Tel. 0471/960230, Fax 0471/960204
E-Mail: info@manincor.com
Internet: www.manincor.com

Dass die Kalterer Lagen mehr als nur einen Leichtwein namens Kalterersee hervorbringen, war Michael Graf Goëss-Enzenberg bereits klar, bevor er aus der Genossenschaft austrat und sich selbst der Weine des Familienbesitzes annahm. Dass ihm derart gute Weine gelingen würden, wie Manincor heute erzeugt, hoffte er vielleicht, wusste es aber nicht.

Die Grand-Cru-Weine
Lieben Aich (Sauvignon), Mason di Mason (Pinot Nero), Castel Campan (Merlot)

Die Spitzenweine
Cuvée Sophie (Chardonnay, Sauvignon u.a.), Mason (Pinot Nero), Cassiano (Cabernet Sauvignon, Cabernet franc, Merlot), Lagrein

Die Weingutsweine
Réserve della Contessa, Réserve del Conte, Kalterersee, La Rose de Manincor, Moscato Giallo

Spezialität
Le Petit: eine fast botrytisfreie Trockenbeerenauslese aus (am Stock eingetrockneten) Trauben der im südwestfranzösischen Jurançon anzutreffenden Rebsorte Petit Manseng

Bewertung
Alle Weine werden skrupulös und mit erhöhtem Aufwand erzeugt. Nichts ist dem Zufall überlassen. Das Resultat: Weine von überdurchschnittlicher, teilweise beeindruckender Qualität. Über die Stilistik mancher Weine kann man streiten, etwa über den trockenen Moscato Giallo oder den im Barrique ausgebauten Roséwein. Bei der Einschätzung seiner Qualitäten beweist der Graf französisches Selbstbewusstsein, das sich logischerweise auch im Preis widerspiegelt. Das gilt vor allem für die Spitzenweine. Erfreulich verbraucherfreundlich kalkuliert sind dagegen die Gutscuvées Réserve della Contessa und Réserve del Conte.

Der Betrieb Manincor wurde nach dem ehemaligen Schatzkämmerer des Erzherzogs Maximilian III. von Österreich benannt: Hieronymus Manincor. Das Weingut liegt direkt an der Südtiroler Weinstraße oberhalb des Kalterer Sees. Jahrelang wurden die Trauben an die Kellerei Kaltern geliefert. Anfang der 1990er-Jahre traten die Grafen Goëss-Enzenberg, die heutigen Besitzer, aus der Genossenschaft aus, um selbst Wein zu keltern. 1996 füllten sie ihn erstmals selbst ab.

Große Weine, kleines Holz
Der heutige Betriebsleiter ist Michael Graf Goëss-Enzenberg. Er hat die Weinbauschule in Geisenheim besucht und ein Jahr lang im kalifornischen Santa Barbara Erfahrungen gesammelt, vor allem mit dem Barriqueausbau. Die kleinen Eichenholzfässer spielen auf Manincor denn auch eine große Rolle, zumindest bei den Spitzenweinen. »Große Weine, kleine Fässer« umschreibt er seine Weinphilosophie. Mit diesen Fässern, mit den guten Lagen, mit Erträgen, die bei der Hälfte der gesetzlichen D.O.C.-Höchstmenge liegen sowie mit Spontanvergärung ohne Reinzuchthefen zielt der Graf auf Spitzenqualitäten.

Respektable Basisweine
Die im großen Holzfass vergorene und auf der Feinhefe ausgebaute Réserve della Contessa (Weißburgunder, Chardonnay, Sauvignon) ist ein feiner, überaus individueller Weißwein Südtiroler Prägung. Sein rotes Pendant, die Réserve del Conte (Merlot, Cabernet Sauvignon, Lagrein) zeigt viel Schliff und ist auch jung schon mit Genuss zu trinken. Mit diesen beiden Basisweinen, hinter denen auch eine größere Flaschenzahl steht, hat sich Manincor bei vielen Weintrinkern ins Gedächtnis eingeprägt.

Die »Herzweine«
Neben diesen »Handweinen«, wie er sie nennt, produziert der Graf »Herzweine«. Etwa die weiße Cuvée Sophie, die nach seiner Ehefrau benannt ist und deren Trauben von hohen Kalterer Lagen kommen. Oder die rote Bordeaux-Cuvée Cassiano: fruchtig-weich, fast schmalzig und mit einem feinen, pikant-pfeffrigen Unterton. Sie wächst auf den warmen, seenahen Weinbergen unterhalb des Hofes, in denen früher ausschließlich Vernatsch stand. Auch aus Kaltern, aber aus einem kühleren, 400 Meter hoch gelegenen Weinberg kommt der Blauburgunder »Mason«: ein kompakter, sehr sauberer Wein mit schöner Pflaumenfrucht, im Vergleich zu den Mazoner Blauburgundern von der gegenüberliegenden Talseite jedoch etwas einseitig fruchtbetont.

Die »Krone«

Die »Krone« der Manincor-Produktion bilden drei Lagenweine aus Weinbergen mit stark reduzierten Erträgen und entsprechend großer Ausdruckskraft. Der Mason di Mason ist eine Selektion bester Blauburgunder-Trauben aus 400 Meter hohen Lagen bei Kaltern: ein sehr kompakter, konzentrierter Wein mit samtig-weichem Tannin – allerdings ohne die für große Burgunder so typische Geschmackstiefe. Majestätisch dagegen der Merlot »Castel Campan«, ebenfalls aus Kaltern: fleischig-weich, aromentief, langlebig. Der weiße Lieben Aich ist ein Sauvignon aus Terlan, allerdings ganz eigener Prägung: im kleinen Holzfass vergoren mit anschließendem biologischem Säureabbau.

Neuer Keller

Ein architektonisches Meisterwerk ist der neue Manincor-Keller: ein weitgehend unterirdisch angelegtes Bauwerk mit drei verschiedenen Arbeitsebenen, die eine Verarbeitung der Trauben nach dem Schwerkraftprinzip ermöglichen. Das bedeutet: Im Maische- und Jungweinstadium braucht der Wein nicht gepumpt zu werden, er »fällt« auf die jeweils niedrigere Arbeitsebene, um dort gemahlen, vergoren bzw. gepresst zu werden. Ein Degustationssaal mit herrlicher Aussicht auf die Weinberge und den Kalterer See sowie ein Weinshop komplettieren das 2003 fertiggestellte Bauwerk.

Rebfläche: 48 ha
Zukauf: keiner
Produktion: 350 000 Flaschen
Vernatsch-Anteil: 8 %

Josephus Mayr

»Unterganznerhof«

Kampillerweg 15, 39053 Kardaun bei Bozen
Tel. und Fax 0471/365582
E-Mail: mayr-unterganzner@dnet.it

*Jahrelang von der Presse und Weintrinkern igno-
riert, lebte Josephus Mayr in schönstem Frieden
mit sich selbst. Inzwischen geben sich aber die
Weinkenner bei ihm die Klinke in die Hand.*

Die Spitzenweine
Lamarein (Lagrein), Lagrein Riserva, Composition Reif (80 % Cabernet und Petit Verdot,
20 % Lagrein)

Die anderen Weine
Sauvignon, Chardonnay, St. Magdalener, St. Magdalener klassisch, Lagrein Kretzer, Lagrein, Cabernet Riserva

Spezialität
Lagrein Kretzer »Späte Lese«: ein hochreifer
Lagrein Rosé, der im Barrique vergoren wurde.
Ein spleeniger Wein, doch am Gaumen fein und
edel

Bewertung
Die Lagrein Riserva wird in puncto Dichte und
Konzentration von keinem anderen Südtiroler
Erzeuger übertroffen. Der Lamarein ist eine
Klasse für sich – wenn auch nur für Schwere-
trinker. Die anderen Weine, vor allem der klassi-
sche St. Magdalener, sind weit mehr als nur ein-
fache Vernatsch-Weine.

Der Betrieb
Der Unterganznerhof liegt an der Brenner Staatsstraße in Kardaun, einem östlichen Vorort Bozens.
Wer sich ihm von der hölzernen Brücke über den
Eggentalerbach nähert und durch den parkartigen
Garten schreitet, der hat den Eindruck, dass der
vorbeibrausende Verkehr der würdevollen Ruhe,
die dieser uber 350-jahrige Erbhof aussırahlı,
nichts anhaben kann. Und wer das Wohnhaus der
Familie Mayr mit seiner fast musealen Einrichtung betritt, der findet ein Stück altes Südtirol
vor, das viele schon vergessen glauben. Josephus
Mayr, Jahrgang 1960, lebt dort mit seiner Frau

Barbara, seinen fünf Kindern, mit Vater und Tante. Er ist ein mitteilsamer, völlig unbeschwerter Mensch, der zwar in der örtlichen Musikkapelle »Zwölfmalgreien« die Pauke schlägt, beim Wein aber nicht durch Lautstärke auf sich aufmerksam macht. Er wandelt auf eigenen Wegen, die gelegentlich sonderbar anmuten, aber am Ende immer zu Weinen geführt haben, die zu den schönsten und, pardon, größten Südtirols gehören.

Lagrein-Spezialist

Mayrs Reben stehen größtenteils auf den Schwemmlandböden am Zusammenfluss von Eisack und Eggentalerbach. Ein erheblicher Teil ist mit Lagrein bestockt. Mayr ist Lagrein-Spezialist. Mehr noch: In seinen Weinbergen finden sich 17 verschiedene, teils sehr alte Lagrein-Klone. Von dieser einmaligen genetischen Vielfalt profitieren seine Weine ebenso wie die vieler Mitbewerber: Manch Südtiroler Spitzenproduzent hat nämlich sein Rebmaterial vom »Unterganzner« bekommen, wie Mayr nicht ohne Stolz berichtet.

Autodidakt

Nach zweijähriger Ausbildung an der Versuchsanstalt Laimburg musste er mit 21 Jahren den Hof übernehmen. Den größten Teil seines Wissens hat er sich selbst angeeignet. Was den Lagrein angeht, ist er bis heute der Pergel treu geblieben. Doch werden die Trauben im August erbarmungslos ausgedünnt, und zwar um 50 bis 60 %.

Der einfache Lagrein von alten Reben kommt aus dem Nachbarort Kampill im Eisacktal und reift ganz traditionell im großen Holzfass, die Lagrein Riserva 18 Monate in französischen Barriques und Tonneaux, was das kräftige Beerenaroma allerdings nicht schmälert, das dieser Wein reichlich hat. Sein normaler Lagrein Kretzer ist einer der besten seiner Kategorie. Er ist nach der Art des alten »Bauernkretzers« gekeltert: hat also nicht nur ein paar Stunden, sondern bis zu zwei Tage auf der Maische gestanden und ist dadurch wesentlich farbintensiver und gehaltvoller als die modernen Kretzer.

Opulenter Cabernet Sauvignon

Doch Josephus Mayr setzt nicht nur auf Lagrein. Als Erster pflanzte er 1985 Cabernet Sauvignon zwischen die Vernatsch-Reben – und wurde verlacht. »Unsere Reben stehen am wärmsten Fleck Südtirols«, rechtfertigt er sich. »Sie haben eine gute Chance, jedes Jahr voll auszureifen.«

Bei Neuanlagen setzte er 10 000 Stöcke auf den Hektar, um die Erträge der einzelnen Stöcke besonders niedrig halten zu können. Seine Cabernet Riserva ist beachtlich (75 % Cabernet Sauvignon, 25 % Cabernet franc). Sein Spitzenwein Composition Reif, aus spätgelesenen Trauben gekeltert (60 % Cabernet Sauvignon, 18 % Cabernet franc, 2 % Petit Verdot, 20 % Lagrein, in Zukunft auch Merlot) und zu 100 % in neuen Barriques gereift, ist fürwahr eine der besten Cabernet-Cuvées Südtirols.

Lagrein-Passito

An Fülle übertroffen wird er nur noch vom Lamarein: einem Lagrein aus Trauben, die bis Dezember an der Luft getrocknet und dann erst gekeltert werden. Das Etikett stellt den mittelalterlichen Minnesänger Oswald von Wolkenstein dar, der über den Schlern ins Tal schaut.

Der Lamarein ist ein extrem tanninreicher Wein mit über 15 Vol.% Alkohol, aber glücklicherweise ohne den schokoladig-süßen Beiton, den so viele Passito-Weine aufweisen. Lamarein und Composition Reif sind – im Gegensatz zum sonstigen Sortiment – sehr teuer. Sie werden bisher nur in Kleinstmengen produziert. Allerdings hat Mayr vor, künftig bis zu 4000 Flaschen von ihnen abzufüllen.

Oliven am Fuß des Ritten
Kardaun liegt im Anbaugebiet von St. Magdalener. Knapp die Hälfte der Rebflächen des Unterganznerhofes sind deshalb noch mit Vernatsch bestockt. Mayrs einfacher St. Magdalener ist hellfarbig und mandeltönig: ein etwas schlichter Jausenwein. Sein klassischer St. Magdalener ist interessanter: ein opulenter, kräftiger Wein, den der Zusatz einer kleinen Menge (im Barrique gereiften) Lagrein Spätlese mehr Fülle gegeben hat. Mayr trinkt ihn aus Burgunderkelchen. Übrigens hat der Vernatsch-Anteil des Unterganznerhofes eine stark abnehmende Tendenz. Wo möglich, pflanzt Mayr Cabernet Sauvignon oder Lagrein. Auch ein paar Olivenbäume hat er unterhalb von St. Justina gepflanzt, nachdem die Vernatsch-Pergel gerodet worden waren. Dort, an den warmen Hängen des Ritten, hat er bereits kleinste Mengen hochwertigen Olivenöls gewonnen.

In Zukunft mehr Weißwein
Die Erfolge seiner Weine und die steigende Nachfrage haben den «Unterganzner» mutig gemacht. Nach kurzem Überlegen hat er eine (in Südtirol seltene) Gelegenheit genutzt, um sich zu vergrößern. Er hat den angrenzenden Pignaterhof gekauft, wo auf über 400 Meter Höhe Sauvignon, Chardonnay, Merlot und kurzstieliger Lagrein angepflanzt werden. Nachdem er bei den Roten höchstes Niveau erreicht hat, freut er sich jetzt auf die Weißweine mit ihrer saftigen Frucht und der weinigen Säure.

Rebfläche: 8,5 ha
Zukauf: keiner
Produktion: 60 000 Flaschen
Vernatsch-Anteil: 30%

Andreas Menz

»Popphof«

Mitterterzerstr. 5, 39020 Marling
Tel. und Fax 0473/447180
E-Mail: info@popphof.com
Internet: www.popphof.com

*Rotwangig und mit kantigen Gesichtszügen –
Andreas Menz ist ein echter Weinbauer. Von ihm
kommen einige der besten unbekannten Weine
Südtirols.*

Die Weine
Weißburgunder, Goldmuskateller, Lagrein Kretzer, Vernatsch, Blauburgunder, Cuvée »Popphof«
(Merlot-Cabernet-Lagrein)

Bewertung
Durchweg sehr gute, bei der Cuvée Popphof auch
erstklassige Qualitäten, auch wenn sie die Eleganz und nicht die Fülle betonen.

Der Betrieb
Der historische Popphof liegt bei Marling, eine
Gegend, die mehr für Meraner Kurtrauben als
für gute Weine bekannt ist. Doch wird auf dem
historischen Hof, dessen Fundamente tausend
Jahre alt sind, schon sehr lange Wein erzeugt,
laut hauseigenen Aufzeichnungen sogar schon
seit 1592. Als Andreas Menz den Hof 1988 nach
dem Tod seines Vaters übernehmen musste, war
allerdings keineswegs gewiss, ob der Wein eine
Zukunft haben würde. Menz, damals noch von
Kopf bis Fuß Obstbauer, hegte eine Abneigung
gegen Wein und hatte vor, den Keller, in dem sein
Vater für damalige Verhältnisse große Weine
erzeugt hatte (1959 eine Goldmedaille auf der
Bozner Weinkost für einen Blauburgunder),
einfach mit Schotter aufzufüllen. Am Ende
überlegte er es sich anders und ist inzwischen ein
überzeugter Weinbauer. Sein Keller ist blitzsauber und modern eingerichtet, und die Weine
des Popphofes gehören, wie Menz genau weiß,
zu den raren, nur Fachleuten bekannten Perlen
Südtirols.

Moderner Traditionalist
Die etwas hausbackenen Etiketten (sie stammen
von 1902 und waren einst die ersten farbigen
Weinetiketten in Südtirol) spiegeln die bäuerlich-

konservative Grundhaltung Menz' wider. Beim
Wein ist er gleichwohl Neuem gegenüber aufge-
schlossen – etwa neuen Sorten. So hat er beizeiten Cabernet Sauvignon gepflanzt, und Merlot
und Lagrein finden sich inzwischen auch in seinen Weingärten. Alle drei Sorten gehen in seine
Cuvée »Popphof« ein: ein nach Pflaume und Cassis duftender, ungemein dichter Wein, der von
feinen Röstaromen getragen wird. In Zukunft
könnte sich die Zusammensetzung aber ändern,
gibt Menz zu. »Wein zu erzeugen heißt, ständig
zu experimentieren und auf Besonderheiten der
Jahrgänge einzugehen.«

Neue Cuvée
Seinen Blauburgunder baut Menz aus Über-
zeugung nicht in Barriques, sondern in großen
slowenischen und ungarischen Akazienfässern
aus. Auch dieser Wein ist von überraschend
guter Qualität, jedoch nicht immer ganz so
bezwingend wie die anderen Rotweine. Mit
dem Weißburgunder beweist Menz einmal mehr,
dass gerade weinbauliche Randgebiete wie das
Meraner Becken, die klimatisch Grenzlagen sind,
äußerst interessante und charaktervolle Weine
hervorbringen können: eher stahlig als weich,
dabei von einer nervigen Säure durchzogen und
von reifen Obstaromen geprägt. Sehr gut gelingt
ihm auch der Goldmuskateller mit seinen pikanten Muskat- und Minzaromen. Wegen seiner hohen Säure wird er mit rund acht Gramm Restzucker leicht abgerundet. Aus dem Lagrein wird im
kühlen Klima und auf den schweren Böden Me-
rans nur ein fruchtbetonter, delikater Kretzer.
Der Vernatsch ist etwas bieder, macht jedoch nur
einen geringen Anteil der Produktion aus.

Rebfläche: 4,5 ha
Zukauf: keiner
Produktion: 20 000 Flaschen
Vernatsch-Anteil: 25 %

Georg Mumelter

»Griesbauerhof«

Rentscher Str. 66, 39100 Bozen
Tel. 0471/973090, Fax 0471/325694
E-Mail: mumelter.g@rolmail.net
Internet: www.tirolensisarsvini.it

Der in Bozen beheimatete Griesbauer Georg Mumelter ist einer jener stillen Winzer, die sich im Weinberg, weniger auf dem glatten Parkett des Weinmarktes wohl fühlen. Inzwischen aber hat er mehrere Pfunde, mit denen er auch auf diesem Parkett wuchern kann.

Die Weine
Pinot Grigio, Grauvernatsch, St. Magdalener classico, Lagrein, Lagrein Riserva, Cabernet Sauvignon, Isarcus

Bewertung
Mit seinem Pinot Grigio ist Mumelter ein großer Wurf gelungen. Mit Cabernet Sauvignon und Lagrein hat er glänzende Alternativen zum St. Magdalener, seinem Brot- und Butterwein. Leider werden sie nur in homöopathischen Mengen produziert.

Der Betrieb
Der Griesbauerhof von Georg Mumelter liegt direkt an der Brennerstraße im Bozner Stadtteil Rentsch. Ein unauffälliger Hof, an dem der Verkehr vorbeibraust, obwohl sich ein Tritt auf die Bremse für viele Autofahrer lohnen würde. Aber Georg Mumelter ist ein noch wenig bekannter Winzer, der zwar über hervorragende Lagen am Fuße des Ritten verfügt, aber wie viele kleine Weinbauern sich noch schwer tut, ihre Weine zu vermarkten.

Obstbau dominiert noch
Der Griesbauerhof, ein über 200-jähriger Erbhof, ist ein klassischer Gemischtbetrieb, in dem der Obstbau den Weinbau noch deutlich dominiert. Die Reben stehen gleich hinter dem Hof am Fuße des Ritten auf sandigen Lehm- und Kiesschotterböden, die vom Rivelaunbach zurückgelassen wurden. Sie gehören zum klassischen Anbaugebiet des St. Magdaleners. Dieser Wein macht rund zwei Drittel der Produktion aus. Mit seiner reintönigen, schmelzigen Frucht und dem

feinen Bittermandelton im Abgang ist er »a süf-
fig's Weindl«, wie Margareth Mumelter, die
Griesbauerhofbäurin, ihn nennt. Die kräftigere
Variante des St. Magdalener ist der Isarcus: ein
Vernatsch mit 5 % Lagrein. Dabei werden zum
Zeitpunkt der Ernte die Triebe mit der Schere
vom Stock getrennt, sodass die Trauben ohne
Nährstoffzufuhr rund drei Wochen im warmen
Herbstklima eintrocknen können – die tradi-
tionelle Form eines Passito-Weins. Erst danach
werden die Trauben gekeltert und der Wein im
kleinen Holzfass vergoren.

Üppiger Pinot Grigio
Überraschend gut gelungen ist der Pinot Grigio,
Mumelters einziger Weißwein, der mit herkömmlichen Tröpfchen dieses Namens nichts gemein
hat: ein üppiger, körperreicher Wein, der in dem
warmen Mikroklima gut und gerne 14 Vol. % Alkohol aufweisen kann und kräftige Aromen von
Quitte, Lychee, Banane und anderen exotischen
Früchten entwickelt. Mumelter lässt ihn den biologischen Säureabbau machen und baut ihn dann
größtenteils im Stahltank, zu einem kleinen Teil
im Barrique aus. Beide Partien werden später
miteinander verschnitten. Bei den »dunklen«
Rotweinen steht der Lagrein heraus. Schon in der
Normalversion (mit zehnmonatigem Ausbau im
großen Holzfass) entsteht ein saftiger Wein mit
ausdrucksvoller Frucht und spürbarer Säure. Die
Riserva ist »süßer« und dichter. Sie kommt aus
Moritzing bei Gries und reift zwölf Monate in
Barriques. Überraschend reif und dementspre-
chend vollmundig ist auch Mumelters Cabernet
Sauvignon, der auf veredelten Vernatsch-Reben
im heißen Talkesselklima von Rentsch wächst.

Rebfläche: 4 ha
Zukauf: keiner
Produktion: 20 000 Flaschen
Vernatsch-Anteil: 75 %

Ignaz Niedrist

Runggweg 5, 39050 Girlan
Tel. und Fax 0471/664494
E-Mail: ignazniedrist@rolmail.net

Der Mann mit der Nickelbrille und den rötlich blonden Locken hat eine Vision: einen großen Südtiroler Rotwein zu erzeugen – oder auch zwei.

Die Weine
Terlaner Weißburgunder, Terlaner Sauvignon, Blauburgunder, Lagrein »Berger-Gei«, Merlot

Bewertung
Seit Jahren aufstrebender, äußerst zuverlässiger Betrieb, der hochklassige Weißweine erzeugt und mit viel Können an seinen Rotweinen feilt

Der Betrieb
Ignaz Niedrist wird immer noch zu den »Jungen Wilden« gezählt, auch wenn er so jung (Jahrgang 1960) nicht mehr und wild schon gar nicht ist. Er gehörte Anfang der 90er-Jahre zu den ersten Eigenbauwinzern, die mit neuen, in Südtirol bis dato unbekannten Qualitäten vor allem bei den Weißweinen aufwarteten. Die saubere, säurebetonte Stilistik seines Weißburgunders und seines Sauvignons hob diese aus der Masse der Südtiroler Weine heraus und verschaffte dem Absolventen der Weinbauschule im württembergischen Weinsberg im Ausland großes Ansehen – und in Südtirol manchen Neider.

Weißweine als Basis
1990 hatte Niedrist – vorher Kellermeister bei den Genossenschaften in Girlan und Schreckbichl – den Hof seines Onkels samt drei Hektar Reben übernommen, alle in Girlan gelegen und größtenteils mit Vernatsch bestockt. Er riss sie heraus und pflanzte stattdessen Weißburgunder und Blauburgunder, jene beiden Sorten, die in dem kühlen Klima von 450 Meter Höhe am besten gedeihen. Einen weiteren Hektar kaufte er 1994 in Girlan hinzu. Außerdem überlässt ihm der begüterte Schwiegervater die Lagrein-Trauben von einem Hektar in Bozen-Gries. Doch wenn Niedrist heute zu den Etablierten gehört –

das Experimentieren kann er dennoch nicht lassen. Bis 2009 will er einen hochklassigen Riesling produzieren.

Ehrgeiz mit den Roten
Niedrists Weißweine gehören in die Premium-Kategorie. Er vergärt sie im Edelstahltank und baut sie auf der Feinhefe im mittelgroßen Holzfass aus. Die Rotweine werden dagegen in offenen Holzbottichen vergoren. Der Blauburgunder besitzt ein herrliches Kirschen-/Pflaumenaroma mit zahlreichen Würznoten: ein anspruchsvoller, aber leicht zu trinkender Wein, der zu den besten seiner Kategorie in Südtirol gehört. Ganz anders der Lagrein »Berger-Gei«: schwarzrot in der Farbe, dicht gewoben und weich in der Textur mit zarten Mokkatönen und herzhafter Kirschfrucht. Niedrists neueste Errungenschaft ist ein Merlot. Erstmals 1997 gekeltert, ist er für weinbegeisterte Südtiroler Gastronomen schon jetzt einer der besten Rotweine des Landes: ein fleischiger, ungewöhnlich fassettenreicher Wein, der weniger durch seine Wucht als durch seine Eleganz fasziniert (mit 10 % anderen Sorten, unter anderem auch für Südtirol wenig typischen).

Rebfläche: 6 ha
Zukauf: keiner
Produktion: 30 000 Flaschen
Vernatsch-Anteil: 0 %

Manfred Nössing

»Hoandlhof«

Weinbergstr. 66, 39042 Brixen
Tel. und Fax 0472/832672

Der Tag, da sein Vater die letzte Kuh im Stall verkaufe, war »der schönste in meinem Leben«, berichtet Manfred Nössing. Das war 1998. Seitdem konnte sich der leidenschaftliche Weinbauer ungestört seinen Reben widmen.

Die Weine
Sylvaner, Grüner Veltliner, Kerner, Gewürztraminer, Zweigelt

Bewertung
Die Weißweine sind die eigentliche Stärke dieses kleinen Winzerhofes. In ihnen kulminiert alles, was das Eisacktal hat: zarte Frucht, feinste Mineralik, kräftiger Alkoholgehalt. Herausragend der Kerner und der Gewürztraminer.

Der Betrieb
Der Hoandlhof liegt oberhalb von Brixen auf der Nordostseite des Talkessels. Von der Aussichtsplattform, die er oben aufs Dach gesetzt hat, hat Manfred Nössing (Jahrgang 1971), der überall nur »Manni« heißt, einen beherrschenden Blick über die Stadt Brixen. Um den Eisacktaler Weinmarkt wirklich zu beherrschen, ist der Hof zu klein. Gerade 4,5 Hektar stehen unter Reben, 5,5 Hektar sollen es einmal werden. Aber wenn es nur um die Qualität der Weine ginge, kann der »Manni« dem Platzhirsch im Eisacktal, dem Kloster Neustift, absolut die Stirn bieten.

Die Lagen
Seine Weinberge beginnen gleich hinter dem Hof und ziehen sich bis auf 700 Meter Höhe hin. Die nötigen Mostgewichte zu erreichen ist dort kein Problem – trotz der Höhe. Die Weine erreichen schnell 13,5 bis 14 Vol.% Alkohol, der Gewürztraminer auch 15 Vol.%. Die kühleren Nächte sorgen dafür, dass die Säure erhalten bleibt und mit ihr die mineralischen Aromen. Sie machen die Besonderheit und auch die Klasse der Hoandlhof-Weine aus. Aber auch andere Faktoren spielen eine Rolle. Zuerst die Böden: sand-

und mineralreicher Granitschotter. Außerdem ist Nössing kein Freund des Holzfasses, sondern zieht den Edelstahltank vor: »Dort bleibt die Frische erhalten, dort kommt die Mineralik am besten zum Ausdruck.«

Kerner-Spezialist
Nössing gilt als Kerner-Spezialist. Tatsächlich erreicht diese Sorte bei ihm ungeahnte Qualitäten, die bei deutschen Kerner-Weinen nicht oder selten anzutreffen sind: feinste Feuersteinnoten mit frischem Apfelaroma und zarten Würznoten. Nössing zieht diese Sorte sogar dem Riesling vor (den er gar nicht anbaut). Ebenfalls überraschend gut der Müller-Thurgau, von dem Nössing aber nur wenige hundert Flaschen füllt. Sehr gut auch der Sylvaner und Grüner Veltliner – wenngleich diese etwas »breiter« im Geschmack angelegt sind, können sie nicht an die Kerner-Qualitäten herankommen.

Großer Gewürztraminer
Den Wein, den er selbst am meisten liebt, ist der Gewürztraminer. Diese Sorte ergibt in seinen Händen einen extrem wuchtigen Wein von geradezu explosiver Frucht und Würze: Rosenblüten, Teeblätter, Papaya, Honigmelone, Curry, um nur einige der Duftnoten zu erwähnen. Mal fällt er schlanker, mal schwerer aus, je nach Jahrgang. Der Gewürztraminer entschädigt Nössing für den nur einfachen Rotwein, den er anbietet: einen Zweigelt mit ein wenig Portugieser verschnitten. In guten Jahren bringt er ihn unter dem Namen »Espan« auf den Markt, in kleinen Jahren als »Hoandl«: ein weicher, »trinkiger« Wein schmelziger Frucht – delikat, aber nicht mehr.

Rebfläche: 4,5 ha
Zukauf: keiner
Produktion: 25 000 Flaschen
Vernatsch-Anteil: 0 %

Oxenreiter

»Steinhauserhof«

Buchholz 37, 39040 Salurn
Tel. und Fax 0471/889031
E-Mail: info@oxenreiter.net
Internet: www.oxenreiter.net

In seinem Pass steht »Ochsenreiter«. Doch um Verwechslungen mit Bruder Alois vom Hausmannhof zu vermeiden, hat Anton Ochsenreiter vom Steinhauserhof die Verballhornung »Oxenreiter« gewählt.

Die Spitzenweine
»Selectionslinie« mit Sauvignon, Chardonnay, Gewürztraminer, Blauburgunder Riserva

Die Basisweine
Sauvignon, Chardonnay, Gewürztraminer, Blauburgunder

Bewertung
Den Oxenreiter-Weinen fehlt es an Kontinuität und einer sicheren Hand. Es sind durchweg gute Weine, die aber weder das hervorragende Weinbergspotenzial ausschöpfen noch die niedrigen Hektarerträge qualitativ umsetzen.

Der Betrieb
Der schöne Steinhauserhof liegt am Hang auf halber Höhe von Buchholz, also im äußersten Süden Südtirols. Bis 1999 war er Bestandteil des Weinguts Haderburg, das Anton Ochsenreiter zusammen mit seinem Bruder Alois führte. Dann trennten sich die Wege der Brüder. Alois bekam den Hausmannhof, Anton den Steinhauserhof. Seitdem produziert jeder seine eigenen Weine. Anton setzt bei den Weißweinen vor allem auf Sauvignon, Chardonnay und Gewürztraminer. Bei den Roten steht der Blauburgunder im Mittelpunkt: Über ein Drittel seiner Weinberge sind mit dieser Sorte bestockt. Ochsenreiter, ein temperamentvoller Mann, wird in Weinberg, Keller sowie im Verkauf von seiner ebenso resoluten Tochter Silke unterstützt, die in Weinberg und Keller kräftig zupackt und auch im Verkauf dem Vater zur Seite steht (an der Straße nach Buchholz hinauf liegt übrigens ein kleiner Laden, in dem die Oxenreiter-Weine degustiert und erworben werden können).

Die Cuvée »Dolcevina«
Sieben Hektar Weinberge liegen zwischen 550
und 600 Meter Meereshöhe direkt um den Steinhauserhof herum. Einen Hektar hat Ochsenreiter
in einer talnahen Lage bei Salurn. Von dort kommen der Chardonnay und der Cabernet für die
Cuvée »Dolcevina«. Er kommt aus einem alten
Weingarten, in dem sich aber auch noch alte Ca-
bernet-franc-Reben und Carmenère-Reben befinden, Letztere jene Sorte, die im heimischen Klima
selten ausreift und jahrelang für den schlechten
Ruf der Südtiroler Cabernets verantwortlich war.
Die Hektarerträge sind mit 40 Hektoliter pro
Hektar sehr niedrig angesetzt, und so gelingt
es Ochsenreiter, rund 4000 Flaschen eines dunklen, dichten Weins mit viel süßem Tannin zu erzeugen, der zwei Jahre in Barriques lagert und
dann nicht nur durch puren Cassis-Geschmack
auffällt, sondern auch Noten von Leder und Lak-
ritze aufweist.

Die Weißweine und der Blauburgunder
Die Weißweine vermögen trotz der hervorragenden Lagen noch nicht voll zu überzeugen. Der
Chardonnay ist merkwürdig hell in der Farbe
und fad. Beim Sauvignon, klimabedingt üppig,
aber auch Frischnoten von Spargel und Holunder
zeigend, schleichen sich immer Fremdtöne ein,
die die Frucht überdecken. Am ehesten überzeugt
der Gewürztraminer mit feiner Duftaromatik
und kräftigem Körper. Die Blauburgunder Riserva ist von der Perfektion noch weit entfernt.
Sie zeigt zwar die sortentypische Fruchtigkeit
mit schönen Kirsch- und Himbeernoten, ist jedoch eindimensional und sollte nicht zu lange gelagert werden. Die Basisweine werden im Edelstahltanks, die Selectionsweine hingegen in Barriques ausgebaut.

Rebfläche: 8 ha
Zukauf: keiner
Produktion: 40 000 Flaschen
Vernatsch-Anteil: 0 %

Johannes Pfeifer

»*Pfannenstielhof*«

Pfannenstielweg 9, 39100 Bozen
Tel. und Fax 0471/970884
E-Mail: info@pfannenstielhof.it
Internet: www.pfannenstielhof.it

Man könne ihn »kübelweise in sich hinein-schütten«, schrieb ein renommierter Weinführer über den St. Magdalener von Johannes Pfeifer. Seine anderen Weine übrigens auch – wenn sie nicht so knapp wären.

Die Weine
St. Magdalener classico, Lagrein, Blauburgunder, Lagrein Riserva

Bewertung
Nur ganz wenige Produzenten können dem Pfannenstielhofbauern das Wasser reichen. Was er in den letzten Jahren an St. Magdalenern und Lagrein auf die Flasche gebracht hat, ist beeindruckend. Der Blauburgunder aus Kaltern ist ebenfalls sehr überzeugend, wenn er auch noch nicht ganz die Komplexität der besten Gewächse von der gegenüberliegenden Talseite aufweist.

Der Betrieb
Der Pfannenstielhof liegt am Ortsrand von Bozen am Fuße des Ritten. Die Zone gehört zum Einzugsgebiet des St. Magdalener classico, und der ist auch Haus- und Hofwein von Johannes Pfeifer. 1969 begann sein Vater erstmals, den besten Teil seines Weins, der vorher zur Gänze im Fass verkauft worden war (vorzugsweise in die Schweiz), auf Flaschen zu füllen: genau 1300 Flaschen. Den Leuten schmeckte er. Heute füllt sein Sohn Hannes, wie er kurz heißt, fast 40 000 Flaschen ab, die zu den besten und – wie Fachleute sagen – »authentischsten« Südtirols gehören. Sie können übrigens direkt am Hof erworben werden. Pfeifers Frau Margareth, die Mathematik studiert hat und 15 Jahre als Lehrerin tätig war, kümmert sich um den Verkauf und die Verwaltung des Hofes.

Großartiger Lagrein
Allerdings ist es inzwischen nicht mehr nur St. Magdalener, den Pfeifer produziert. An den leicht geneigten Südhängen um den Hof herum

hat er auch zunehmend Lagrein angebaut. Auf den warmen, sandigen Schwemmlandböden findet diese Sorte ideale Wuchsbedingungen. Der Basis-Lagrein wird in Edelstahltanks vergoren und danach für sechs bis acht Monate in mittelgroßen Holzfässern ausgebaut. Er ist dunkelrubinrot und besticht durch ungemeine Fruchtigkeit, ohne die sonst beim Lagrein so oft anzutreffenden Bitternoten. Er ist weich und geschmeidig und bietet höchstes Trinkvergnügen bei bescheidenem Preis. Die Riserva kommt von 50-jährigen Stöcken, die noch auf der Pergel wachsen. Sie wird 24 Monate in Barriques bzw. Tonneaux ausgebaut und präsentiert sich geradezu tintenfarbig dunkel. In der Nase ähnlich üppig mit Noten von Brombeeren, Kirschen und Röstaromen, besticht sie durch reifes, süßes Tannin und eine große Aromentiefe.

St. Magdalener und Blauburgunder
Der größte Teil von Pfeifers vier Hektaren, die sich unmittelbar am Hof befinden, ist jedoch mit Vernatsch bestockt. Er wächst ganz traditionell an der Pergel und wird – zusammen mit 5 % Lagrein – im großen Holzfass ausgebaut. Seine Farbe: funkelndes Rubinrot. Sein Aroma: kirschig, fruchtig. Der Geschmack: saftig, kraftvoll. Kurz: Das Paradebeispiel eines St. Magdalener classico. Relativ neu ist der Blauburgunder im Sortiment des Pfannenstielhofs. Er wächst nicht am Fuß des Ritten, sondern in einem 500 Meter hoch gelegenen Jungweinberg in Planitzing bei Kaltern – am Drahtrahmen. Ein ungewöhnlich kompakter, sehr klarer Wein mit frischer, an Himbeere und Pflaumen erinnernder Frucht.

Rebfläche: 4 ha
Zukauf: keiner
Produktion: 30 000 Flaschen
Vernatsch-Anteil: 50 %

Graf Pfeil
»Ansitz Kränzl«

Gampenstr. 1, 39010 Tscherms
Tel. und Fax 0473/564549
E-Mail: weingut@kraenzel-pfeil.com
Internet: www.tirolensisarsvini.it

Franz Pfeil, der auf seinen Grafentitel wenig Wert legt, passt nicht so recht in das Bild eines alpenländischen Weinbauern. Er ist heiter und nachdenklich zugleich und immer offen für Neues, ja ausgesprochen experimentierfreudig. Seinen Weinen merkt man das an.

Die Spitzenweine
Weißburgunder »Helios«, Sagittarius (Merlot, Cabernet), Blauburgunder Riserva

Die anderen Weine
Weißburgunder, Chardonnay, Sauvignon, Meraner Hügel, Vernatsch »Schloß Baslan«, Blauburgunder, Cabernet, Blanc de Noir (Rosé von Blauburgunder, Merlot und Vernatsch)

Spezialität
»Dorado«: eine hochfeine, edelsüße Gewürztraminer Trockenbeerenauslese, mit über 100 Gramm Restzucker einer der opulentesten und teuersten Süßweine Südtirols

Bewertung
Pfeils Weine sind jeder Mode abhold und bieten dennoch großen Genuss. Mit dem Weißburgunder ist ihm ein äußerst charaktervoller, mit dem roten Sagittarius ein hochklassiger Rotwein gelungen. Groß sind in letzter Zeit auch seine Ambitionen bei Vernatsch-Weinen, aus denen er mehr als nur einfache Zechweine macht, wie etwa beim Vernatsch »Schloß Baslan«.

Der Betrieb
Kränzl ist ein stattlicher Ansitz, der am Ortsrand von Tscherms bei Meran liegt. Seit 1981, seiner Rückkehr von der Weinbauschule im württembergischen Weinsberg, bewohnt (mit Frau, drei Kindern und zahlreichen Hühnern, Enten, Gänsen, Hunden, Katzen) und bewirtschaftet Franz Graf Pfeil dieses Gut samt sechs Hektar Weinbergen. Sie liegen großteils an den Hängen rund um den Ansitz. Die weitläufigen Obstkultu-

ren, die ebenfalls zum Familienbesitz gehören, hat er an seinen vor ein paar Jahren aus Südafrika zurückgekehrten Bruder abgetreten. Pfeil sucht ständig nach neuen Herausforderungen. Obwohl seine Sortenpalette schon lang und sein Weinsortiment breit ist, reichert er es immer wieder mit neuen Cuvées und Eigenkreationen an.

Die Weine
Bei den Weißweinen setzt Pfeil vor allem auf die Sorte Weißburgunder. Sie ergibt bei ihm einen delikaten, heiteren Wein mit floralem Bouquet und zartem Birnenaroma. Er wird ausschließlich im Edelstahltank ausgebaut. Daneben erzeugt er eine leichte restsüße Weißburgunder Spätlese sowie die Trockenbeerenauslese »Dorado«. Chardonnay und Sauvignon erreichen auf seinen Urgesteinsböden nicht dieselbe Klasse. Pfeils Spitzenrotwein ist der »Sagittarius« (lateinisch: Pfeilschütze), eine Cuvée von Merlot und Cabernet. Sie reift in kleinen Eichenfässern, ein gut abgestimmter Rotwein, der Tiefe und Eleganz verbindet. Pfeils Blauburgunder besitzt Frucht und ausreichend Tannin auch für eine längere Lagerung.
Im »Schloß Baslan« steckt Pfeils Vision eines hochklassigen Vernatsch-Weins. Die Reben erhalten seit knapp 20 Jahren keinen Mineraldünger mehr. Sie werden streng beschnitten, die Trauben im Sommer mit der Schere am Stock nochmals halbiert. So erntet Pfeil im Herbst nicht mehr als 40 Doppelzentner pro Hektar. Die Maische wird spontan und ohne Reinzuchthefen vergoren, der Wein danach in gebrauchten Barriques und Tonneaux gereift. Auf diese Weise entsteht ein Wein, der einerseits leicht trinkbar ist, andererseits auch nach zwei und mehr Jahren noch Frische zeigt. Übrigens: Seit bald 20 Jahren verwendet Pfeil auch keine Herbizide mehr.

Rebfläche: 6 ha
Zukauf: keiner
Produktion: 30 000 Flaschen
Vernatsch-Anteil: 30 %

Pfitscherhof

Glenerstr. 9, 39040 Montan
Tel. 0471/819773, Fax 0471/819136
E-Mail: info@pfitscher.it
Internet: www.pfitscher.it

Als Hotelier hat Klaus Pfitscher die Zeichen der Zeit erkannt und seinen Hof mit modernen Suiten für Touristen ausgestattet. Als Winzer hat er noch viel Arbeit vor sich.

Die Spitzenweine
Pinot Nero »Matan«, Cuvée »Cortazo« (Lagrein-Merlot-Syrah)

Die anderen Weine
Sauvignon »Langefeld & Fuchs«, Chardonnay «Fuchs«, Weißburgunder »Langefeld«, Gewürztraminer »In die Gries«, Lagrein Rosé »In die Gries«, Kalterersee »In die Gries«, Grauvernatsch »In die Gries«, Edelvernatsch »Brenntal«, Lagrein »In die Gries«, Lagrein »Kotznloater«, Merlot »In die Gries«, Pinot Nero »Fuchsleiten«

Bewertung
Die Stärken dieses Betriebs liegen zweifellos bei den Rotweinen, wobei Pfitscher erst beginnt, das Potenzial seiner (teils hervorragenden) Lagen auszuloten. Eine sichere Hand ist noch nicht erkennbar. Die Weißweine sind ohne Fehl und Tadel, lösen aber keine großen Emotionen aus.

Der Betrieb
Der Pfitscherhof liegt im Ortskern von Montan rund 200 Meter hinter der Kirche. Er wurde 1861 von der Familie Pfitscher erworben und war die längste Zeit ein Mischbetrieb, in dem neben Wein auch Obstbau, Vieh- und Waldwirtschaft betrieben wurden. Jahrzehntelang wurde hier nur Fasswein produziert, der dann an Kellereien wie Brigl und Lageder weiterverkauft wurde. Erst ab 1975 wurden erstmals Flaschen gefüllt: hauptsächlich Vernatsch in Liter- und Doppelliterflaschen. Im Jahre 1997 hat Klaus Pfitscher den Hof von seinem Vater übernommen und zu einem Hotelbetrieb ausgebaut. Seit 2000 heißt der Pfitscherhof nun passend »Residence Pfitscher«.

Licht und Schatten
Heute werden auf 5,5 Hektar elf Traubensorten
angebaut. Daraus entstehen 15 verschiedene
Weine – für jede Kleinstnachfrage einer. Die
Weißweine sind von recht einfachem Zuschnitt.
Sie werden, bis auf einen kleinen Anteil im Chardonnay (20 %), alle in Edelstahltanks ausgebaut.
Auch den Vernatsch-Weinen mangelt es an Ausdruckskraft. Der Merlot »In die Gries« ist mager
und temperamentlos. Und der Lagrein aus der
heißen Lage »Kotznloater« aus Kurtatsch wirkt,
obwohl von alten Reben kommend und zur
Gänze in Barriques ausgebaut, merkwürdig un-
geordnet und unharmonisch: reife, süße Frucht
einerseits und Sauerkirschnoten andererseits.

Der »Cortazo«
Eine Konzentration auf Schlüsselsorten ist erst
in der letzten Zeit zu beobachten. Mit seiner
Trauben-Cuvée »Cortazo«, gewonnen aus Merlot (40 %), Lagrein und Syrah (je 30 %), hat Pfitscher etwas riskiert: Der »Kotznloater«, eine
Subzone des Kurtatscher Grand-Cru-Brenntal,
besteht aus einem steilen Rundhügel, und Pfitscher hat die drei Sorten von Südost bis nach
Südwest so gepflanzt, dass er sie zur gleichen
Zeit vollreif ernten kann. Die ersten Resultate
stimmen hoffnungsfroh.

Drei Pinot Nero
Gleich drei Pinot Nero füllt Pfitscher vom Blauburgunder ab. Der »Fuchsleiten« ist leicht und
schmelzig – ein besserer Vernatsch-Ersatz. Die
Pinot Nero Riserva ist gehaltvoller. Sie wird
15 Monate im großen Holzfass ausgebaut und
überzeugt durch saubere Frucht und Gradlinig-
keit. Der Spitzen-Pinot-Nero »Matan« (histo-
rischer Name für das Dorf Montan) bietet teilweise beeindruckende Qualitäten. Allerdings fällt
er recht kräftig, geradezu schmelzig aus und ist
weniger elegant als die Weine aus dem kühleren
Nachbardorf Mazon. Er wächst in 600 Meter
Höhe auf Lehmboden. Nur 40 Hektoliter werden
pro Hektar geerntet. Er reift (mittlerweile nur
noch) zwölf Monate in neuen und gebrauchten
Barriques.

Rebfläche: 5,5 ha
Zukauf: keiner
Produktion: 30 000 Flaschen
Vernatsch-Anteil: 20 %

Bernhard Pichler
»Messnerhof«

St. Peter 7, 39100 Bozen
Tel. und Fax 0471/977162
E-Mail: info@messnerhof.net
Internet: www.messnerhof.net

Wein wird seit Jahrzehnten auf dem Messnerhof erzeugt. Im Jahre 2003 hat sich für den jungen Bernhard Pichler jedoch ein Traum erfüllt: Erstmals konnte er einen Teil seines Weins selbst abfüllen und musste die Trauben nicht verkaufen.

Die Weine
St. Magdalener classico, Lagrein Riserva, Cuvée Belleus (Cabernet, Merlot, Syrah, Tempranillo, Petit Verdot)

Bewertung
Nur drei Weine produziert dieses kleine Weingut, aber jeder Einzelne von ihnen gehört in seiner Kategorie zur Südtiroler Spitze. Beste Lagen in St. Magdalener und Gries (für den Lagrein) sowie eine ausgeprägte Sensibilität für die Launen der Natur tragen hier ihre Früchte.

Der Betrieb
Der Messnerhof liegt neben dem Kirchlein von St. Peter, einem Ortsteil von Bozen am Eingang des Sarntals. Von dort genießt man eine herrliche Aussicht über die Altstadt von Bozen. Zu Fuß sind es gerade 20 Minuten bis ins Zentrum der Stadt. Bernhard Pichler, in seinem Brotberuf Lehrer für Kellertechnik an der Landwirtschaftlichen Oberschule in Auer, bewirtschaftet den kleinen Hof in seiner Freizeit zusammen mit seinem Vater. Die ältesten Reben am Messnerhof stammen aus dem Jahre 1930. Mit St. Magdalener classico und Lagrein zeigt sich der junge Messnerbauer sehr bodenständig. Dass er auch anders kann, beweist er mit weniger traditionellen Sorten wie Syrah, Petit Verdot und Tempranillo. Cabernet und Merlot werden hingegen schon seit über einem Jahrhundert im Bozner Talkessel angebaut und von ihm fast schon als »einheimisch« betrachtet.

Die traditionellen Weine
Die Vernatsch- und Lagrein-Trauben für den St. Magdalener kommen von 75 Jahre alten Reb-

stöcken, die nurmehr 60 Hektoliter Most pro
Hektar ergeben. Entsprechend kraftvoll ist der
Wein, ausgestattet mit viel Fruchtsüße und zartem Veilchen- und Kirschenaroma. Der Lagrein-
Anteil schwankt um 5 %. Die eine Hälfte des
Weins reift in Edelstahltanks, die andere in
gebrauchten Barriques (vierte und fünfte Bele-
gung). Ein regelrechter Gaumenschmeichler ist
der Lagrein: delikate Brombeer- und Röstaromen, dezente Bitterschokoladenoten und eine
seidige Tanninstruktur – so könnte man seinen
Geschmack beschreiben. 90 % der Trauben kommen aus Gries (der Rest aus St. Peter), wobei
auch bei diesem Wein nur ein Kilogramm Trauben pro Stock geerntet wird (Dichtstand mit
6000 Pflanzen auf dem Hektar). Nach der Gärung reift der Wein 16 Monate in neuen und gebrauchten Barriques.

Internationale Cuvée
Außerordentlich gelungen, wenngleich jenseits
der traditionellen Bahnen – ist die Cuvée
Belleus: ein sehr weicher, süßfruchtiger Wein
mit feiner Würze und deutlichen Mokkanoten.
Mit seiner glatten, eleganten, trinkfreundlichen
Art kommt er dem modernen, internationalen
Weingeschmack sehr nahe. Entsprechend hoch
waren die Noten der Weinkritiker. Der Belleus
wird zu je einem Drittel in neuen, einmal und
zweimal gebrauchten Barriques ausgebaut, und
zwar 18 Monate lang: eine önologische Meister-
leistung von Bernhard Pichler und seinem Vater,
der die Erfahrung eines halben Jahrhunderts
Weinbergsarbeit einbringen kann.

Rebfläche: 2,9 ha
Zukauf: keiner
Produktion: 10 000 Flaschen
Vernatsch-Anteil: 40 %

Heinrich Plattner
»Ansitz Waldgries«

St. Justina 2, 39100 Bozen
Tel. und Fax 0471/973245
E-Mail: info@waldgries.it
Internet: www.waldgries.it

Heinrich Plattner und Sohn Christian versuchen den Spagat zwischen traditionellem St. Magdalener und dunklen Rotweinen internationalen Stils. Es gelingt ihnen eindrucksvoll.

Die Spitzenweine
Lagrein Riserva, Lagrein »Mirell«, Cabernet Sauvignon »Laurenz«, Rosenmuskateller

Die Basisweine
Sauvignon, St. Magdalener classico, Lagrein

Die Spezialität
Der dekadent-süße Rosenmuskateller Passito, gewonnen aus spät gelesenen und teilgetrockneten Trauben

Bewertung
Untadelige Qualitäten bei den einfachen Weinen, beim Lagrein sogar ein Niveau, das in Südtirol nur ganz wenige Güter übertreffen. Zu den besten (und meistprämierten) Weinen ihrer Art gehört auch der St. Magdalener. Die Preise sind bescheiden. Woran es den Waldgriesbauern fehlt, ist allein der Bekanntheitsgrad.

Der Betrieb
Der Waldgrieshof, an der Straße nach St. Justina gelegen, ist ein prächtig erhaltener herrschaftlicher Ansitz, der im klassischen St.-Magdalener-Gebiet liegt. Die Ursprünge des Hofes reichen bis ins 13. Jahrhundert zurück, wobei seine Geschichte recht wechselhaft war. 1928 in Konkurs gegangen, wurde der Waldgrieshof von der Familie Plattner übernommen, die ihrerseits einen Weinhof in Gries besaß, aber von den Faschisten enteignet und nur dürftig entschädigt wurde. Als einer der ersten Eigenbauwinzer begann Heinrich Plattner seinen Wein bereits 1969 in Flaschen zu verkaufen. Als einer der Ersten nach dem Grafen Kuenburg pflanzte er Rosenmuskateller, und als einer der Ersten ließ er die Vernatsch-Rebe auf Drahtrahmen ranken.

St. Magdalener ist Geldbringer
Der Lage entsprechend, spielt der klassische
St. Magdalener im Sortiment des Waldgrieshofes
die größte Rolle. Er ist der Geldbringer des Gutes und zählt gleichzeitig zu den meistprämierten
und gesuchtesten Südtirols. Filius Christian,
Jahrgang 1972, hat inzwischen die Regie im
Waldgrieshof übernommen. Er besitzt ein gutes
Händchen für diesen Wein und erzeugt ihn mit
sicherem Empfinden für dessen Möglichkeiten.
Sein Herz hat er freilich an die »dunklen« Weine
verloren: an den Lagrein und den Cabernet Sauvignon. Ihnen gilt seine ganze Leidenschaft, in
ihnen dokumentiert sich der Ehrgeiz des Waldgrieshofes heute.

Dunkle Rotweine
Der Lagrein wächst in den Weingärten um den
Hof. Der einfache Jahrgangswein macht eine
kurze Barrique-Passage durch und überzeugt mit
herzhafter Brombeer- und Kirschfrucht, die samtige Riserva mit feinstem Tannin und würzig-rös-
tiger Aromatik. Die Spitze bildet der Lagrein
»Mirell«. Er kommt von alten Reben, die am
Steilhang wachsen und nötigt auch Lagrein-Kri-
tikern Respekt ab. »All diese Weine zeigen, dass
Lagrein auch am Hang wachsen kann«, meint
Christian Plattner. Der Cabernet Sauvignon
»Laurenz« (mit 10 % Merlot und 5 % Cabernet
franc) ist eher fruchtig als tanninbeladen. Er
überrascht einerseits durch seine Frische, andererseits durch seine herrlich reifen Beerennoten.
Rund 20 % seiner Trauben werden getrocknet,
bevor sie auf die Keltern gehen.

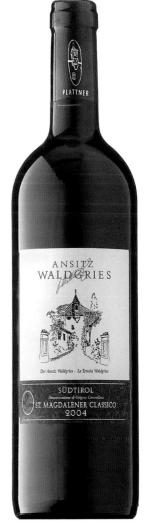

Rebfläche: 5 ha
Zukauf: keiner
Produktion: 50 000 Flaschen
Vernatsch-Anteil: 60 %

Peter Pliger

»*Kuenhof*«

M a h r   1 1 0 ,   3 9 0 4 2   B r i x e n
T e l .   0 4 7 2 / 8 5 0 5 4 6 ,   F a x   0 4 2 1 / 2 0 9 1 7 5

Einfach nur gute Weine zu erzeugen wäre für den Eisacktaler Peter Pliger zu wenig. Weinbau, wie er ihn versteht, muss im Einklang mit der Natur stehen. Resultat: Seine Weine sind nicht nur gut, sondern hervorragend und außerdem sehr individuell.

Die Weine
Eisacktaler Silvaner, Gewürztraminer, Veltliner, Riesling »Kaiton«

Bewertung
Peter Pligers Weine sind saftig und voller Wohlgeschmack. Sie beeindrucken durch ihre reintönigen Fruchtaromen und ihre fruchtige, weinige Säure. Durch das große Holzfass, in dem sie ausgebaut werden, wirken sie eher weich und rund als kantig und mineralisch.

Der Betrieb
Reben gehörten schon immer zum Kuenhof. Doch die Trauben wurden ans Kloster Neustift verkauft, das als einzige Kellerei im Brixener Raum die Mittel und Möglichkeiten der Kelterung besaß. Dennoch war der Kuenhof, hoch oben am Hang gegenüber der Bischofsstadt gelegen, nie ein Weinhof, sondern ein Berghof mit Obst, Vieh und Grünland. Peter Pliger, Jahrgang 1959, verspürte wenig Lust, die herkömmliche Mischwirtschaft weiterzuführen. Er besuchte die Handelsschule, stellte aber bald fest, dass Handel seine Sache nicht ist. Das Schreinerhandwerk gefiel ihm schon besser. Aber noch besser gefiel ihm der Weinbau, den er über seine Frau kennen lernte, die aus einem Bozner Weinbaubetrieb stammt.

Biologischer Weinbau
So begann er bereits 1985, die offen gelassenen und seither verwilderten Weinberge wieder anzulegen und das Anwesen zu restaurieren, wobei nur natürliche Materialien wie Holz, Stein, Erde und Ton verbaut wurden. Heute ist der Kuenhof

einer der optisch und funktional schönsten Weinhöfe Südtirols. Der erste Wein kam 1990. Er be-
friedigte Pliger noch nicht ganz. Doch schon mit
dem zweiten Jahrgang, dem schwierigen 1991er,
schaffte er es, als einziger Eigenbauwinzer im Eisacktal, die D.O.C.-Anforderungen zu erfüllen.
Inzwischen hat sich Pliger mit Haut und Haaren
dem Wein verschrieben. Dabei gehört er zu den
seltenen Exemplaren unter den Weinerzeugern,
die weder sich noch ihre Weine überschätzen.
Stolz ist er allerdings darauf, zu den wenigen
Biowinzern zu gehören, die bislang ganz auf syn-
thetische Chemie verzichten konnten. Das Einzige, was er spritzt, ist Gesteinsmehl zur Abhär-
tung der Reben.

Die Weine

Der herzhafte, feinwürzige Silvaner ist Pligers
schönster Wein. Aber auch der milde, leichtere
Grüne Veltliner gelingt ihm gut. Der Riesling
»Kaiton«, benannt nach dem keltischen Namen
für das Eisacktal, braucht lange, sonnige
Herbste, um reif zu werden, ist dann aber der
interessanteste Wein des Kuenhofes: ein dezent
aromatischer Riesling mit einem Alkoholgehalt
bis zu 14 Vol.% bei gleichzeitig hoher Säure,
die sich wie ein Pfeil durchs Herz bohrt – ohne
zu schmerzen. Der Gewürztraminer überrascht
mit sehr pikanten, würzigen Aromen. Alle Pliger-
Weine werden im Edelstahltank vergoren und im
großen Holzfass bis zum Juni des auf die Lese
folgenden Jahres auf der Feinhefe gelagert.

Rebfläche: 4,5 ha
Zukauf: keiner
Produktion: 20 000 Flaschen
Vernatsch-Anteil: 0 %

Markus Prackwieser

»*Gumphof*«

Prösler Ried 8, 39050 Völs am Schlern
Tel. und Fax 0471/601190
E-Mail: info@gumphof.it
Internet: www.gumphof.it

Der Gumphof besitzt einige der extremsten Weinlagen in Südtirol. Sie fallen steil ab und müssen weitgehend von Hand bearbeitet werden. Ohne Schweiß und Schwielen ist Weinbau hier nicht möglich.

Die Selectionsweine
Weißburgunder »Praesulis«, Sauvignon »Praesulis«, Gewürztraminer »Praesulis«

Die Standardweine
Weißburgunder, Vernatsch

Bewertung
Das kühle Eisacktaler Klima ist für die Weißweine ideal. Sie gehören zu den besten Südtirols. Bei Rotwein ruhen die Hoffungen auf dem Blauburgunder, der allerdings jetzt erst in Produktion geht.

Der Betrieb
Der Gumphof der Familie Prackwieser liegt zu Füßen des Schlern am Eingang zum Eisacktal und ist ein typischer Südtiroler Bergbauernhof. Ackerbau, Viehzucht, Obstbau – das war jahrzehntelang die Aufgabe, der sich Hans Prackwieser, der Vater, zu stellen hatte. Weinbau spielte nur eine untergeordnete Rolle. Extremwirtschaft, so ließe sich die Arbeit des Gumphofbauern beschreiben. Die Weinberge haben eine 50- bis 60%ige Neigung und gehören zu den steilsten Südtirols. Sie ziehen sich von 380 bis auf 550 Meter Höhe hin. Bis zum Jahre 2000 waren die Prackwieser Mitglieder der Kellereigenossenschaft Gries und lieferten brav ihre Trauben dort ab. Nur ein kleiner Teil wurde einbehalten, um (ab 1996) einen eigenen Wein zu keltern und abzufüllen.

Boden und Klima
Inzwischen ist der Gumphof ein nahezu lupenreiner Weinbaubetrieb. Sohn Markus Prackwieser (Jahrgang 1972), Absolvent der Versuchsanstalt

Laimburg, hat gerade die letzten, erst vor wenigen Jahren gepflanzten Obstbäume gerodet, um
sie durch Reben zu ersetzen. »In einem Familienbetrieb, in dem man alles selber machen muss,
ist es wichtig, während der Weinlese frei zu sein
und sich nicht gleichzeitig um das Obst kümmern
zu müssen«, sagt er. Die Porphyr-Verwitterungs-
böden und das Klima sind Garanten für die
Qualität der Weine. Die warmen Südwinde, die
von Süden aus durch das Etschtal wehen, sorgen
für die nötige Wärme, die kühlen Winde vom
Norden für die mineralische Frische der Weine.

Die Weine
Prackwiesers Spitzenwein ist der Sauvignon
»Praesulis«: ein rassiger, kraftvoller Wein mit
viel Mineralität und Aromen von Schwarzen Jo-
hannisbeeren, Minze und Holunder. Als erster
Sauvignon aus dem Eisacktal hat er von italienischen Weinführern die höchsten Benotungen
bekommen. Er wird teilweise in Edelstahltanks,
teilweise in großen Holzfässern ausgebaut. Vom
Weißburgunder füllt Prackwieser gleich zwei
Varianten ab. Der einfachere ist lediglich im
Edelstahltank gereift und als ein herzhafter, saftiger Wein mit blumigem Bouquet konzipiert. Die
anspruchsvollere Variante »Praesulis«, im großen Holzfass auf der Feinhefe ausgebaut, ist ge-
schmacklich komplexer, besitzt mehr Schmelz,
zeigt feine Birnen- und Apfelaromen sowie eine
Würze von Salbei und Heu. Auch der Gewürztraminer mit seinen Lychee- und Rosennoten hat
Klasse. Der Vernatsch fällt fruchtig-elegant aus,
hat aber nicht die Kraft des nur wenige Kilometer weiter südlich angebauten St. Magdaleners. Wesentlich interessanter ist der Blauburgunder, dessen Produktion Prackwieser mit dem
Jahrgang 2004 aufgenommen hat. Die ersten
Kostproben zeigen einen Wein mit viel Frucht
und dezenten Holznoten.

Rebfläche: 4 ha
Zukauf: keiner
Produktion: 30 000 Flaschen
Vernatsch-Anteil: 30 %

Franz Pratzner
»Falkenstein«

Schloßweg 19, 39025 Naturns
Tel. 0473/666054, Fax 0473/668360
E-Mail: falkenstein.naturns@rolmail.net
Internet: www.falkenstein.bz

Bis vor wenigen Jahren war der »Falkensteiner« nur als Apfelexperte bekannt. Inzwischen interessiert Franz Pratzner anderes Obst: Weintrauben. Aus ihnen erzeugt er im Vinschgau teilweise begeisternde Weine.

Der Spitzenwein
Riesling

Die anderen Weine
Weißburgunder, Sauvignon, Gewürztraminer, Blauburgunder

Die Spezialität
Eine edelsüße Gewürztraminer Spätlese, die Ende November mit einem mehr oder minder hohen Anteil an Botrytis-Trauben gelesen wird und in Wirklichkeit eine hochkarätige, edle Beerenauslese ist.

Bewertung
Riesling, Gewürztraminer und Blauburgunder sind für Südtirol erstklassige Weine: fruchtig, säurebetont, nie eindimensional. Weißburgunder und Sauvignon tun sich etwas schwerer im Vinschgau. Die Gewürztraminer Spätlese ist einer der raren edelsüßen Weine in Südtirol.

Der Betrieb
Franz Pratzner, Jahrgang 1962, ist Absolvent der Obst- und Weinbauschule Laimburg. 1989 hat er den Obstbaubetrieb seines Vaters übernommen. Dieser befindet sich oberhalb von Naturns. Der Vater hatte nur geringe Mengen Eigenbauwein erzeugt, die ausschließlich für den familieneigenen Buschenschank vorgesehen waren. Pratzner hegte andere Pläne. Er pflanzte Weißburgunder und Gewürztraminer, später Riesling, Sauvignon und Blauburgunder. Die Weine machten ihn in Kennerkreisen schnell zu einem Star des Vinschgaus.

Fruchtfolge
Seitdem rodet er eine Golden-Delicious-Parzelle nach der anderen, um Reben zu pflanzen. Er lieb-

äugelt sogar mit der Aufgabe des gesamten Apfelbaus, um sich ganz auf die Weine konzentrieren zu können. Allerdings vinifiziert er die Trauben noch in einem winzigen Kellerlokal des Gutshofes, das früher für die Aufbewahrung von Kartoffeln, Zwiebeln und Speck benutzt wurde. Nachdem sein Bruder jedoch die gesamte Hofstelle mit dem dazugehörigen Heurigen übernommen hat, plant Pratzner einen neuen Keller, in dem auch die kleinen Eichenholzfässer Platz finden sollen, in denen der Blauburgunder reift.

Die Weißweine
Der Riesling ist Pratzners wichtigster Wein. Er weist Anklänge von Pfirsich und Aprikosen auf, aber auch von grünem Apfel und Zitrusfrüchten. Zu den fruchtigen Aromen gesellten sich nach einiger Zeit ein charakteristischer Petrolton und eine feine Honignote. 3000 Flaschen werden von diesem trockenen, körperreichen Wein produziert, der fast jedes Jahr eine Alkoholgradation von 13 Vol. % erreicht. Pratzner hält Riesling für die geeignetste Sorte im Vinschgau.

Größere Produktion
Kraftvoll ist auch der Weißburgunder. Er duftet dezent nach reifen Birnen und Äpfeln und wird seine Liebhaber eher unter Menschen finden, die der relativ hohen Säure des Rieslings ablehnend gegenüberstehen. Auch Pratzners Blauburgunder ist ein ausgesprochen fruchtiger Wein, dessen Aromen von Walderdbeeren und Schwarzkirschen sich mit einem zarten, kaum merklichen Röstton verbinden und ihm so Tiefe geben. Nicht zu vergessen die fulminante Gewürztraminer Spätlese, die eher dem Elsässer Vendange Tardive als einer deutschen Spätlese ähnelt. Die Mengen von Pratzners Weinen sind vor allem bei Riesling sowie Weiß- und Blauburgunder nicht mehr gering. Sie haben sich in den letzten Jahren fast verdoppelt.

Rebfläche: 7 ha
Zukauf: keiner
Produktion: 40 000 Flaschen
Vernatsch-Anteil: 0 %

Georg Ramoser

»*Untermoserhof*«

St. Magdalena 36, 39100 Bozen
Tel. und Fax 0471/975481
E-Mail: untermoser@rolmail.net

*Auch wenn er von vielen Weintrinkern und Wein-
schreibern wie ein Stiefkind behandelt wird,
setzt Georg Ramoser auf den St. Magdalener –
seinen vorzüglichen Merlot, Lagrein und Cabernet zum Trotz.*

Die Weine
Chardonnay, St. Magdalener classico, Lagrein,
Merlot, Cabernet-Merlot

Bewertung
Die St. Magdalener besitzen mehr Farbe und
Feinheit als die der Konkurrenz, der Lagrein
mehr Fülle. Der dichte, konzentrierte Merlot
gehört zur neuen Generation hochwertiger Südtiroler Rotweine.

Der Betrieb
Er liegt im heißen Südhang von St. Magdalena
inmitten endloser Rebenmeere. Ein typischer
Südtiroler Weinhof mit überstehendem Walmdach, Schindelfassade, umstanden von mächtigen
Walnussbäumen, die Kühle verströmen. Dazu
ein fröhlicher Besitzer mit starken Oberarmen,
schwieligen Händen und blauer Schürze über
den kurzen Hosen. Neben dem Hof plätschert
munter ein Bächlein zu Tale, um den Hof spielen
barfüßig die drei Kinder von Georg und Margret
Ramoser. Eine Idylle, die den Eindruck erwecken
könnte, als sei die Zeit stehen geblieben auf
dem Untermoserhof. Dieser Eindruck wäre
falsch. Denn Georg Ramoser ist der Zeit durchaus voraus.

Haus- und Hofwein
Rund 2,5 Hektar Reben bewirtschaftet er in
St. Magdalena, die Hälfte in Pacht und nur
einen kleinen Teil nicht mit Vernatsch bestockt
(sondern mit Lagrein). St. Magdalener ist also
der Haus- und Hofwein. Allerdings unterscheidet
er sich vom traditionell »trinkigen« Magdalener-
Stil: Er ist kräftiger, herber, leicht tanninig,
sehr trocken. Ramoser vergärt ihn größtenteils in

großen Fässern aus (neutraler) österreichischer Eiche und lässt ihn bis zu drei Wochen auf der Maische stehen. »Ich will einen strukturierten St. Magdalener«, bekennt er. Die Basis dafür legt er im Weinberg. Zwei Drittel seiner Reben sind älter als 30 Jahre und bringen nicht mehr den vollen Ertrag. Die jungen Reben hat er gar nicht mehr auf Pergel, sondern auf den Drahtrahmen gezogen. Resultat: Die Beeren produzieren dickere Schalen, der Wein hat mehr Tannin, ist also etwas langlebiger.

Großartiger Merlot

In Frangart im Oberetsch besitzt Ramosers Familie weitere 1,5 Hektar Reben. Sie sind mit Chardonnay und Merlot bestockt. Der Chardonnay (teils in Barriques vergoren) ist wohl-gelungen, der Merlot eine Wucht: reich und weich im Tannin, gleichzeitig von opulenter Fülle und ohne »Grünerle«, wie die Südtiroler den grasigen Ton nennen. In Blindverkostungen hat er sich den besten Südtiroler Merlots von Schreckbichl und Lageder als ebenbürtig erwie-sen. Allerdings gibt es von ihm nur 2000 Fla-schen. Ramoser ist auf den Merlot jedenfalls wesentlich stolzer als auf seinen Lagrein, was jedoch nicht zu dem Schluss verleiten sollte, die-ser sei nur ein Wein von vielen. Auch der Lagrein birst nahezu vor Fülle und Frucht (zumindest in Riserva-Jahren). Schließlich bewirtschaftet Ramoser noch einen halben Hektar Reben in Kaltern, auf dem Cabernet Sauvignon, Cabernet franc und Merlot wachsen – Grundstoff für eine ausgezeichnete Bordeaux-Cuvée.

Rebfläche: 3,8 ha
Zukauf: keiner
Produktion: 30 000 Flaschen
Vernatsch-Anteil: 65 %

Stefan Ramoser

»Fliederhof«

St. Magdalener 33, 39100 Bozen
Tel. und Fax 0471/979048
E-Mail: fliederhof@dnet.it

Der himbeerrote, kräftige St. Magdalener ist der Hauptwein des Bozners Stefan Ramoser. Ihn verteidigt er gegen alle Angriffe. Aber ihm ist nicht entgangen, dass anspruchsvolle Weintrinker zunehmend »dunkle« Rotweine begehren.

Die Weine
St. Magdalener classico, Lagrein, Lagrein Riserva

Spezialität
Pfefferer: ein leichter, feinwürziger Weißwein aus der gleichnamigen Rebe, die wahrscheinlich eine Spielart des Goldmuskatellers ist. Restbestände finden sich noch in Ramosers Weingärten.

Bewertung
Ein bemerkenswert kräftiger und strukturierter St. Magdalener, auch wenn Stefan Ramoser ihn selbst nicht so sieht. Die Qualitäten beim Lagrein reichen vom sauberen, fruchtigen Jahrgangswein bis zur tiefgründigen, komplexen Riserva.

Der Betrieb
Drei Fliedersträucher an der Hauswand haben dem Hof den Namen gegeben. Er liegt gleich am Dorfeingang von St. Magdalena unterhalb des Kirchleins und ist von Reben umzingelt, zwischen denen Gemüsebeete mit Kohl und Möhren angelegt sind und Fingerhut und Sonnenblumen blühen. Ein gepflegter, bäuerlicher Hof, der, obwohl bei den letzten Generationswechseln nicht geteilt, leider nur über einen Hektar eigene Reben verfügt. Hätte Stefan Ramoser, Jahrgang 1964, nicht den Grünwaldhof (1,5 Hektar) im klassischen St.-Magdalener-Gebiet zupachten können, könnte er vom Wein jedenfalls nicht leben. Doch dem Wein und weniger den Obstkulturen, die er auch noch besitzt, gilt sein Ehrgeiz, seit er 1992 den Hof von Vater Josef übernommen hat. Unterstützt wird er von Ehefrau Astrid.

Kräftiger St. Magdalener

Die Reben für Ramosers St. Magdalener wachsen größtenteils direkt um seinen eigenen Hof, stehen also im Herzen des klassischen Anbaugebiets von St. Magdalener: ein herzhafter und gleichzeitig samtiger Wein mit einem sauberen Kirsch- und Veilchenaroma, leicht und unkompliziert zu trinken. Ramoser, der zwei Jahre an der Versuchsanstalt Laimburg gelernt hat, ist kein Freund des »tanninigen« Vernatsch: »Ich glaube nicht recht an strukturierte Magdalener.« Er liebt mehr den duftigen, »burgunderhaften« Typus. Dabei ist sein eigener Wein keineswegs nur duftig, sondern durchaus kräftig, und auch in der Farbe tendiert er eher ins Rubinrot als ins helle Erdbeerrot.

Lagrein vom Talfertal

Seit einigen Jahren hat Ramoser gut 1,5 Hektar im östlichen Teil St. Magdalenerhangs bei Waldgries zugepachtet. Von dort kommen der andere Teil der Trauben für den St. Magdalener sowie die Trauben für seinen Lagrein. Der einfache Lagrein wächst noch an der Pergel. Er wird im Edelstahltank vergoren und im großen Holzfass ausgebaut: ein urwüchsiger, intensiv fruchtiger Wein mit viel Eigencharakter. Einen kleinen Teil seiner Lagrein-Reben hat Ramoser auf Drahtrahmen gezogen. Sie dünnt er im Sommer gewissenhaft aus, um gutes »Grundmaterial« für seine Riserva zu bekommen. Die Riserva wird über ein Jahr in Barriques ausgebaut und, wie Ramoser ehrlich zugibt, vor der Abfüllung mit 10 % Lagrein des nachfolgenden Jahrgangs verschnitten, um die Frucht nicht zu verlieren. So strotzt dieser Wein auf der einen Seite vor Kraft, besitzt auf der anderen auch nach zwei Jahren eine Frische, die ihn fast jugendlich erscheinen lässt.

Rebfläche: 2,5 ha
Zukauf: keiner
Produktion: 20 000 Flaschen
Vernatsch-Anteil: 65 %

Ritterhof

Weinstr. 1, 39052 Kaltern
Tel. 0471/963298, Fax 0471/961088
E-Mail: info@ritterhof.it
Internet: www.ritterhof.it

Südtirolreisende kennen den Ritterhof am Ortsausgang von Kaltern als Restaurant. Dass er eine große Kellerei beherbergt, ahnt niemand, der dort Halt macht.

Die Spitzenweine
»Crescendo«-Linie mit Pinot Grigio, Chardonnay, Cuvée »Perlhofer« (Vernatsch, Lagrein, Merlot), Lagrein, Merlot, Cabernet und Cabernet-Merlot

Die klassische Linie
Müller Thurgau, Weißburgunder, Pinot Grigio, Sauvignon, Chardonnay, Goldmuskateller, Gewürztraminer, Lagrein Rosé, Rosenmuskateller, Kalteresee, Kalteresee Auslese, Vernatsch »Putzleiten«, St. Magdalener »Perlhof«, Blauburgunder »Jansen«, Lagrein, Cabernet

Bewertung
Untadelige Weine in der klassischen Linie, allesamt mit viel Sortencharakter und hervorragendem Preis-Leistungs-Verhältnis. Die Weine der »Crescendo«-Linie erreichen mit wenigen Ausnahmen noch nicht ganz das Niveau der Mitbewerber.

Der Betrieb
Lange Zeit hat dieses unscheinbare Weingut, das sich von 1967 bis 1999 im Besitz eines Schweizer Weinhändlers befand, ein Schattendasein geführt. Seit es im Jahre 1999 von der Schnapsbrennerei Roner aus Tramin übernommen wurde, geht es aufwärts. Ludwig Kaneppele, der Schwiegersohn Roners, bringt nicht nur viel Erfahrung (er war acht Jahre lang Verkaufsleiter der Kellerei Girlan), sondern auch drei Hektar Weinberge mit. 400 000 Flaschen möchte der ehrgeizige Verwalter schon in wenigen Jahren abfüllen. Ob die kleine Kellerei dazu taugt, weiß er bisher selbst noch nicht. Heute werden die Trauben von etwa 30 Weinbauern geliefert. Dazu kommen die im Familienbesitz befindlichen 7,5 Hektar Rebberge,

überwiegend in Tramin und Kaltern. Das Restaurant im Obergeschoss des Hauses wird übrigens nicht selbst geführt.

Die Weine
Bei den Weinen der klassischen Linie begeistern vor allem der Sauvignon und der Weißburgunder mit seiner frischen, cremigen Art. Beide werden in Edelstahl ausgebaut und sind typische Vertreter ihrer Sorte. Der Sauvignon gehört in seiner Preisklasse zu den besten in Südtirol und begeistert durch feine Stachelbeer- und Cassisnoten. Der Pinot Grigio besitzt viel Schmelz und Frucht. Der Gewürztraminer kommt von Kaneppeles eigenen Weinbergen in Rungg bei Tramin. Trotz seiner sieben Gramm Restzucker und seinen 14 Vol.% schmeckt er überraschend trocken. Der »Putzleiten« ist ein reiner Vernatsch von bis zu 100 Jahre alten Reben, die oberhalb des Kalterer Sees in unmittelbarer Nähe des Römigberges stehen. Weniger einheitlich und überzeugend ist die »Crescendo«-Linie. Chardonnay und Lagrein sind stark vom Holz geprägt, Cabernet und Cabernet Merlot zu dünn. Die Cuvée »Perlhofer« ist ein mittelgewichtiger Wein mit etwas mehr Substanz als ein Kalterersee – ein einfacher Speisebegleiter, kein Spitzenwein.

Rebfläche: 7,5 ha
Zukauf: 45 ha
Produktion: 250 000 Flaschen
Vernatsch-Anteil: 40 %

Heinrich u. Thomas Rottensteiner

»Obermoserhof«

St. Magdalena 35, 39100 Bozen
Tel. 0471/973549
E-Mail: info@obermoser.it
Internet: www.obermoser.it

Der St. Magdalener macht mit Abstand den größten Teil der Weinproduktion des Obermoserhofes aus. Doch in den letzten Jahren ist bei den Rottensteiners auch die Passion für die »dunklen« Rotweine gewachsen.

Die Weine
Sauvignon, St. Magdalener classico, Lagrein, Lagrein Risserva, Cabernet-Merlot Riserva

Bewertung
Bei aller Wertschätzung für den St. Magdalener: Rottensteiners Lagrein ist eine Klasse für sich. Und der exotisch-fruchtige Sauvignon ist ein schöner Kontrastwein zu den bissigen Terlaner Sauvignons.

Der Betrieb
Der Obermoserhof ist ein stattlicher, familiär geprägter Weinhof, der sich seit 1890 im Besitz der Familie Rottensteiner befindet. Im ersten und zweiten Stock lebt die Familie. Im Erdgeschoss sind der Kelterraum und die Lagerhalle für den abgefüllten Wein untergebracht. Der Keller ist in den Berg hineingetrieben worden. Der Hof befindet sich in den »Königslagen« von St. Magdalena: oberhalb von Rentsch auf halbem Wege zum Dörfchen St. Magdalena. Dort wächst der weichste, vollste, schmelzigste St.-Magdalener-Wein. Er macht mit Abstand den größten Teil der Produktion des Betriebes aus.

»Trinkiger« St. Magdalener
Rottensteiners klassischer St. Magdalener ist ein »trinkiger«, aber auch robuster Wein. Sein feines Tannin ist spürbar, seine Frucht immer saftig und sauber. Er gehört zu jenen Weinen vom Ritten, die burgunderhafte Züge annehmen können. Ebenso viel Freude macht Vater Heinrich und Sohn Thomas der Lagrein. 1993 hatte Vater Heinrich diese Sorte am Grafenleiten, einem kegelförmigen Hügel am Ritten-Südhang, gepflanzt. »Eine wahnsinnig heiße Lage«, wie er

zugibt. Doch Hitze verträgt der Lagrein, mehr noch als der Vernatsch. Die ersten Jahrgänge ergaben sehr volle Weine mit üppiger Frucht, extrem weichem, süßem Tannin und einer Alkoholgradation von beinahe 14 Vol.%. Ein Teil wird als junger Jahrgangs-Lagrein auf den Markt gebracht, ein anderer wird als Riserva ausgebaut, das heißt: mit rund 18-monatiger Barriquepassage.

Exotischer Sauvignon
Seit 1995 gehört auch ein Rebberg in Kaltern zum Familienbesitz der Rottensteiners. Er war ursprünglich mit Vernatsch bepflanzt. Das gelungene Experiment mit Lagrein in St. Magdalena hat sie den Plan fassen lassen, die Reben herauszureißen und den Weinberg mit 40% Merlot und 60% Cabernet Sauvignon neu anzulegen – auf Drahtrahmen selbstverständlich. Dort versucht der Sohn, Jahrgang 1977 und ein passionierter »Weinfreak«, der sich mit einer Ausbildung an der Versuchsanstalt Laimburg und mit Sommelierkursen für seinen Job fit gemacht hat, durch konsequentes Ausdünnen einen kräftigen, »dunklen« Rotwein zu erzeugen. Er reift 18 Monate in Barriques. Angesichts der Übermacht der Roten gerät Rottensteiners einziger Weißwein fast in Vergessenheit: ein körperreicher, bisweilen exotisch voller Sauvignon, der vom warmen Rittenhang oberhalb von 500 Metern in St. Magdalena kommt.

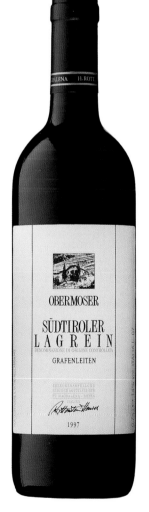

Rebfläche: 3,6 ha
Zukauf: keiner
Produktion: 30 000 Flaschen
Vernatsch-Anteil: 60%

Kurt Rottensteiner
»Brunnenhof«

Gebirgsjägerstr. 5, 39044 Neumarkt/Mazon
Tel. und Fax 0471/820687
E-Mail: info@brunnenhof-mazzon.it
Internet: www.brunnenhof-mazzon.it

Ein Weinbauer, der seine Reben kennt, steht jeden Tag mit beiden Füßen auf dem Boden seines Weinbergs. Kurt Rottensteiner ist so ein bodenständiger Weinbauer. Wäre er abgehoben, gelängen ihm nicht solch imposante Weine.

Die Weine
Gewürztraminer, Blauburgunder Riserva

Bewertung
Nur einen Weiß- und einen Rotwein keltert Kurt Rottensteiner. Die Konzentration auf ein derart kleines Sortiment schlägt sich in außergewöhnlichen Qualitäten nieder, besonders beim Blauburgunder. Selbst ungeübte Zungen werden nicht umhinkönnen, diesem Wein große Klasse zu attestieren.

Der Betrieb
Im Jahre 1986 wurde dieser Weinhof im hoch gelegenen Dörfchen Mazon von der Familie Rottensteiner gekauft. Sie lebte damals noch in Bozen und verkaufte die Trauben der dazugehörigen Weinberge an die Kellerei Hans Rottensteiner, deren Besitzer ein Onkel von Kurt Rottensteiner ist. Im Jahre 1995 übersiedelte Kurt mit seiner Familie dann nach Mazon. Vier Jahre später füllte er die ersten eigenen Weine ab. Heute werden bis zu 7000 Flaschen Gewürztraminer und rund 10 000 Flaschen Blauburgunder Riserva erzeugt.

Der Blauburgunder
Dem Blauburgunder gilt das Hauptinteresse Kurt Rottensteiners. Diesen Wein zur Perfektion zu bringen ist die Herausforderung, der er sich stellen möchte. Die Hälfte seiner Blauburgunder-Reben hat er im Dichtstand auf Drahtrahmen gezogen (6000 bis 8000 Pflanzen pro Hektar), sodass nicht mehr als ein Kilogramm Trauben pro Stock geerntet werden. Der andere Teil rankt noch auf der traditionellen Pergel. Auf den sandigen Lehmböden Mazons mit ihrer kalk-

und tonhaltigen Unterlage findet der Blauburgunder ideale Wuchsbedingungen vor. Die Trauben werden meist Ende September gelesen, sofort
eingemaischt, 24 Stunden lang kalt mazeriert
und ohne Reinzuchthefen in großen, offenen
Holzbottichen vergoren. Der Tresterhut wird,
um die Tannine zu schonen, vorsichtig von Hand
heruntergedrückt. Danach wird der Wein zwölf
Monate lang in Barriques und Tonneaux ausgebaut. So entsteht am Ende ein edler, rubinroter
Tropfen mit reifer, süßer Himbeer- und Pflaumenfrucht, Untertönen von Roter Bete und feiner
Holzwürze.

Der Gewürztraminer
Rottensteiners Gewürztraminer legt eine etwas
andere Stilistik zutage als die der Traminer
Gewürztraminer. Bedingt durch die Lage, besitzt
er eine deutlich höhere Säure und mehr Frische.
Ansonsten zeigt er viel Schmelz und wartet mit
sehr feinen Noten von Äpfeln, Quitte, Honigmelone und Lycheefrucht auf. Eine Partie wird
im Edelstahltank ausgebaut, rund 30 % im Barrique. Der Alkoholgehalt geht leicht auf 15 Vol. %,
der Restzuckergehalt liegt in der Regel nur
knapp über der vier Gramm-Grenze. Auch die
Trauben für diesen Wein kommen zum Teil aus
neuen Weinbergen, in denen die Reben am Draht
ranken, zum anderen Teil aus einer 30-jährigen
Pergelanlage.

Rebfläche: 5,5 ha
Zukauf: keiner
Produktion: 20 000 Flaschen
Vernatsch-Anteil: 0 %

Schloss Sallegg

Unterwinkel 15, 39052 Kaltern
Tel. 0471/963132, Fax 0471/964730
E-Mail: castelsallegg@kuenburg.it
Internet: www.castelsallegg.it

Viele gute Lagen in und um Kaltern kann Georg Graf von Kuenburg sein Eigen nennen. Aber berühmt ist sein Schloss Sallegg vor allem für den Rosenmuskateller.

Die Weine
Terlaner Weißburgunder, Chardonnay, Pinot Grigio, Sauvignon, Moscato Giallo, Gewürztraminer, Kalterersee, Kalterersee Auslese »Bischofsleiten«, Blauburgunder, Cabernet, Merlot, Lagrein, Moscato Rosa

Spezialität
Moscato Rosa, wie der Rosenmuskateller seiner italienischen Herkunft entsprechend genannt wird: ein hellroter, ungemein würzig-duftiger Wein, der trotz 80 Gramm Restzucker und 14 Vol.% Alkohol nicht allzu süß schmeckt und sich lange auf der Flasche verfeinern kann.

Bewertung
Die glanzvollen Zeiten liegen lange zurück. Nach schweren Jahren, als 90% der Weinberge mit Vernatsch bestockt waren, hat Schloss Sallegg inzwischen wieder Anschluss an die Entwicklung der Märkte gefunden.

Der Betrieb
Schloss Sallegg liegt oberhalb von Kaltern und ist einer der prächtigsten Ansitze im Überetscher Land. Aufwändig und detailgenau restauriert, ist es mit seinem herrschaftlichen Treppenhaus, den prunkvollen Sälen und dem weitläufigen Park, der das Schloss umgibt, ein beredter Zeuge feudaler Zeiten. Mitte des 19. Jahrhunderts fiel Schloss Sallegg dem in Sizilien residierenden Fürsten Heinrich von Campofranco zu. Beim Umzug nach Südtirol nahm die Fürstin ein Bündel Moscato-Rosa-Reben mit und pflanzte sie 1850 in Schloss Sallegg an. Sie ergaben einen Wein, den die Grafen Kuenburg, die das Anwesen von Heinrich übernahmen, bis in die jüngste Vergangenheit exklusiv für sich reklamieren konnten

und der ganz Schloss Sallegg in hellem Glanz er-
strahlen ließ.

Morbid-süßer Meditationswein
Noch heute wird Georg Graf von Kuenburg, der
jetzige Besitzer, mit dem Moscato Rosa identifiziert, obwohl nur 0,9 Hektar mit der Sorte
bestockt sind und 29 Hektar mit anderen Sorten
– übrigens in besten Kalterer Lagen. Doch ist der
Moscato Rosa der einzige Wein, mit dem sich
Schloss Sallegg aus der Masse der Eigenbauwinzer heraushebt. Er wird aus sehr spät gelesenen (botrytisfreien) Trauben erzeugt, im
Stahltank vergoren und rund ein Jahr im alten
Holzfass ausgebaut. Die Erträge sind so gering,
dass kaum mehr als 2600 Flaschen abgefüllt werden können – halbe Flaschen. Im Alter erweist
sich der Moscato Rosa als exquisiter, morbid-
süßer Meditationswein. Der 67er ist Legende.

Vernatsch-Überhang abgebaut
Kuenburgs andere Weine sind weniger herausragend. Aber Schloss Sallegg hat nach Jahren der
Rückständigkeit inzwischen Anschluss an das
allgemeine Niveau der Südtiroler Weine gefunden. Vor allem die saftigen Kalterersee-Weine
glänzen mit Qualitäten, die deutlich über dem
Durchschnitt liegen. Zum Missvergnügen des
Grafen werden sie vom Markt derzeit nicht sehr
hoch geschätzt. Immerhin hat er seinen Überhang
an Vernatsch-Weinen abgebaut und durch andere
Sorten ersetzt. Die Weißweine sind etwas bieder,
Cabernet und Merlot besitzen mehr Substanz.

Rebfläche: 30 ha
Zukauf: keiner
Produktion: 120 000 Flaschen
Vernatsch-Anteil: 35 %

Oswald Schuster

» *Befehlhof* «

Vetzan 14, 39028 Schlanders
Tel. 0473/742197, Fax 0473/742665
E-Mail: magdalenaschuster@tim.it

Oswald Schusters verschmitztes Lächeln kann ebenso als hintergründig wie als schlitzohrig verstanden werden. Er hat bewiesen, dass sich auch im oberen Vinschgau noch wunderbare Weine erzeugen lassen – gerade dort.

Die Weine
»Jera« (Fraueler), Müller-Thurgau, Riesling, Blauburgunder, Zweigelt

Spezialität
Der Schaumwein »Sällent«, gewonnen aus Weißburgunder und Riesling: ein rassiger, ungeschminkter trockener Sekt, der durch prickelnde Frische und sein feines Hefebouquet besticht. Der Name stammt von einem Gebirgsübergang in der Ortlergruppe.

Bewertung
Müller-Thurgau und Riesling ergeben gleichermaßen kernige Weine, wobei der Müller-Thurgau ansprechender als der sehr säurebetonte Riesling ist. Sehr delikat und fein ist der Blauburgunder.

Der Betrieb
Der Befehlhof liegt bei Vetzan nahe Schlanders an der äußersten Weinbaugrenze des mittleren Vinschgaus. Talsohle und Hänge sind an dieser Stelle mit Obstkulturen überzogen. Auch Oswald Schuster ist hauptberuflich Obstbauer. Doch hat er bereits 1973 in 750 Meter Höhe einen Rebberg angelegt, um nebenher Wein zu erzeugen – allerdings für den Hausgebrauch zunächst. Nach einer ersten Orientierungsphase begriff er, welches Potenzial sich dort für Qualitätsweine auftut, wenn nur die richtigen Sorten gepflanzt werden. Also ersetzte er Silvaner, Kerner und Gewürztraminer durch Riesling und Blauburgunder, während er Müller-Thurgau und Fraueler, eine lokale Weißweinsorte, stehen ließ. Diese Entscheidung musste er nie bereuen. Mehr noch: Sie hat Schule gemacht.

Blauburgunder

Die größten Meriten hat Schuster sich dafür erworben, dass er den Blauburgunder im Vinschgau heimisch gemacht hat. An den warmen Südhängen dieses ansonsten kühlen Tales wächst ein himbeerroter, überaus fruchtiger, nach frischen Pflaumen und Kirschobst schmeckender Wein, der im großen Holzfass ausgebaut wird, um möglichst viel von seiner Primärfruchtigkeit zu erhalten. Er ist Schusters schönster Wein. Ehefrau Thea liefert die Aquarelle für das Etikett. So stolz sind die beiden auf den Wein, dass Schuster einen weiteren Rotwein ausgetüftelt hat: eine Cuvée aus 70 % Zweigelt und 30 % Blauburgunder. Sie wurde 1999 zum ersten Mal produziert, übrigens unter Mitarbeit von Tochter Magdalena, die ihr Weinbaustudium in San Michele und Geisenheim absolviert hat und einmal den Hof übernehmen soll.

Geringe Mengen

Weil der Obstbau im Vinschgau eine gute Konjunktur hat, bestehen wenig Möglichkeiten, die Rebflächen zu erweitern. So kann Schuster kaum mehr als 3500 Flaschen Rotwein anbieten, die schnell in den Kellern von Stammkunden verschwinden. Die Weißweine, die etwas mehr als 50 % der Gesamtmenge ausmachen, sind zwar ansprechend, doch ohne die Feinheit des Blauburgunders.

Ein Wort noch zum Fraueler: Die Sorte ergibt einen bäuerlichen, raufruchtigen Wein, den die Einheimischen bezeichnenderweise »Reifenbeißer« nennen, weil er ihrer Meinung nach so sauer ist, dass er die Fassreifen anfrisst. Normalerweise werden die Restbestände dieser lokalen Sorte im gemischten Satz mit anderen Weißweintrauben gekeltert. Oswald Schuster ist der Einzige, der sie reinsortig abfüllt. Ob ihr jedoch diese Ehre gebührt, ist eher fraglich. Jera, der neue Name für diesen Wein, ist übrigens keltischen Ursprungs und bedeutet so viel wie »das gute Jahr – Ernte«.

Rebfläche: 1,2 ha
Zukauf: keiner
Produktion: 8000 Flaschen
Vernatsch-Anteil: 0 %

Stroblhof

Pigenoerstr. 25, 39057 Eppan
Tel. 0471/662250, Fax 0471/663644
E-Mail: weingut@stroblhof.it
Internet: www.stroblhof.it

Hotel, Restaurant, Weingut – der Stroblhof ist alles zugleich. Das macht ihn auch für Weintouristen interessant. Für Kenner sind seine Weine längst ein Begriff.

Die Weine
Chardonnay »Schwarzhaus«, Gewürztraminer »Pigeno«, Weißburgunder »Strahler«, Sauvignon »Nico«, Kalterersee Auslese »Burgleiten«, Blauburgunder »Pigeno«, Blauburgunder Riserva

Bewertung
Die Weine des Stroblhofs haben von Jahr zu Jahr zugelegt. Die Weißweine, besonders der Weißburgunder »Strahler«, gehören heute zum Besten, was aus dieser Sorte in Südtirol produziert wird. Der Blauburgunder (besonders die Riserva) besitzt Ausdruckskraft und Finesse – was in Südtirol nicht immer selbstverständlich ist.

Der Betrieb
Die Weine des Stroblhofes waren nie für törggelnde Touristen, sondern für Kenner gemacht. Der Blauburgunder landete bei Weinproben regelmäßig unter den Ersten seiner Art in Südtirol. Die 1990er-Riserva ist Legende. Der gute Ruf, den die Weine genossen, geht auf Josef Hanny zurück, den Besitzer des Stroblhofes. Er suchte zuerst die Feinheit im Wein, dann den Verdienst. Hanny starb 1991. Nach seinem Tod haben die Töchter Christine und Rosmarie sein Erbe angetreten. Solange das Hotel renoviert wurde, fehlte es an Geld für Investitionen im Keller. Seitdem die Renovierung abgeschlossen ist, ist auch der Wein zu seinem Recht gekommen.

Die Weißweine
Die alleinige Verantwortung für den Wein trägt seit 1995 Andreas Nicolussi-Leck, der Ehemann von Rosmarie Hanny. Er hat das Weinsortiment auf fünf Weine reduziert, nachdem Josef Hanny zu sehr in die Breite experimentiert und im hoch

gelegenen Eppan auch Cabernet und Petit Verdot angebaut hatte – wie zu erwarten mit geringem Erfolg.

Die Weißweine

Der Weißburgunder »Strahler« ist augenblicklich der bemerkenswerteste Weißwein des Stroblhofs. Er kommt aus der Eppaner Lage Schwarzhaus, die 500 Meter hoch liegt und entsprechend säurefrische Weine ergibt. Er wird im gemischten Satz mit 5 % Pinot Grigio und 5 % Chardonnay gekeltert (daher »Strahler«, ein Eppaner Ausdruck für nicht reinsortige Weißweine) und je zur Hälfte im großen Holzfass und im Edelstahltank vergoren und ausgebaut. Auch der Chardonnay kommt aus der Lage »Schwarzhaus«, reift jedoch ausschließlich im Holzfass, in dem er auch den biologischen Säureabbau durchmacht. Entsprechend weich und cremig präsentiert er sich auf der Zunge. Der Gewürztraminer ist stoffig, opulent, mit feiner Würze und großem Reifepotenzial. Er wächst gleich hinter dem Hotel.

Die Blauburgunder

Mit den Blauburgundern hat Nicolussi-Leck sein Meisterstück abgeliefert. Schon der einfache »Pigeno« ist sehr gut gelungen: auf den ersten Schluck ein leicht zugänglicher, herrlich fruchtiger Wein mit zarten Himbeer- und Pflaumennoten im Geschmack. Beim zweiten Schluck zeigt sich dann, dass er auch eine große Aromentiefe besitzt. Die Blauburgunder Riserva setzt noch einen drauf. Aus vollreifem, bestem Lesegut gewonnen, ist sie dichter gewoben, besitzt mehr samtiges Tannin, mehr Dörrobstaromen und eine feine Tabak- und Tamarindenwürze. Sie wird rund zwölf Monate in Barriques ausgebaut (davon ein Drittel neu), während der »Pigeno« ausschließlich in gebrauchten Barriques reift. Die Trauben für beide Weine wachsen gleich hinter dem Hof.

Rebfläche: 5 ha
Zukauf: 15 %
Produktion: 20 000 Flaschen
Vernatsch-Anteil: 10 %

Peter Wachtler

»Taschlerhof«

Mahr 107, 39042 Brixen
Tel. 0472/851091, Fax 0472/251007
E-Mail: info@taschlerhof.com
Internet: www.taschlerhof.com

*Wo andere den Weinbau wegen Unwirtschaft-
lichkeit aufgeben würden, pflanzt der junge Eisacktaler Winzer Peter Wachtler neue Reben an.
Er weiß, dass Weine, wie er sie sich vorstellt, nur
im Steilhang wachsen.*

Die Weine
Sylvaner, Sylvaner »Lana«, Gewürztraminer,
Kerner, Riesling

Bewertung
Wachtlers Weine gehören zur gehobenen Kategorie in Südtirol, kommen aber noch nicht ganz
an die Spitzen im Eisacktal heran. Gleichwohl
ist die Qualität für einen noch jungen Weinbaubetrieb beachtlich, und die Weichen für eine Stei-
gerung sind schon gestellt.

Der Betrieb
Der Wachtlerhof liegt an der Staatsstraße von
Brixen nach Klausen, ungefähr zwei Kilometer
hinter der Brixener Stadtgrenze. Er wurde von
Wachtlers Vater, einem Forstmeister, gegründet.
Wein- und Obstbau waren für ihn nur ein Hobby.
Sohn Peter hat zwei Jahre an der Versuchanstalt
Laimburg gelernt und ist jetzt dabei, den Hof
Schritt für Schritt zu einem reinen Weinbaubetrieb auszubauen. Vier Hektar Weinberge hat
er auf blauem Schiefersand angelegt. Sie liegen
gleich hinter dem Hof in teilweise atemberau-
benden Steillagen, die nur von Hand bewirtschaftet werden können. Wachtlers weise Be-
schränkung auf anfangs nur zwei Rebsorten –
Sylvaner und Gewürztraminer – hat Früchte getragen. Nach den ersten Erfolgen reizt es ihn
jetzt aber zu mehr. So hat er neue Weinberge mit
Kerner und Riesling angelegt, die in den nächsten Jahren in Ertrag gehen werden.

Die Sylvaner
Der wichtigste Wein des Taschlerhofs ist der Syl-
vaner. Er ist der Brot- und Butterwein des Hofes.
Zwei Typen von Sylvaner werden produziert:

Der eine, herzhaftere, wird nur im Stahltank ausgebaut: ein kräftiger, stoffiger Tropfen mit markanten Zitrusaromen, viel Biss und Frische.
Der Prestige-Sylvaner »Lana« reift dagegen im
großen Akazienholzfass auf der Feinhefe. Die
Trauben für ihn stammen aus der gleichen Lage,
werden aber zehn Tage später gelesen. Entsprechend exotisch sind die Aromen: Ananas,
Banane, Quitte. Beides sind keine Weine, die
schon nach einem Jahr verblühen. Im Gegenteil:
Nach zwei, drei Jahren entwickeln sie hochfeine
Nuancen, ohne an Frische zu verlieren. Allerdings liegen die Alkoholgehalte aufgrund der
Mengenbeschränkungen im Weinberg hoch: Unter 14 Vol.% wird selten ein Sylvaner geerntet.

Der Gewürztraminer
Mehr noch gilt das für den Gewürztraminer. Er
landet fast jedes Jahr bei 15 Vol.%, ist aber, dank
der kühlen Nachttemperaturen im Eisacktal, ein
schlanker, kein überladener Wein. Der Most wird
vier bis fünf Stunden bei niedrigen Temperaturen
auf der Maische belassen und erst dann abgepresst. Danach wird er im Stahltank vergoren und
ausgebaut. Wachtlers Gewürztraminer erreicht
nicht ganz die Fülle und Feinheit derjenigen Tramins. Durch ihre feinfruchtige, geschmeidigere
Art haben sie jedoch schnell ihren Markt gefunden.

Rebfläche: 4 ha
Zukauf: keiner
Produktion: 30 000 Flaschen
Vernatsch-Anteil: 0 %

Elena Walch

Andreas-Hofer-Str. 1, 39040 Tramin
Tel. 0471/860172, Fax 0471/860781
E-Mail: walch@cenida.it
Internet: www.elenawalch.com

Eine Frau an der Spitze eines Weingutes – das ist selten und nicht leicht in der Männerdomäne Südtirol. Elena Walch hat sich mit Hartnäckigkeit und Geschick durchgesetzt.

Die Spitzenweine
»Beyond The Clouds« (weiße Trauben-Cuvée mit Chardonnay, Weißburgunder, Pinot Grigio, Gewürztraminer u.a.), Cuvée »Kermesse« (Syrah, Petit Verdot, Grenache, Cabernet Sauvignon, Merlot, Lagrein)

Die Riserva-Linie
Chardonnay »Castel Ringberg«, Lagrein Riserva »Castel Ringberg«, Cabernet Sauvignon Riserva »Castel Ringberg«, Merlot Riserva »Kastelaz«

Die Lagenweine
Pinot bianco »Kastelaz«, Pinot Grigio »Castel Ringberg«, Sauvignon »Castel Ringberg«, Riesling »Castel Ringberg«, Gewürztraminer »Kastelaz«, Kalterersee classico superiore »Castel Ringberg«, Moscato Rosa »Kastelaz«

Die Basisweine
Pinot Bianco, Pinot Grigio, Chardonnay, Chardonnay »Cardellino«, Müller-Thurgau, Gewürztraminer, Rosé, Lagrein, Merlot, Cabernet »Istrice«, Pinot Nero »Ludwig«

Spezialität
Gewürztraminer »Cashmere Passito«: ein honigsüßer Dessertwein aus angetrockneten Gewürztraminer-Trauben (mit 15 % Sauvignon), der nur in kleinen Mengen erzeugt wird und einer der feinsten Süßweine dieser Sorte ist.

Bewertung
Elena Walch hat ihr Sortiment in den letzten Jahren um zahlreiche neue Weine und Cuvées erweitert und entsprechend differenziert. Allerdings sind die Unterschiede für den Verbraucher nicht in allen Fällen nachvollziehbar. Der Gewürztraminer

»Castel Ringberg« gehört eigentlich zu den Basisweinen. Und ob die neue Cuvée »Kermesse« wirklich über den roten Riserve steht, muss sich erst noch erweisen. Insgesamt gilt jedoch, dass alle Weine handwerklich sehr sauber gemacht und überzeugend, einige sogar mitreißend sind.

Der Betrieb
Elena Walch, eine promovierte Architektin, die in Mailand und Bozen aufgewachsen ist, ist durch die Heirat mit Werner Walch, dem Inhaber der Kellerei Wilhelm Walch, zum Wein gekommen. Innerhalb weniger Jahre arbeitete sie sich in die neue Materie ein und gründete das Weingut Elena Walch, das die Trauben aus dem umfangreichen und hochwertigen Lagenbesitz der Walch-Familie verarbeitete (Castel Ringberg und Kastelaz). Aus den Weinbergen von Schloss Ringberg (früher ein Museum, heute ein Restaurant) kommen teils bodenständige, teils feine Weine, etwa Sauvignon, Pinot Grigio und Lagrein. Die Cabernet Sauvignon Riserva entspricht dem Südtiroler Typus mit viel Kräuterwürze und einem Hauch grüner Paprika. Vom Kastelaz, einem steilen, fünf Hektar großen Südhang, der sich über Tramin auftürmt, kommen jedes Jahr ein sehr feiner Weißburgunder und ein großartiger Gewürztraminer. Im Herzen des Hangs hat Elena Walch Merlot gepflanzt. Der Wein übersteigt das Niveau vieler Cabernet Sauvignons aus Südtirol, auch das des gutseigenen. Mit ihrem Versuch, neue hochwertige Cuvées zu kreieren, ist Elena Walch inzwischen vielen Mitbewerbern in Südtirol voraus. Vor allem mit der weißen Trauben-Cuvée »Beyond the Clouds«, die im gemischten Satz gekeltert wird in einer jedes Jahr wechselnden Zusammensetzung, ist Elena Walch ein großer Wurf gelungen. Für ein Urteil über die neue Rotweincuvée »Kermesse« ist es noch zu früh. Begeisternd der ebenso teure wie rare »Cashmere Passito«, eine vollsüße Beerenauslese aus angetrockneten Gewürztraminer-Trauben vom Cashmerehof oberhalb von Tramin.

Rebfläche: 30 ha
Zukauf: keiner
Produktion: 160 000 Flaschen
Vernatsch-Anteil: 10 %

Baron Widmann

Endergasse 3, 39040 Kurtatsch
Tel. 0471/880092, Fax 0471/880468
E-Mail: info@baron-widmann.it
Internet: www.baron-widmann.it

Andreas Widmann ist ein Beispiel dafür, dass nur das behutsame, vorsichtige Herantasten an die Qualität echte Spitzenweine hervorbringt – in seinem Fall regelmäßig.

Die Weine
Cuvée Weiß (Weißburgunder, Chardonnay), Sauvignon, Gewürztraminer, Vernatsch, Rot, Auhof

Spezialität
Vernatsch, einer der gelungensten Weine aus dieser Sorte in ganz Südtirol: kräftig, stark fruchtbetont, kaum mandeltönig

Bewertung
Alle Widmannschen Weine sind äußerst feine Gewächse mit eigenem Charakter, die mit sicherer Hand erzeugt werden. Die Weißweine gehören jeder in seiner Kategorie zu den Besten des Landes. Bei den Roten ragt der Auhof heraus.

Der Betrieb
Andreas Widmann gehörte zu den ersten Weinbauern Südtirols, die rechtzeitig das Ende des Vernatsch-Booms erkannten und neue Wege beschritten. Das war Anfang der 80er-Jahre. Er kam gerade von der Trentiner Weinbauschule in San Michele zurück und musste gleich den elterlichen Betrieb in Kurtatsch übernehmen. An den Steilhängen oberhalb von Kurtatsch pflanzte er Weißburgunder und Sauvignon, später etwas tiefer, aber ebenfalls an Steilhängen, Cabernet Sauvignon und Merlot, selbstverständlich am Drahtrahmen. Aus diesen Sorten erzeugt er Weine, mit denen er in die absolute Spitze der Südtiroler Weinerzeuger vorgestoßen ist.

Behutsamer Vorstoß
Freilich war es ein behutsamer Vorstoß, ein langsames Herantasten an die bestmögliche Qualität. Da ist zunächst die kräftige, von reifen Birnen- und frischen Hefearomen geprägte Cuvée Weiß aus Weißburgunder- und Chardonnay-Trauben

(teils hoch am Hang, teils in der warmen Kurtatscher Lage Milla gewachsen), im großen Akazienholzfass vergoren und ausgebaut. Dann ein begeisternder, stachelbeerfruchtiger Sauvignon (Stahltankausbau). Schließlich zwei rote Cuvée-Weine: der mehr fruchtbetonte Rot (im großen Holzfass gereift) und der tanninbetonte Auhof (15 Monate in neuen Barriques). Beide Weine bestehen aus Cabernet Sauvignon, Merlot, ein wenig Cabernet franc und 5 % Syrah. Die Trauben für den Rot stammen von jüngeren, die für den Auhof von älteren Stöcken. Beide wachsen in der Lage Auhof. Erstmals wurden diese Cuvées 1997 erzeugt. Vorher wurden Cabernet und Merlot getrennt abgefüllt.

Großer Südtiroler Rotwein
Der Auhof ist einer der Südtiroler Rotweine, die Maßstäbe setzen. Mit den grasigen, kräuterwürzigen Cabernets von einst hat er nichts mehr zu tun – aber auch nichts mit den fetten, geschminkten Barriqueweinen, die vielerorts in Südtirol aus dem Keller kommen. Ein großer Wurf ist Widmann auch mit dem Gewürztraminer gelungen, der ebenfalls im großen Akazienholzfass reift. Der Vernatsch, der einst den größten Teil des Hofes bedeckte, geht immer weiter zurück – zum Bedauern des alten Barons.

Rebfläche: 15 ha
Zukauf: keiner
Produktion: 35 000 Flaschen
Vernatsch-Anteil: 38 %

Anhang

Register und Atlas der Weingüter Südtirols

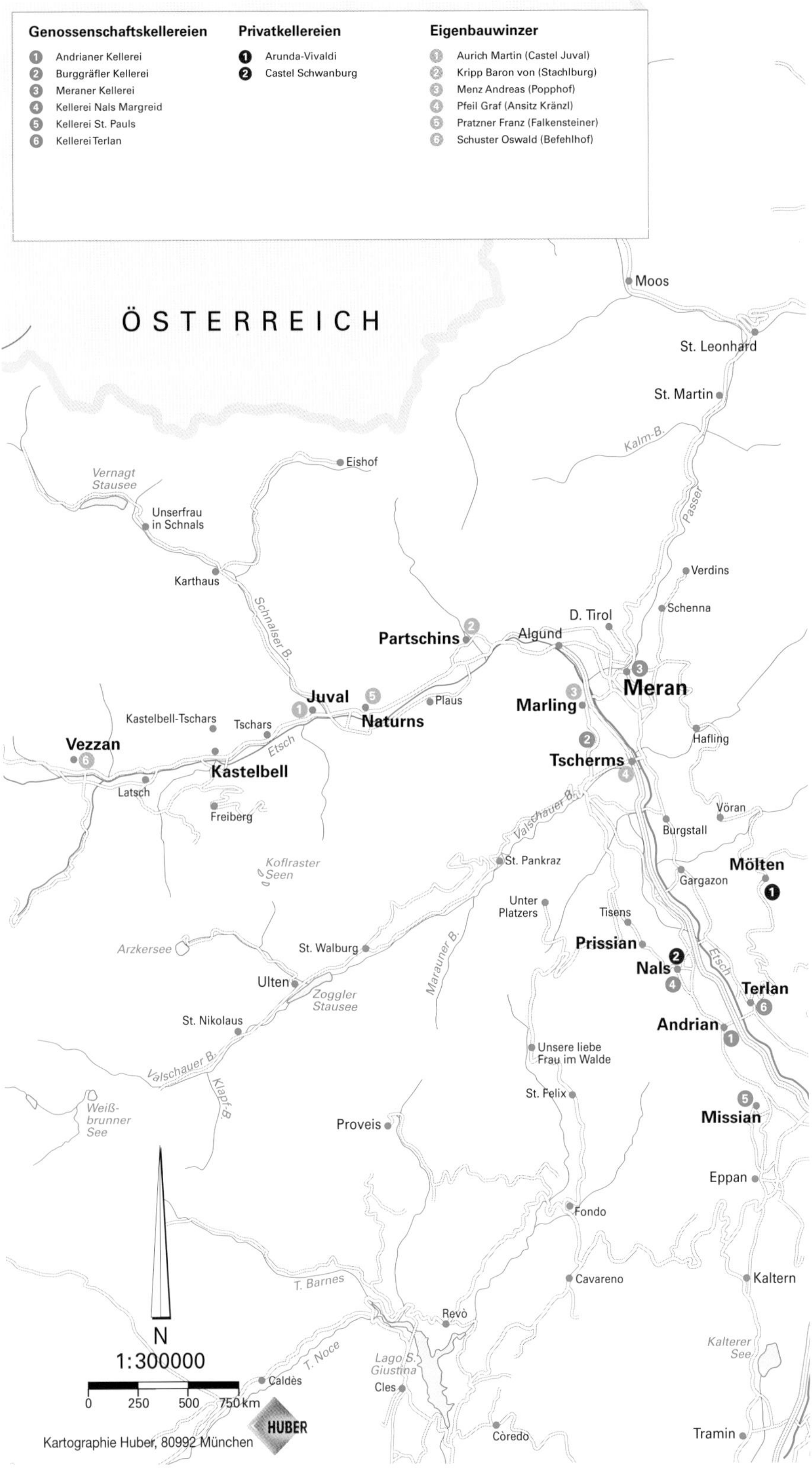

Genossenschaftskellereien

1 Andrianer Kellerei
2 Burggräfler Kellerei
3 Meraner Kellerei
4 Kellerei Nals Margreid
5 Kellerei St. Pauls
6 Kellerei Terlan

Privatkellereien

1 Arunda-Vivaldi
2 Castel Schwanburg

Eigenbauwinzer

1 Aurich Martin (Castel Juval)
2 Kripp Baron von (Stachlburg)
3 Menz Andreas (Popphof)
4 Pfeil Graf (Ansitz Kränzl)
5 Pratzner Franz (Falkensteiner)
6 Schuster Oswald (Befehlhof)

ÖSTERREICH

Moos
St. Leonhard
St. Martin
Kalm-B.
Eishof
Vernagt Stausee
Unserfrau in Schnals
Passer
Verdins
Schenna
Karthaus
Schnalser B.
D. Tirol
Partschins
Algund
Meran
Juval
Plaus
Marling
Kastelbell-Tschars
Tschars
Naturns
Tscherms
Hafling
Vezzan
Etsch
Kastelbell
Valschauer B.
Vöran
Latsch
Burgstall
Freiberg
Mölten
Koflraster Seen
St. Pankraz
Gargazon
Unter Platzers
Tisens
Arzkersee
St. Walburg
Prissian
Ulten
Nals
Marauner B.
Terlan
Zoggler Stausee
St. Nikolaus
Andrian
Valschauer B.
Unsere liebe Frau im Walde
Klapf-B.
St. Felix
Weiß-brunner See
Missian
Proveis
Eppan
Fondo
Kaltern
T. Barnes
Cavareno
Kalterer See
N
1:300000
Revò
0   250   500   750 km
Caldès
Lago S. Giustina
Cles
Tramin
T. Noce
Còredo
HUBER
Kartographie Huber, 80992 München

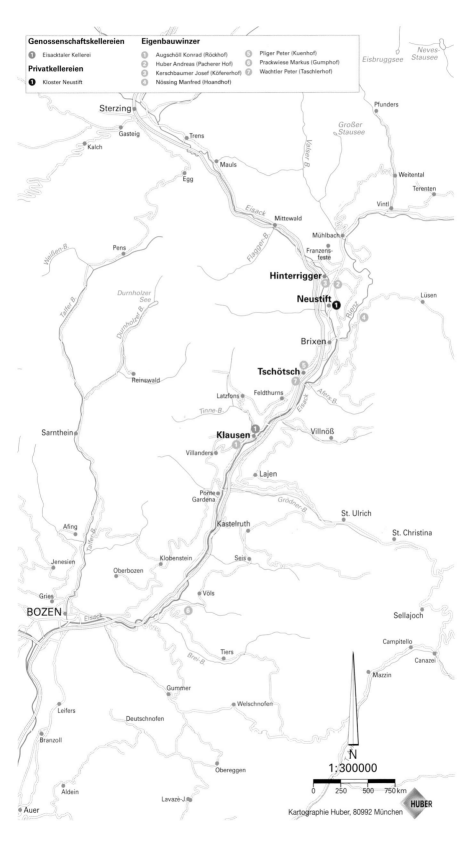

Genossenschaftskellereien
1 Eisacktaler Kellerei

Privatkellereien
1 Kloster Neustift

Eigenbauwinzer
1 Augschöll Konrad (Röckhof)
2 Huber Andreas (Pacherer Hof)
3 Kerschbaumer Josef (Köfererhof)
4 Nössing Manfred (Hoandhof)
5 Pliger Peter (Kuenhof)
6 Prackwiese Markus (Gumphof)
7 Wachtler Peter (Taschlerhof)

N
1:300000
0   250   500   750 km

Kartographie Huber, 80992 München

HUBER

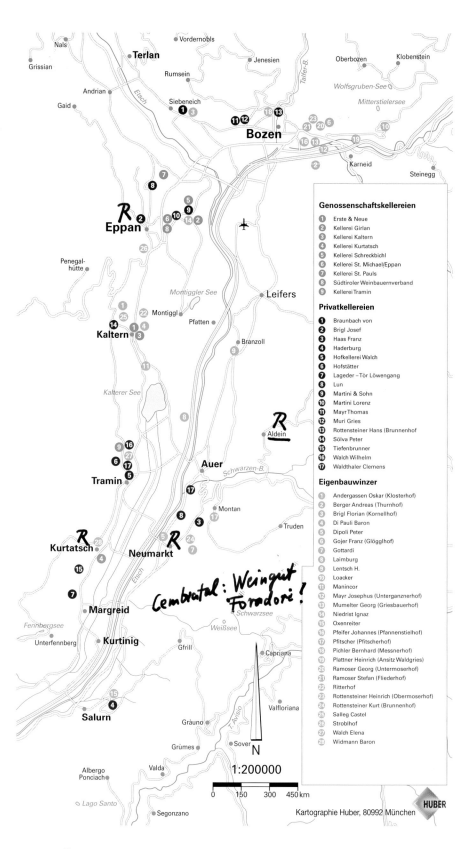

Genossenschaftskellereien

1 Erste & Neue
2 Kellerei Girlan
3 Kellerei Kaltern
4 Kellerei Kurtatsch
5 Kellerei Schreckbichl
6 Kellerei St. Michael/Eppan
7 Kellerei St. Pauls
8 Südtiroler Weinbauernverband
9 Kellerei Tramin

Privatkellereien

1 Braunbach von
2 Brigl Josef
3 Haas Franz
4 Haderburg
5 Hofkellerei Walch
6 Hofstätter
7 Lageder – Tör Löwengang
8 Lun
9 Martini & Sohn
10 Martini Lorenz
11 Mayr Thomas
12 Muri Gries
13 Rottensteiner Hans (Brunnenhof)
14 Sölva Peter
15 Tiefenbrunner
16 Walch Wilhelm
17 Waldthaler Clemens

Eigenbauwinzer

1 Andergassen Oskar (Klosterhof)
2 Berger Andreas (Thurnhof)
3 Brigl Florian (Kornellhof)
4 Di Pauli Baron
5 Dipoli Peter
6 Gojer Franz (Glögglhof)
7 Gottardi
8 Laimburg
9 Lentsch H.
10 Loacker
11 Manincor
12 Mayr Josephus (Unterganznerhof)
13 Mumelter Georg (Griesbauerhof)
14 Niedrist Ignaz
15 Oxenreiter
16 Pfeifer Johannes (Pfannenstielhof)
17 Pfitscher (Pfitscherhof)
18 Pichler Bernhard (Messnerhof)
19 Plattner Heinrich (Ansitz Waldgries)
20 Ramoser Georg (Untermoserhof)
21 Ramoser Stefan (Fliederhof)
22 Ritterhof
23 Rottensteiner Heinrich (Obermoserhof)
24 Rottensteiner Kurt (Brunnenhof)
25 Salleg Castel
26 Stroblhof
27 Walch Elena
28 Widmann Baron

Cembratal: Weingut Foradori!

1:200000

0   150   300   450 km

N

Kartographie Huber, 80992 München

HUBER

Weitere empfehlenswerte *Weinhöfe und Weinkellereien*

Strasserhof –
Hannes Baumgartner
Unterrain 8
39040 Neustift/Vahrn
Tel.& Fax 0472/830804
E-Mail: info@strasserhof.info
www.strasserhof.info

Schloss Rametz
Laberstraße 4
39012 Meran
Tel. 0473/211011
Fax 0473/211015
E-Mail: info@rametz.com

Orthäuslerhof – Johann Ranzi
Andreas Hoferstr. 34
39010 Nals
Tel. & Fax 0471/818117
E-Mail: johann.ranzi@dnet.it

Horst Zisser »Eberlehof«
St. Magdalena
39100 Bozen
Tel. 0471/978607
Fax 0471/975654

Nusserhof –
Heinrich Mayer-Nusser
Mayer-Nusserweg 72
39100 Bozen
Tel. & Fax 0471/978388

Zundlhof –
Helmuth Ramoser
Rentscherstr. 48b
39100 Bozen
Tel. & Fax 0471/978702

Kandlerhof –
Martin Spornberger
St. Magdalena 30
39100 Bozen
Tel. 0471/973033
E-Mail: info@kandlerhof.it

Egger-Ramer
Guntschnastraße 5
39100 Bozen
Tel. 0471/280541
Fax 0471/280541

Josef Weger
Jesuheimstraße 17
39050 Girlan
Tel. 0471/662416
Fax 0471/660189

Oberpreyhof – Markus Seppi
Garnellenweg 2
39052 Kaltern
Tel. & Fax 0471/962216
E-Mail:
oberpreyhof@rolmail.net

Weingut Niklas –
Josef & Dieter Sölva
Brunnenweg 31
39052 Kaltern
Tel. & Fax 0471/963432
E-Mail: info@niklaserhof.it

Weingut Milla
Kirchgasse 2
39040 Kurtatsch a. d. Wein-
straße (BZ)
Tel. 0471/880600
Fax 0471/880601
E-Mail:
gert.pomella@aadon.it

Weingut Hartmann Donà
Bachergasse 2
39040 Auer
Tel. 0329/2610628

Happacherhof – Oberschule
für Landwirtschaft
Schlossweg 10
39040 Auer
Tel. 0471/810538

Carlotto Feruccio
Klauserweg 19
39040 Auer
Tel. & Fax 0471/810407
E-Mail:
michelacarlotto@virgilio.it

Peter Zemmer
Weinstraße 24
39040 Kurtinig
Tel. 0471/817143
Fax 0471/817743
E-Mail: info@zemmer.com

Vinothek Battisti-Matscher
Goldgasse 7
39052 Kaltern
Tel. 0471/963299

Vinothèque Enovit
Dr. Treiter Gasse 30
39100 Bozen
Tel. 0471/970460

Vinotheque Stampfl
Trattengasse 18
39042 Brixen
Tel. 0472/836001

Hofer Market
Brennerstraße 21
39049 Sterzing
Tel. 0472/765152

Gebr. Schondorf
Stadtgasse 55
Tel. 0474/554771

Meraner Weinhaus
Romstraße 76
39012 Meran
Tel. 0473/232253

Vinothek Merum
Johann-Georg-Platzer-Str. 5
39057 Eppan
Tel. 0471/663180

VINUM Vinothèque
Brennerstraße 28
39100 Bozen
Tel. 0471/981666

Getränkehandel u. Vinothek
Haidacher
Industriestr. 4
39032 Sand in Taufers
Tel. 0474/678245

Vinothek Kugler
Herzog-Tassilo-Str. 4
39038 Innichen
Tel. 0474/913312

Getränke Egartner
Europaweg 4
39030 Sexten
Tel. 0474/710116

Vinothek am Damml
Hauptstraße 40 b
39028 Schlanders
Tel. 0473/621565

Önothek Ansitz Pillhof
Boznerstraße 48
39010 Frangart
Tel. 0471/633100

Enoteca Johnson & Dipoli
Andreas-Hoferstr. 3
39044 Neumarkt
Tel. 0471/820323

Vinothèque im Paradeis
St.-Gertraud-Platz 5
39040 Margreid
Tel. 0471/818080

Weincenter
Bahnhofstr. 7
39052 Kaltern
Tel. 0471/966067

Jahrgangstabelle Südtirol

JAHRGANG	WEISSWEIN	ROTWEIN
2005	++++	++ bis +++
2004	+++++	++++
2003	++	+++ bis ++++
2002	++++	++++ bis +++++
2001	++++	+++
2000	+++ bis ++++	+++ bis ++++
1999	+++	++++
1998	+++	++
1997	++++	++++
1996	+++	+++
1995	+++++	+++++
1994	+++	++
1993	+++	++
1992	+++	++
1991	++	+

Glossar

Ausbau
Reifung des Weines im Holzfass oder im Edelstahltank.

Barrique
Kleines Holzfass von 225 Liter Inhalt, in dem hochwertige Weiß- und Rotweine ausgebaut werden. Meist aus engporiger französischer Eiche gefertigt, die dem Wein einen feinen Vanilleton hinzufügt. In der Regel werden Barriques für nicht mehr als drei Weinjahrgänge benutzt, weil das Holz danach kein Tannin mehr abgibt.

Blatterle
Alte Rebsorte, Mutation des Gelben Muskatellers, früher in Südtirol wegen der großen Erträge sehr beliebt, heute so gut wie ausgestorben.

Blauburgunder
Auch Spätburgunder oder Pinot Nero genannt.

Botrytis (cinerea)
Als Edelfäule erwünscht, weil sie das Wasser in den Beeren verdunsten lässt und so die Zuckerkonzentration erhöht. Als Graufäule bei dünnschaligen Beeren jedoch gefährlich, weil sie das Gewebe zerstört. Auch bei Trauben, die zur Herstellung von trockenen Weinen vorgesehen sind, unerwünscht.

Burggrafenamt
Gegend von Andrian bis Algund mit dem Zentrum Meran, in der im Mittelalter die Grafen von Tirol herrschten und landesfürstliche Macht ausübten.

Cabernet franc
Lange Jahre hindurch die in Südtirol vorherrschende Cabernet-Rebe, inzwischen durch Cabernet Sauvignon stark zurückgedrängt.

Carmenère
In Südtirol einst weit und heute noch in Resten verbreitete Mutation des Cabernet franc, die extrem grasige, unreif schmeckende Weine ergibt.

D.O.C.
Denominazione di Origine Controllata, ital. Ursprungsbezeichnung für Qualitätsweine.

Drahtrahmen
Moderne Rankhilfe für Reben, bestehend aus drei (oder vier) übereinander angeordneten Drähten, an denen die Triebe jedes Jahr aufgebunden werden. Drahtrahmenerziehung erlaubt der Rebe nur eine begrenzte Traubenproduktion.

Edelstahltank
Behälter zum Vergären des Mostes und Ausbau des Weines, meist mit Möglichkeiten der Temperaturkontrolle versehen.

Erziehungssystem
Sammelbegriff für alle Formen von Rankhilfen für Reben.

Fraueler
Alte, im Vinschgau früher weit verbreitete Sorte, die leichte, stark säurehaltige Weißweine ergibt und von den Einheimischen deshalb »Reifenbeißer« genannt wurde.

Gärung, malolaktische
Bakterielle Gärung, bei der die harte Apfelsäure in die weichere Milchsäure verwandelt wird. Bei Rotweinen unumgänglich, teilweise auch bei barriquevergorenen Weißweinen sinnvoll.

Grasig
Geschmacksnote vieler Südtiroler Cabernets, von den einen als »typisch« und damit positiv bezeichnet, von den anderen als Indiz für mangelnde Traubenreife eher negativ bewertet.

Holzfass, großes
Traditionelles Behältnis zum Ausbau von Rot- und Weißweinen, das es in verschiedenen Größen (von ein Hektoliter bis 50 Hektoliter und mehr) gibt. Große Holzfässer werden viele Jahre benutzt und sind geschmacksneutral.

IGT
Indicazione Geografica Tipica:
die seit 1995 geltende Bezeichnung
für die höchste Kategorie von Tafel-
weinen.

Klon
Durch Aufpfropfen eines Schösslings
vermehrte Rebsorte. Der Ausdruck wird
oft für eine bestimmte Mutation einer
Rebsorte mit charakteristischen Eigenschaften verwendet.

Passito
In Italien weit verbreitetes Verfahren
zur Herstellung von Spätlesen. Dabei
werden die Trauben auf Strohmatten
getrocknet und erst abgepresst, wenn
sie mehr oder minder stark eingeschrum-
pelt sind.

Pergel
Traditionelles, in Südtirol noch heute
verbreitetes Erziehungssystem, bei
dem die Rebe an einem Holzgerüst
hochgezogen wird. Triebe und Reb-
schenkel werden hoch über dem Boden
aufgebunden und bilden ein Dach,
eine Pergola. Vor allem für Vernatsch
gebräuchlich.

Riserva
Bezeichnung für einen längere Zeit im
Holzfass gereiften Wein. Von Fall zu Fall
durch Gesetz geregelt.

Ruländer
Auch Grauer Burgunder oder Pinot Grigio genannt.

Strahler
In Südtirol allgemein gebräuchliche Bezeichnung für einen im gemischten Satz
gekelterten Weißwein.

Tafelwein
Unterste Kategorie in der Qualitätspyramide der europäischen Weingesetz-
gebung. Gelegentlich für hochwertige,
aber in kein D.O.C.-Schema passende
Weine verwendet. Tafelweine dürfen keinen Jahrgang tragen und keine Rebsorte
angeben.

Törggeln
In Südtirol allgemein gebräuchliche Bezeichnung für entspanntes Zechen. Als
Törggel ist eigentlich die Weinkelter bezeichnet.

Überetsch
Hauptweinanbaugebiet Südtirols, das
von St. Pauls über Eppan bis Kaltern
reicht.

Unterland
Südlicher Teil Südtirols, von Tramin bis
Salurn reichend.

Vino da tavola
Tafelwein.

Weißburgunder
Auch Weißer Burgunder oder Pinot
Bianco genannt.

Wimmen
In Südtirol gebräuchliche Bezeichnung
für Ernten.

Kartographie: Huber, S. 223, 224, 225
Südtiroler Weinwerbung, S. 109, S. 222 sowie alle
Abbildungen im Kapitel »Einleitung«
Alle anderen Fotos: Bodo A. Schieren

www.collection-rolf-heyne.de

Umschlag- und Buchgestaltung: Collection Rolf Heyne,
München
Satz und Herstellung: bookwise Medienproduktion GmbH,
München
Litho: Lana Repro, Lana
Druck und Bindung: Printer Trento, Trient

Printed in Italy

ISBN 3-89910-299-1